몸의 미래

미래의 몸

몸문화연구총서 No. 10

몸의 미래 미래의 몸

몸문화연구소 편

쿠북

몸문화연구총서 No. 10

몸의 미래, 미래의 몸

1판 1쇄 찍은날 2018년 5월 25일
1판 1쇄 펴낸날 2018년 5월 31일
지은이 김종갑 외
펴낸이 민상기
펴낸곳 **쿠북** (건국대학교출판부의 패밀리 브랜드입니다.)
등록 / 제4-3호(1971. 6. 21)
주소 / 05029, 서울특별시 광진구 능동로 120 건국대학교 출판부
전화 / (02)450-3891~3
팩스 / (02)457-7202
홈페이지 / http://press.konkuk.ac.kr
e-mail / press@konkuk.ac.kr

책임편집 박명희 · 임경희
찍은곳 (주)동화인쇄공사

정가 17,000원

ISBN 978-89-7107-751-1 94110
ISBN 978-89-7107-544-9 (세트)

머리말

몸의 미래, 미래의 몸

I ‘몸의 미래’라는 주제는 이미 20년 전부터 학계는 물론, 일반인에게도 흥미진진한 화젯거리가 되었다. 현실과 상관없는 먼 미래의 이야기라면 이 문제를 두고서 그토록 많은 학자와 언론인들이 논쟁을 벌이지는 않았을 것이다. 그것은 먼 미래가 아니라 가까운 미래의 이야기, 아니 현실의 일부가 되었다고 해야 옳다. 앞으로 인간의 몸이 어떻게 변화할 것인가? 우리는 어떠한 몸을 원하는 것일까? 인간 몸의 진화를 말하는 것이 아니다. 진화의 시계는 너무나 느리게, 그것도 적어도 10만 년 단위로 진행되는 사건이기 때문에 우리 주제와 상관없는 사안이다.

만약 몸을 바꿀 수가 없다면 아무도 몸의 미래에 관심을 갖지 않을 것이다. 그렇지만 우리는 장기를 이식하거나 성형을 하고, 원한다면 얼굴도 완전히 뜯어고칠 수 있는 시대에 살고 있다. 몸은 더 이상 운명이 아니다. 부모님이 준 몸에 만족하지 못하면 애프터서비스를 받을 수도 있다. 심지어 나를 복제하는 복제도 가능하다는 주장에도 어느 정도 힘이 실리고 있다.

독자의 이해를 돕기 위해서 20세기에 몸에 대한 관심을 증폭시킨 몇몇 사건을 예로 들기로 한다. 하나는 1940년대에 등장한 인공지능 연구, 1990년대 이후로 급부상한 뇌과학 신경과학이다. 인공지능이 가능하다면, 그것을 어떤 몸에 부착할 것인가 하는 질문이 초미의 관심사가 된다. 두말할 나위 없이 또 하나는 의료과학의 발달이다. 최초로 실험관 아기는 1978년에 태어났다. 실험관에서 아기가 태어나다니! 그렇다면 실험관에서 인간을 배양할 수도 있지 않을까? 1995년에는 인간과 기계가 결합한 사이보그가 전 세계의 이목을 집중케 하였다. <슈퍼맨>의 주인공이던 영화배우 크리스토퍼 리브는 생전 승마를 즐겼는데 1995년에 승마를 하다 낙마해서 전신마비가 되었다. 하지만 그는 몸을 가누지 못하는 수동적인 상태에 안주하지 않고 사이보그 재탄생되어 1996년 ≪타임≫지 표지모델이 되었다. 스티븐 호킹도 좋은 예이다. 1989년에 ≪전지구 리뷰≫가 개최했던 포럼의 제목이 "몸은 폐기되었는가?"였다는 사실이 의미심장하다. 유명한 예술가, 과학자, 인문학자들이 대거 참여, 찬반의 격론을 벌렸다. 다양한 의견이 제시되었는데, 중요한 것은 그러한 질문이 잡지의 표지를 장식했다는 사실이다. 더불어 1981년에 ≪타임≫지가 그해의 인물로 컴퓨터를 선정하였던 사실도 상기해 볼 수 있다.

그렇다면 우리는 몸을 얼마나 바꿀 수 있는 것일까? 옷을 취향에 맞게 디자인하듯이 몸도 그렇게 할 수 있을까? 이러한 질문에 대답할 수 있는 훌륭한 개념을 막스 테그마크Max Tegmark가 ≪라이프 3.0≫에서 제시하였다. 그는 진화론적 관점에서 생물을 1단계에서 3단계로 분류하였다. 첫째 단계의 생명체는 (뇌가 없이)몸만을 가지고 있다. 플랑크톤이나 아메바와 같은 생물을 생각해 보면 쉽게 이해할 수 있을 것이다. 그러한 생물은 주어진 자연적 조건에서 한 발자국도 벗어나지 못한다. 그러나 2단계의 생명체는 인간처럼 몸에 생각하는 기능이 추가된 동물들을 말한다. 그는 자연에 꼼짝없이 묶인 존재가 아니라 자연을 살기에 좋은 문화적 환경으로 개량하였다. 자연이었던 것이 문명이 된 것이다. 그러나 호모 사피엔스도 한계가 있다. 자연의 몸을 바꾸었던 인간도 자신의 몸에 대해서는 어쩔 도리가 없는 것이다. 그러나 만약 3의 단계로 접어들었다면 인간은 자기 몸도 마음대로 선택하며 교체하거나 개선할 수가 있게 된다. 이러한 2단계에서 3단계의 진화는 다음과 같이 설명될 수가 있겠다. 2단계에서 자연을 정복한 인간이 다음 단계에 진입하면 자신의 몸도 정복하게 되는 것이다.

테그마크의 용어로 현재 인류는 2단계에서 3단계로 진화하는 과정에 있다. 우리는 자연에 의해 주어진 몸을 가지고 평생을 살지는 않는다. 성형이나 운동, 혹은 보철을 통해 몸을 새롭게 만들고 강화시킬 수가 있다는 점을 생각하면 우리가 2.5의 단계에 있다고 말해도 좋을 것이다. 그렇지만 3단계로의 진입은 아직은 요원한 일이다.

그런데 왜 우리는 몸을 뜯어고치려고 하는 것일까? 이런 질문을 하는 독자들이 있을지도 모르겠다. 내 생각에 그 이유를 진화의 속도와 문명의 속도의 차이에서 찾을 수 있다. 문명의 발전에 비하면 진화의 속도는 너무나 느리다. KTX와 지렁이의 차이로 비교될 수 있을 터이다. 얼마나 답답하겠는가. 마음과 두뇌는 인공지능을 향해 질주하는데 인간의 몸은 기원전 10만 년 전 아프리카의 초원에 여전히 머물러 있는 것이다. 초첨단 두뇌가 원시적 몸에 갇혀 있다고 할 수 있다. 조금만 먹어도 살이 찌고 비만이 되는 것도 원시적인 몸이기 때문이다. 먹거리가 부족하고 아사자가 많았던 먼 과거에는 굶주림을 대비하기 위해서 몸은 자체 내에 예비용으로 지방을 비축해 놓아야 했다. 그런데 지금 우리는 풍요의 시대에 살고 있지 않은가. 그럼에도 몸은 그 사실을 깨닫지 못하고 여전히 지금은 아프리카의 초원에서 벗어나지 못하고 있는 것이다. 고혈압이나 당뇨와 같은 질병에 잘 걸리는 이유도 몸이 문명의 속도를 따라가지 못하기 때문이다. 인간의 몸은 아직도 유인원의 흔적과 기억을 지우지 못하고 있는 것이다. 이 점을 감안하면 우리가 왜 그토록 몸의 변화에 열광하는지 이해할 수가 있을 터이다.

몸의 변화와 변형이라는 문제는 수많은 질문들을 동반한다. 가장 뜨거운 관심사는 남녀의 차이와 성의 숫자가 될 것이다. 미래에도 남녀의 차이가 현재처럼 생식기와 2차 성징을 기준으로 삼을 것인가? 나중에는 남녀 두 개의 성으로 환원될 수 없는 다양한 성의 출현이 가능하지 않을까? 성차의 문제는 빙산의 일각에 지나지 않는다. 인간과 비인간의 차이에도 시선이 집중될 것이다. 그러한 차이가 단순한 차이인지 아니면 우열의 차이인지도 미래에 대답해야 하는 질문이 될 것이다. 예컨대 인간과 인공지능, 복제인간의 차이는 어떻게 설정이 될 것인가. 노동과 휴식, 선호되는 직업과 기피되는 직업, 사적인 공간과 공적인 공간, 예절과 폭력 등의 문제도 새로운 국면에 접어들게 될 것이다. 더불어 안락사, 수명연장, 장기이식 등이 가진 윤리적 문제도 거센 논란을 불러일으킬 것이다. 이외에도 많은 문제들이 있지만, 이 정도에서 그치기로 한다.

미래 몸의 변화와 관련해서 가장 중요한 문제를 일부러 지금까지 미뤘다. 그것은 다음과 같은 질문이다. "도대체 무엇을 위한 변화인가?" 아무 이유나 목적이 없는 변화라는 것은 있을 수가 없다. 예를 들어 첨단 의료과학의 도움으로 우리가 슈퍼맨이나 아이언맨, 스파이더맨, 원더우먼이 되었다고 가정해 보자. 힘이 세고 빠르고 강해지는 것이 무슨 이익이 있을까? 노예처럼 무거운 바위를 나르는 일을 하거나 폭력배처럼 주먹을 휘두르지 않는다면 그러한 초능력이 무슨 의미가 있을까? 어쩌면 초능력을 그냥 재워 두기에는 너무나 아깝고, 또 몸을 풀어 주어야 할 필요에서 손에 닿는 건물을 부수거나 묻지마 폭력을 행사할 수도 있다. 또 하나의 예로 수명연장을 생각해 보자.

병에 걸리거나 늙지 않고 젊음과 건강을 유지하면서 200살까지 살 수 있다면 좋은 일이 아닐 수 없다. 그런데 젊음과 건강 그 자체가 목적이 될 수 있을까? 아니다. 그렇다면 젊음과 건강, 장수가 왜 좋을까? 정작 중요한 사실은, 만일 행복하지 않다면 젊음과 건강은 오히려 삶의 무거운 짐이 될 수도 있다.

Ⅱ 이 책에 실린 글들의 내용을 간단히 요약하기로 한다.

과학기술의 발달이 인간을 행복하게 만들었을까? 반대로 생각하는 학자들도 적지 않다. <메를로-퐁티와 기술시대의 몸>에서 심귀연은 메를로-퐁티의 몸의 현상학의 관점에서 과학기술과 몸의 관계를 진단한다. 메를로-퐁티에 따르면 인간은 의미의 세계, 의미의 네트워크에 살고 있다. 그러한 세계에 속한 몸도 그냥 몸이 아니라 의미화된 몸이다. 이러한 이유로 몸은 삶의 스타일이 될 수가 있다. 그렇다면 과학기술이 우리가 몸을 경험하고 의미화하는 방식에 어떠한 변화를 주는가? 저자의 글은 이 질문에 대답하려는 시도이다.

인간처럼 마음과 감정이 있는 인공지능을 만들 수 있을까? 이 질문은 현대 과학에서 가장 뜨거운 감자이다. 자연으로서 인간과 기계로서 인간의 차이를 묻는 질문이기도 하다. <자연적 지향성과 기계화된 몸 — 제2의 자연 개념을 중심으로>에서 최일규는 몸이 문화화되는 과정에 착안해서 이 질문에 접근하는 지름길을 만든다. 인간의 몸은 자연의 몸(제1의 자연)이 아니라 문명화된 몸(제2의 자연)이다. 기술적으로 변형된 자연인 것이다. 그렇다면 인공지능은 제3의 자연, 혹은 제2의 인간이라고 할 수 있지 않을까? 이 글에서 저자는 자연과 기계의 대립을 극복할 수 있는 방법을 모색하고 있다.

다 알고 있듯이 인간은 도구와 기계에 의존해서 사는 존재이다. 기계와 결합된 사이보그라고 해도 과언이 아니다. 다시 말해 기계는 나의 타자가 아니라 나의 일부이다. 이러한 인식을 다지면서 심지원은 <인간 향상 논의에서 신체 보형물의 의미>라는 제목으로 질문을 던진다. 최근에 신체보형물의 사용이 급증하고 있다. 일상에서 그러한 보형물과 관련된 크고 작은 사고도 많이 발생하고 있다. 저자는 보형물은 사물이면서 동시에 몸의 일부라는 보형물의 이중성을 강조한다. 그리고 그것이 없으면 신체의 기능이 불가능한 경우에 보형물은 확장된 신체로 간주되어야 한다고 주장한다.

위의 글들은 모두 몸의 미래에 대한 것들이다. 서윤호는 우리말로 옮긴 카린 하라써의 <몸의 미래>에서 현재 우리는 사이보그 르네상스의 시대에 살고 있다고 진단한다. 여기에서 저자의 관심은 사이보그를 둘러싼 지적 환경의 변화를 페미니즘과 포스트휴먼적 관점에서 점검하는 데 있다. '포스트휴먼'이라는 개념에 비판의 각을 세우는 저자는 한편으로 비인간 존재들도 인간과 함께 평화롭게 공존하는 '공동인간성,' 다른 한편으로 다양한 실존들이 혼란 속에서 펼치는 야생적 공존을 뜻하는 '파라휴먼parahuman'이라는 개념을 제시한다. 이러한 개념을 통해서 저자는 기술적 변형 시대에 몸이 갖는 위상을 몇몇 테제로 정식화한다.

미래의 몸과 관련해서 빼놓을 수 없는 것이 공상과학소설이다. 우리는 SF 소설이 국내에서 20세기 후반에 출현한 것으로 알고 있다. 그러나 <우주시대, 미래 소년들의 몸은 어떻게 이상화되었나?>에서 임지연은 1959년에 한낙원이 <잃어버린 소년>, 이후에 ≪금성탐험대≫라는 SF 소설을 이미 출간한 적이 있다는 사실에 우리가 새삼 주목하도록 만든다. <잃어버린 소년>을 분석하는 저자의 관심은, 저자가 공상과학이라는 장르를 빌려 표현할 수밖에 없었던 이데올로기의 문제에 천착하고 있다. 주인공 소년들은 냉전시대에 세계과학정치가 가진 딜레마를 해결하기 위해 고안된 장치라는 것이다. 작가는 이 소년들은 이상화하고 특권화함으로써 현실에서 불가능한 딜레마의 해소를 꾀한다는 것이다.

우리가 일상에서 미래의 몸을 체험할 수 있는 가장 빠른 방법은 인터넷 게임에서 찾을 수 있다. 가상현실의 게임에 참가하는 사용자들은 몸을 어떻게 경험하게 될까? <몸의 미래 — 호모 오버도스Homo overdose의 탄생>에서 유현성은 게임의 변천사를 추적하면서 이 질문에 대한 대답을 시도한다. 게임의 초기는 '기기적 몸의 시기'로 요약될 수 있다. 감각이 몸에 있지 않고 '기기'에 있는 시기라는 의미에서이다. 그다음에 '커서 시기'를 거쳐서 마지막에는 'VR 시대'가 도래한다. 이 시대의 특징은 '가상'과 '현실'의 구분 자체의 소멸에 있다. 그렇다면 사용자의 몸이 '가상'에 있는지 아니면 현실에 있는지에 관한 의문이 생길 것이다. 저자는 VR은 몸으로 체현되어 있다는 사실에 주목하면서 그렇다면 몸이 속한 공간은 가상이라는 결론을 유도한다.

그렇다면 몸의 미래라는 질문에 대해 게임이 아니라 SF 소설의 관점에서 논의하기로 하자. <개체초월적 포스트휴먼>에서 주기화는 미래의 몸에 대해 비관과 낙관이 혼재하는 현실을 지적한 다음에, 그렉 베어의 ≪블러드 뮤직≫을 빌려 새로운 전망을 제시하고 있다. 이 소설에 등장하는 미래의 인간은 분자 기계와 제휴하여 인간-기계 공생체라는 새로운 생명체로 진화한 세계에 살고 있다. 저자는 시몽동의 '개체초월적 인간-기계 앙상블'이라는 개념을 빌려 미래에 인간은 자연의 지배자가 아니라 세계와의 관계를 자유롭게 조절하는 '포스트휴먼'으로 '상전이'할 수 있는 가능성을 제시한다.

기술과학이 직면한 최대의 과제의 하나는, 인간처럼 감정이 있는 로봇을 개발하는 것이다. 그러한 로봇을 개발함으로써 현재 간호사나 승무원이 감당하는 감정노동을 로봇으로 대체하자는 것이다. <감정로봇과 인간의 감정 — 약함의 공동체와 강함의 공동체>에서 김종갑은 '만약 그러한 기획이 실현된다면 로봇이 감정노동을 전담하는 사회에서 인간의 감정에는 어떤 변화가 생길 것인가'라는 질문에 대해 대답을 시도한다. 저자에 따르면, 감정은 인간이 외부의 자극에 취약한 존재라는 사실을 가리키는 지표이다. 그리고 인간은 그러한 약점을 공동체 형성의 긍정적 계기로 삼는 사회적 동물이다. 저자는 감정노동을 로봇이 전담하는 순간에 인간 공동체는 무너지기 시작할 것이라고 진단한다.

몸의 미래라는 주제를 소화하기 위해서 반드시 과학기술의 발전과 결합되어야 하는 것은 아니다. 빈부의 차이, 인종의 차이, 내국인과 외국인의 차이 등의 관점에서도 미래 몸의 변화를 추적할 수 있다. <잠재적 미래 '호모 사케르'—'벌거벗은 삶'의 다양한 형상을 통해서>에서 서길완은 인격적 권리의 사각지대에 있는 사람들을 호모 사케르로 명명한다. 현재의 호모 사케르는 미래 사회의 타자들을 비춰 주는 거울로서 의미를 갖는다. 여기에서 저자의 관심은 미래의 호모 사케르를 산출하게 될 사회 구조의 위험을 진단하고 고발하는 데 있다.

몸의 미래와 더불어서 빠질 수 없는 주제가 의료과학이다. 윤지영은 <산과 의료폭력—여성에 의한 의료지식공간의 미래적 개편>에서 페미니즘적 관점에서 의료과학이 여성의 몸에 가하는 폭력의 문제를 다루고 있다. 의료 공간이 복원과 치료, 생명과 건강의 강화 공간만이 아니라 제도적으로 여성을 향한 폭력의 수행 공간일 수 있다는 것이다. 저자에 따르면, 가장 극심한 폭력은 산과 의료폭력이다. 산과 의료폭력 개념은 상호감응과 비판적 견제를 통한 의료진과 환자 간의 새로운 소통 공간이자 지식 공간, 치료 공간을 기획해 내는 교섭과 변형의 장이 될 것이다. 나아가 이것은 산과와 여성의학과에서 여성의 미래적 몸 공간이 재구성되는 새로운 지평의 도약대가 될 것이다.

필자는 미래의 몸은 영화의 스크린에서 만날 수 있다고 생각하는 편이다. 많은 SF 영화 가운데 윤소영은 특히 <트랜센던스>를 논의의 중심으로 끌어들인다. <포스트휴먼이라는 초월성>에서 이 영화에 대한 논의를 통해 저자는 미래에 새로운 종으로서 인간의 진화 가능성을 조심스럽게 타진하는데, 그 실현의 계기를 양자프로세서를 통한 나노기술의 자기복제와 두뇌통합에서 찾는다. 두뇌통합이 뇌과학의 최종 목적지라는 것이다. 만약 그러한 진화가 가능하다면 인간성의 개념도 커다란 변화를 겪을 것이다. 이때 전통적인 인간다움을 고수해야 할 것인가, 그렇지 않으면 새로운 인간다움의 지평을 개척해야 할 것인가, 양자택일의 기로에 서게 된다. 저자는 전자에 무게 중심을 두고 있다.

Ⅲ

몸문화연구소는 몸과 관련된 다양한 문화현상들을 학문적으로 연구하기 위해서 2007년 설립된 연구소로, 2017년에 교육부에서 지원하는 대학중점연구소로 선정이 되었다. 우리 연구소는 매년 몸과 관련된 주제를 발굴하고 이에 관련된 선행연구를 검토한 다음 연구자의 주장과 관점이 녹아 있는 연구의 결과를 활자화하는데, 이 책은 10번째 총서로서 각별한 의미를 가지고 있다. 이 책에 실린 글을 쓰기 위해 고생을 마다하지 않았던 연구원들, 그리고 이 책의 완성을 위해 편집과 교정을 해 주셨던 건국대학교출판부의 박명희 · 임경희 선생님에게 감사의 말을 전하고 싶다. 그리고 마지막으로 이 저서는 2017년 대한민국 교육부와 한국연구재단의 지원을 받아 수행된 연구(NRF-2017S1A5B8057457)임을 밝혀 둔다.

몸문화연구소

소장 **김종갑**

차 례

1부 기술화된 몸

메를로-퐁티와 기술시대의 몸[1]

현상학자들은 과학기술의 발달과 기계화가 삶과 몸을 훼손시켰다고 생각한다. 그렇다면 과학과 기술은 인간이 열지 말아야 할 상자였을까? 이 글은 메를로-퐁티 철학의 관점에서 이 문제를 풀어 간다. 인간은 도구적 존재였고, 도구 또는 기술 없이 자신을 표현할 수 없는 존재다. 기술시대를 구체적 삶의 세계로 받아들이는 것은 피할 수 없는 현실이 되었다. 기술의 현상학적 이해는 몸의 현상학적 이해로 넘어가게 되는데, 이 과정에서 기술시대의 몸이 훼손되지 않고 되살아나는 모습을 확인하게 될 것이다.

심귀연

우리는 어떻게 해서 몸을 잃어버렸을까? 메를로-퐁티를 비롯한 현상학자들은 근대학문과 삶의 위기가 수학화된 자연과학에 있다고 말한다. 그러니 자연과학의 발달과 더불어 가속화된 기술은 인간 삶에 위험성을 안겨 줄 수밖에 없다. 그렇다면 기술의 시대에 사는 우리는 그 '속도'를 늦추고 내면의 세계로 들어가 삶을 성찰해야 하는가? 메를로-퐁티는 이미 인간은 '내면'에 거주하지 않는다고 선언하고 있다. 우리는 생활세계에 거주한다. 그런데 기술시대는 이미 환경세계 즉 생활세계가 아닌가? 우리는 메를로-퐁티가 후설, 하이데거 현상학을 비판적으로 수용하고 있음을 주지해야 한다. 후설은 근대 유럽인의 삶과 학문을 '위기'로 진단하고, 위기 현상을 수학화된 자연과학이 야기한 '이념화된 세계'로 규정하고 있다. 하이데거 역시 기술시대가 우리 삶에 미치는 영향을 우려하고 있다. 메를로-퐁티 또한 생활세계를 복원하고 학문과 인간 삶을 회복하고자 한다. 중요한 것은 기술 문제가 현재를 살아가는 우리가 피해갈 수 없는 조건이 되었다는 점이다.

과학기술의 발달은 '인간존재'에 대한 정의마저 바꾸고 있다. 이 지점에 이르러 우리가 취하는 태도는 기술의 발달을 멈추거나 진행하거나 또는 극복하거나 받아들이는 것이다. 사실상 새로운 인간 유형에 대한 이와 같은 논의는 근대 이후 진행되어 온 이분법적 사유를 해소하고자 하는 노력이다. 이러한 노력은 주관과 객관, 인간과 자연, 정신과 물질의 이분법의 문제를 인간 중심에서 해소하려는 것에 머물지 않고 그 경계를 허물거나 넘어서려는 데까지 이른다. 우리가 주지해야 하는 사실은 현상학자들이 문제로 삼고 있는 것이 자연과학이 취하는 태도라는 점이다. 현상학자들은 자연과학 자체를 문제로 삼는 것이 아니라 자연과학적 '태도'를 문제 삼고 있는 것이다. 그렇다면 기술시대에 우리는 무엇을 문제 삼아야 할지 분명해졌다.

물론 메를로-퐁티는 '기술'의 문제를 직접적으로 다루지는 않았다. 이러한 이유에서인지 기술과 관련한 메를로-퐁티 관련 연구 또한 많지 않다. 하지만 지각의 장이 펼쳐지는 상황 속에서 기술의 문제를 배제할 수는 없다. 기술 문제가 삶의 세계와 따로 있는 것이 아니라면 우리는 '기술'에 대한 문제를 새로운 관점에서 논의해야 할 것이다. 이러한 문제의식 아래, 기술 문제가 메를로-퐁티의 철학에서 비판적으로 수용될 수 있는 가능적 여지를 검토할 것이다.

먼저 과학은 체험된 것, 환각 이런 것들을 설명해 내지 못한다. 과학은 객관적인 것 또는 규정된 것만을 진실된 것이라고 한다. 과학의 이러한 태도는 "사물들과 우리의 만남으로부터 사물에 오는 술어들을 모두 배제"[2]하는 결과를 낳는다. 과학적 태도를 가질 때 조심해야 하는 것은 신념에 대한 맹신이다. 과학이 드러낸 세계의 객관성에 문제를 제기하고 주관적 의식으로 관심을 돌린다고 하더라도 결과는 다르지 않다. 중요한 것은 "전체 경험의 맥락을 명확하게 재구성하는 것이다."[3] 그런 점에서 "철학은 과학이 아니다."[4]

좀 더 구체적으로 말하자면 메를로-퐁티의 비판은 후설이 말하듯 '과학' 그 자체가 아니라 과학이 '보편학'이고자 하는 욕망을 드러낸다는 것에 있다. 따라서 현대 기술은 적극적으로 재조명될 필요가 있다. 우리는 그것을 몸-주체에서 살-존재로 확장해 가는 메를로-퐁티의 사유 속에서 확인할 것이다. 또한 우리는 왜 메를로-퐁티가 몸에서 살로 이행하는지에 대해서도 고찰할 것이다. 마지막으로 우리는 메를로-퐁티의 몸과 살의 철학이 기술시대를 살아가는 후대 철학자들의 존재론적 토대가 될 수 있는 가능성을 고찰할 것이다.

기술은 왜 위험한가?

메를로-퐁티의 '몸-살'과 '기술'의 문제로 들어가기 전, 현상학적 관점에서 본 기술의 위험성을 검토해 볼 필요가 있다. 후설은 근대과학과 기술이 야기하는 위험성을 '위기 Krisis'로 판단한다. 후설에 따르면 수학화된 자연과학이 생활세계를 망각으로 이끌었다. 후설은 ≪유럽학문들의 위기와 선험적 현상학 *Die Krisis der europäischen Wissenschaften und die transzendentale Phänomenologie*≫(1976)에서 이 위기의 시작을 갈릴레이에 둔다. 갈릴레이 이후 생활세계는 수학화된 자연과학으로 인해 '이념화'되고 '추상화'되었다.[5]

갈릴레이는 보편학이고자 하는 '학문의 이념'을 추구하기 위해 새로운 방식을 제안했다. 그 방식이란 구체적이고 개별적인 것들을 객관화시키는 방법으로서 객관적 세계에 대한 믿음을 전제로 한다. 갈릴레이는 객관적 세계의 실재를 인식하기 위해 실험적 활동으로서 측정기술을 도입한다. 측정기술은 사물과 세계를 정확하고 효율적으로 분석하고 파악할 뿐 아니라 존재하는 모든 대상을 개념화하고 이념화한다. 이러한 근대과학의 시도는 학문의 '정밀성Exatkheit'을 위해서다.[6] 데카르트는 갈릴레이의 학문적 방법을 좀 체계적으로 정리하여 근대 인식론의 원형을 만들었다.[7]

후설은 근대 학문의 '정밀성'을 비판하면서, 현상학의 이념인 '엄밀성streng'의 철학을 통해 학문의 정체성을 확립해야 한다고 말한다.[8] 특히 후설은 세계의 객관화와 이념화, 그리고 대상의 수량화로 생활세계의 망각에 이르게 하는 것을 기술의 본질이라고 규정한다.[9] 후설의 이와 같은 기술 이해는 근대의 대상을 지배하고자 하는 인간중심주의적 관점을 잘 보여주고 있다는 점에서 의미가 있다. 한편으로 후설의 이러한 비판적 견해에는 기술과 기계화를 일치시키고 있다는 점에서 한계를 가진다.[10]

기술 문제는 하이데거에 이르러 존재론적 차원에서 논의된다. 하이데거는 기술의 본질을 몰아세움Gestell으로 본다. 이때 기술은 "존재자들의 본래성을 무시하면서, 인간이 필요로 하는 에너지의 저장소로 자연에 포함된 모든 사물들을 닦달한다는 데에서 존립"[11] 한다. 현대 기술이 정밀과학에 바탕을 둘 경우, 존재자 전체는 부정적일 수밖에 없다. 기술은 인간을 포함한 모든 존재자 전체를 도구, 즉 수단으로 전락시킨다. 도구의 본래적 가치는 사용가치에 있다는 점을 우리는 주지해야 한다. 그것은 하나의 수단으로서, 인간에게 사용되는 어떤 것이다. 수단으로서의 도구는 어떤 의도도 가지지 않는다.

하이데거는 도구의 도구성이 부재를 통해서 드러난다고 말한다. 도구가 자신을 드러낼 때 그것은 더 이상 도구로서의 가치를 가질 수 없다. 예를 들어 내가 노트북으로 글을 쓰고 있는 지금, 나의 생각은 온통 글을 향해 있다. 그러나 갑자기 노트북의 자판이 뻑뻑하게 글쓰기를 어렵게 만들면서 노트북의 자판에 시선이 가고 노트북이 내게 드러난다. 노트북의 용도는 다양하지만, 그 중에 내게 가장 큰 용도는 글쓰기다. 노트북이 그 용도에 충실할수록 나는 노트북을 의식하지 못한다. 글쓰기에 불편함을 느낄 때 비로소 노트북을 의식하게 되는 것이다. 노트북은 노트북임이 드러날 때 이미 노트북으로서의 사용가치를 잃은 것이다. 망치의 경우도 마찬가지다. 망치는 그것이 사용자의 손에 들려지고 그 손에 의해 그 가치가 드러나지만 손에서 벗어나게 된다면 망치는 망치로서의 가치를 잃게 된다.[12]

하이데거에 따르면 도구적 존재자를 용재자das Zuhandenes라고 한다. 용재자가 그것의 가치를 갖지 못하고 사물적 대상으로 있게 된다면 그것은 전재자das Vorhandenes가 된다. 용재자인 도구적 존재자는 세계 내부적으로 만난다. 따라서 "도구적 존재자의 존재 성격은 적소성Bewandtnis이다."[13] 이는 자연에 대해서도 마찬가지다. 자연은 하나의 풍광으로 내게 들어온다. 그것은 논두렁에 핀 아름다운 꽃이며, 땅에서 솟아나는 샘이다. 자연이 객관적 사물이 될 경우 자연은 그 본질을 잃어버리게 된다.[14] 우리는 일상생활 속에서 도구를 사용한다. 우리는 신발을 신으며 자동차를 탄다. 우리는 도구로 이루어진 환경세계 속에 산다.

하이데거는 현존재와 존재자를 구별한다. 현존재는 다른 현존재와 관계 맺기도 하고, 현존재자가 아닌 존재자와 관계를 맺기도 한다. 현존재가 존재자와 맺는 방식을 '배려Besorge'라고 한다. 내가 망치를 사용할 때 망치와 나의 관계에서 나는 망치를 '배려'한다. 이렇게 배려의 방식으로 우리들이 만나는 존재자가 도구이다. 반면 현존재와 현존재가 맺는 방식을 고려fürsorge라고 한다.[15] 하이데거는 ≪존재와 시간≫에서 환경세계를 도구의 전체적 연관성으로 설명한다. 하나의 도구는 다른 도구를 위해 존재한다. 이렇게 하나의 도구가 다른 도구를 '지시'함으로써 세계는 전체적으로 연관되어 구성된다. 이것이 환경세계로서의 세계이며 일상성의 세계다. 현존재는 '세계-내-존재In-der-Welt-sein'로서 "모든 사물의 도구성을 찾아내고, 그것들에 대해 배려하고, 미래를 향해 선구적으로 산다."[16]

우리는 하이데거의 관점에서 도구 및 기술을 두 가지 관점으로 해석할 수 있다. 하나는 도구주의적 관점이며, 또 하나는 지시 또는 행위의 관점이다. 하이데거는 테크네téchne, 즉 기술이라는 말이 현대로 오면서 왜곡되었다고 말하고 있다. 테크네는 '드러낸다'는 의미를 가지고 있다. 이는 존재자의 탈은폐 또는 드러냄이다. 그러나 현대 기술은 존재자를 드러내지 않고 은폐하고 있는 것이다. 기술을 존재자의 탈은폐로 이해할 때 현대 기술의 문제점을 극복하고 기술의 본래성을 회복할 수 있다.[17]

자연과학이 발달할수록 기술은 '몰아세움Gestell'의 방식으로 세계와 관계 맺는다. '몰아세움'이 문제가 되는 것은 어떤 특정한 이득을 얻기 위해 수단화하는 방식이기 때문이다. 문제는 '몰아세움'의 방식이 우리의 삶 전체를 지배하고 있다는 점이다. 앞서 확인했듯이 현대 기술의 본질인 '몰아세움'은 과학이 정밀성에 근거한다. 이와 같은 과학, 즉 학문의 정밀성은 이미 후설이 ≪위기≫에서 지적한 바와 다르지 않다. 그렇다면 우리는 하이데거와 후설이 기술 그 자체를 비판하는 것이 아니라 근대과학의 학문적 방법이 존재에 개입하는 방식에 문제를 제기하는 것으로 보아야 할 것이다.

현대 기술에 대한 후설과 하이데거의 비판은 기술이 우리 삶을 지배하는 현상에 근거하고 있다. 이는 인간과 기계의 관계를 대립으로 보는 것에서 비롯된다. 우리가 확인하는 것은 후설과 하이데거의 기술에 대한 이해가 도구주의적 관점에서 있다는 점이다. 그렇다면 우리의 기술에 대한 논의는 이와 같은 도구주의적 관점에서 벗어나는 것으로 방향지어야 할 것이다.

하이데거가 밝혔듯이 현상학에서 현상은 은폐되어 있는 것을 드러내 밝히는 학문이다. 이 학문은 후설의 용어로 엄밀성의 학문이며, 메를로-퐁티에게 있어서는 '지각'의 현상학이다. 앞서 언급했듯이 후설이 비판하는 기술은 자연주의적 태도에서 이해된 기술이다. 우리는 기술에 대한 새로운 관점이 필요하고 그것을 메를로-퐁티를 통해서 찾아보고자 한다.

몸과 확장된 몸인 기술

메를로-퐁티는 후설이 비판하는 현대 기술의 문제점을 공유하며, 후설의 생활세계 복원에 동참한다. 후설과 다른 점은 메를로-퐁티가 '몸'을 문제 해결의 핵심에 둔다는 점이다. 생활세계를 복원하는 방법에 있어서도 근본적인 차이를 보인다. 메를로-퐁티는 후설이 말하는 의미세계보다 지각세계를 우선시한다. 메를로-퐁티에 따르면 하이데거가 ≪존재와 시간*Sein und Zein*≫(1927)에서 환경세계를 말하는 것은 후설의 생활세계를 재현할 뿐[18]이다. 메를로-퐁티가 그렇게 말하는 이유는 후설과 하이데거가 '지각의 기본성'을 밝혀내지 못했기 때문이다. 지각은 인식의 과정이 아니라 지각의 장, 즉 삶의 구체적 상황이다. 메를로-퐁티의 관점에서 볼 때, 기술은 하나의 수단이 아닌 지각의 장에 속한다고 볼 수 있다.

기술에 대한 새로운 이해는 몸 이해와 맥을 같이한다. 기술은 이미 우리 삶 속에 깊이 스며들어 있다. 인간은 도구를 통해서 삶을 더욱 다양하고 풍요롭게 만들고 있다. 모든 도구, 즉 인공물은 몸의 확장이다. 도구의 대표적이자 결정적인 사례가 '불'이다. 인간은 불을 사용함으로써 자연을 지배하게 되었다. 또한 인간은 활을 사용하여 하늘을 나는 새를 잡기도 하고, 사다리를 이용하여 손이 닿지 않은 곳의 물건을 집기도 한다. 시력이 약한 사람은 안경으로 시력을 회복하고, 다리를 잃은 사람은 의족을 착용함으로써 실재의 다리가 가지고 있는 기능보다 더 좋은 기능을 얻기도 한다. 이처럼 도구는 인간을 향상시키는 수단으로서 사용되어야 하는 가치를 가진다. 그것은 스스로 목적이 될 수 없다는 점에서 '도구'다.

기술은 도구와 다른 관점에서 이해되어야 한다. 물론 도구의 발달은 기술의 발달을 의미한다. 그렇다고 해서 도구와 기술을 같은 것으로 이해하지는 않는다. 예를 들어 망치는 도구다. 그것은 못을 박기 위한 도구다. 손에 망치를 쥐고 벽이나 나무에 못을 박을 때 우리는 꽤 많은 힘을 쓴다. 뿐만 아니라 많은 못을 박기 위해서는 많은 시간이 필요하다. 힘들이지 않고 많은 못을 박으려면 어떻게 해야 할까? 전기의 힘으로 작동하는 망치는 어떤가? 도구는 점점 더 그 기능이 강화되고 인간은 도구를 통해서 더 쉽게 자연을 지배한다. 기술이 발달하면서 도구의 사용가치는 훨씬 높아진다.

도구와 도구의 사용은 분리된다. 그러나 기술은 기술의 사용과 분리되지 않는다. 기술의 사용이 곧 기술이기 때문이다. 기술은 사용되지 않으면 기술이 아니다.[19] 그러므로 기술은 사물 대상이 아닌 존재방식으로 등장한다. 인간이 도구를 통해 몸을 확장하듯 기술의 발전 또한 몸의 확장 가능성을 극대화한다. 그러나 기술은 새로운 시간과 공간을 열고, 새로운 세계를 열어 가는 새로운 존재방식을 가진다.

기술은 전통적인 몸을 해체하고 새로운 몸 이해를 가능하게 한다. 오늘날 기술은 디지털 기술로 대표된다. 디지털 기술은 인간의 존재방식에 급격한 변화를 가져다주었다. 인간과 기술의 관계에서 인간이 기술의 주체이자 대상으로 파악되면서, 정신과 육체의 이분법을 넘어서는 새로운 형태의 몸이 등장했다. 그것은 기술적인 몸, 테크노-바디Techno-body[20]이기도 하며, 이는 새로운 인간 형태인 포스트휴먼적 몸의 한 방식이기도 하다. 우리는 새로운 몸의 가능적 출발점을 데카르트적 의미에서의 객관적인 몸이 아니라 지각하는 몸에서 찾는다. 그리하여 메를로-퐁티 관점에서 볼 때 기술은 지각세계의 한 모습이다. 그런 까닭에 기술은 몸의 연장, 혹은 확장 그 이상으로 이해되어야 한다. 메를로-퐁티가 제시하고 있는 시각장애인의 지팡이를 사례로 확인해 보자.

> 시각장애인의 지팡이는 그에 대하여 대상이기를 그쳤고, 더 이상 그 자체로 지각되지 않으며, 그 끝은 감각적 지대로 변형되었고, 그 지팡이는 접촉 행동의 넓이와 반경을 증대시키며, 시선에 유비되는 것이 되었다. 대상의 탐구에서 지팡이의 길이는 분명히 매개항으로서 개입하지 않는다. 그는 지팡이의 길이에 의해서 대상의 위치를 아는 것보다 오히려 대상의 위치에 의해서 지팡이의 길이를 안다. 대상의 위치는 그에게 영향을 미치고 팔의 연장 능력 이외에 지팡이의 행동반경이 포함되는 동작의 넓이에 의해서 직접적으로 주어진다.[21]

그의 지팡이는 촉각의 확장이자, 시각의 확장이다. 만일 확장에 그친다면, 그것은 이성중심주의, 또는 도구주의에 머무를 것이다. 메를로-퐁티의 연구가 현대사회에 새로운 의미를 주는 것은 메를로-퐁티 현상학이 이성중심주의 또는 도구주의에서 벗어나 전체성을 회복한다는 사실에 있다. 메를로-퐁티의 다른 한 예를 들어 보자.

> 내가 늘상 운전을 해왔다면, 나는 좁은 도로에 진입하면서 그 폭을 차의 그것과 비교하지도 않고 '내가 지나갈 수 있다'는 것을 본다. 이것은 내가 문의 폭을 나의 신체의 그것과 비교하지도 않고 빠져나가는 것과 마찬가지이다.[22]

지팡이의 사례와 다르지 않다. 자동차는 몸의 확장, 좀 더 구체적으로 말하자면 발의 확장이다. 여기서 확장은 부족한 부분을 채우거나 강화시키는 것을 의미하지는 않는다. 몸의 확장을 인간능력의 확장으로 본다면, 도구주의적 관점에 머무는 것이 되며, 그렇게 된다면 도구의 발달, 즉 기술의 발달은 하이데거가 우려했듯이 우리를 닦달하여 자신을 드러내는 꼴이 된다. 그러나 우리는 지팡이와 자동차 등의 사례를 통해 세계의 매개자로서의 '몸'을 드러냄으로써 도구주의적 관점에서 벗어난다는 점을 보이고자 한다.

우리가 지팡이를 처음 손에 쥐거나 자동차를 처음 운전하게 되는 경우, 이 새로운 도구에 익숙하지 않아 지팡이를 사용하거나 운전하는 데 매우 어려움을 겪는다. 그러나 반복된 훈련, 즉 습관이 생기게 되면, 지팡이와 운전은 내 몸과 따로 놀지 않고 자연스럽게 내 몸과 하나가 된다. 지팡이를 통해 내 몸은 변화를 일으켰다. 그것은 일방적인 주체의 행위 또는 의지의 결과가 아니다. 그것은 "의도와 실행 사이에서 조화를 경험한다는 것이고, 몸은 세계에 닻을 내리고 있는 우리의 정박지"[23]임을 표현하는 것이다.

몸은 보여지면서 본다. 그래서 몸은 대상이면서 주체이다. 또한 몸은 사용되면서 사용한다. 지팡이는 나의 감각이 되면서도, 도구에 머물지 않고, 몸으로 확장된다. 그리고 그 몸은 지면으로 향하면서도 몸과 닿은 지면에 의해 감각되는 대상이 된다. 이렇게 몸은 도구와 함께 지각장을 형성하고 몸도식을 만들어 내며,

나를 세계-에로-존재로 안내한다. 그래서 몸도식은 상황 속으로 생생한 세계로 귀환하는 것이며, 몸-주체인 나는 세계-에로-존재étre-au-monde인 것이다. 전통적으로 주체는 이성주체를 의미하였고, 몸은 객관적 대상으로 파악되었다. 현대 기술은 수단에 머무르지 않고 몸의 확장을 꿈꾸게 하는 동시에 새로운 몸으로의 변화 가능성을 열어 주었다. 다만 기술을 어떻게 이해하는가에 따라서 그 평가는 전혀 다르다.

데카르트의 코기토는 근대 철학의 토대가 되었지만, 동시에 극복해야 하는 지점이다. 데카르트적 인간은 몸이 배제된 인간이며 자아중심적인 인간이다. 그러나 우리가 간과해서는 안 되는 사실은 몸이 관념으로 존재하는 것이 아니라 구체적인 현실에서 살아가는 몸이라는 점이다. 우리는 언제 살아 있다는 생각이 드는가? 몸을 움직이면서 땀을 흘릴 때가 아닌가? 인간을 살아 있는 존재라고 말할 수 있는 것은 몸의 구체성 때문이다. 우리가 메를로-퐁티의 몸도식을 도구주의적 관점에서 본다면, 그것은 여전히 자아중심에서 벗어나지 못하기 때문이다. 이는 마샬 맥루한의 확장된 몸을 이해할 때도 마찬가지다. 그가 말하는 '확장된 몸'을 현상학적 관점에서 본다면, 그것은 "몸을 통해서 구현할 수 있는 인간의 지각 가능성의 범위의 전환과 변형"[24]으로 이해될 수 있다. 이런 이유에서 우리는 기술과 몸의 문제를 도구주의적 관점을 벗어 버리고 현상학적 관점에서 재조명하려 하는 것이다.

행위예술가 스텔락Stelarc의 퍼포먼스는 그런 의미에서 중요한 사례가 되겠다. 스텔락은 <제3의 손>에서 기존의 손 기능과 더불어 기계 손의 독자적인 역할을 보여주고 있다. 여기에서 몸은 확장을 통해 자신의 기능을 향상시키면서 동시에 새로운 몸으로 변화한다.[25] 내 몸은 여기에도 있지만, 저기에도 동시에 있다. 세계는 몸이 존재하는 방식으로 존재한다. 이는 기술이 몸에 스며든 방식이다. 기술이 스며드는 동시에 몸은 다시 새롭게 변화한다. 기술이 수단으로 존재한다는 것은 그 기술이 내 몸에 스며들지 않았기 때문이다. 오히려 기술이 스며들어 그 기술의 존재를 망각할 때 기술은 몸과 하나가 되어 자신을 드러낸다. 내가 세계와 맞닿는 부분, 그것은 내가 걷고 앉고 숨 쉬는 모든 행위를 가능하게 한다. 기술은 세계와 나의 관계를 확장하거나 축소시킨다. 그러므로 세계는 개별적 사물들의 집합이 아니라 존재의 일부이다.

살아 있는 몸, 꿈틀거리는 몸

메를로-퐁티는 전기 저작인 ≪지각의 현상학≫에서 지각을 통해 고유한 몸corpre의 회복을 시도한다. 고유한 몸은 객관적이고 사물화된 몸이 아니라 살아 있는 몸corps animé이며, 체험된 몸corps vécu이자 현상적 몸corps phénoménal이다. 메를로-퐁티는 현상적 몸과 지각세계가 어떻게 구조적으로 연관지어지는지를 몸도식으로 보여주었다. 고유한 몸은 미완성 유고작인 ≪보이는 것과 보이지 않는 것≫에서 살의 몸corps de chair으로 확장된다.

클로드 르포르가 밝히듯 이 유고는 오랫동안 작업되었음에도 완성본이 아니며, 메를로-퐁티가 살아 있었다면 어떤 부분이 삭제되고 어떤 부분들이 더 강조되어 드러났을지 알 수 없다. 따라서 이 유고는 ≪지각의 현상학≫에서의 구상과 그의 후기 원고들을 토대로 짐작할 수밖에 없고, 그래서 이 원고는 그 자체로 열린 세계가 되었다.[26] 이러한 사실은 우리가 메를로-퐁티의 현상학으로 현대 기술의 문제를 조명할 수 있는 이유가 된다.

이미 앞서 우리는 몸의 확장과 기술의 발전이 세계를 어떻게 열어 가는지를 살펴보았다. 또한 몸의 확장이 각각의 관점에 따라서는 이성 중심 또는 인간 중심으로 이해될 수 있다는 점도 지적하였다. 메를로-퐁티의 관점에서 본다면 몸의 확장은 인간 중심에서 벗어나 존재의 전체적 연관성 속에서 파악되어야 한다. 우리가 메를로-퐁티가 후기 철학에서 중요한 개념으로 다룬 '살'에 주목하는 것도 이 때문이다.

메를로-퐁티는 초기 입장인 '몸-주체와 세계 간의 구조적 연관성'을 밝히는 데 그치지 않고 살로 이행하면서 존재들 간의 연속성을 밝혀낸다. 그의 이러한 이행은 몸과 세계의 구조적 연관관계에서 몸-주체가 여전히 주체 중심에 자리하면서 세계로 지향해 가기 때문이다. 게다가 메를로-퐁티가 표현하고 있듯이 "한쪽이 다른 한쪽 주위를 돌거나 한쪽이 다른 한쪽을 잠식"[27]하기 때문이다. 그러므로 우리는 메를로-퐁티가 ≪지각의 현상학≫ 서문에서 밝혔듯이 현상학이 '본질' 연구라면, 현상학자들은 존재를 밖에서 바라볼 것이 아니라, 존재 그 자체에서 바라보는 일이 필요하다.

메를로-퐁티에 의하면, 존재 진리는 인식 과정을 거치는 것이 아니라 마치 과실이 익으면 저절로 터져 나오듯 열린다고 말한다. 존재는 삶의 직물 가운데서 열어져야 한다. 메를로-퐁티는 그것을 존재의 열개déhiscence에 참관하는 것이라고 말한다. 이는 몸의 열개이기도 하다. 이 "열개는 존재를 존재 자신에게 열고, 우리를 그 존재에게 연다."[28] 이는 언어에 있어서도 마찬가지다. 메를로-퐁티는 ≪간접적 언어와 침묵의 목소리≫(1952)에서 '말'을 통해 존재가 어떻게 보여지고 감추어지는지를 말하고 있으며, 안과 밖의 불가분리적 성격을 논하고 있다. 그에 따르면 완벽한 표현은 없다. 오히려 모든 언어는 간접적이고 암시적이며, 침묵이다. 그래서 언어는 표현하기를 포기할 때, 진정한 발화가 된다.[29] 말의 주체는 코기토가 아니라 발화하는 몸이다. 말은 살과 유비적이지 않으며, 오히려 연대와 얽힘의 관계이다. 언어는 말하는 것이지만, 간접적인 언어는 침묵의 목소리를 잡아낸다. 침묵의 목소리는 오히려 말없이 표현한다. 그리고 말은 흔적을 잡아챈다.

메를로-퐁티의 존재론적 표현은 디지털 기술의 웨어러블wearable 기기로 현실성을 띤다.[30] 이 모든 것을 설명해 내는 '살la chair'은 메를로-퐁티 후기 철학의 핵심개념이 된다. 메를로-퐁티는 ≪보이는 것과 보이지 않는 것≫에서 다음과 같이 말하고 있다.

> 살을 가진 존재, 어떤 부재의 현전화로서, 존재의 원형이라는 점이요, 우리의 몸, 요컨대 감각되는 감각하는 자는 이 원형의 탁월한 변이이기는 하지만, 몸의 구성적 역설은 이미 모든 보이는 것 가운데 들어 있다는 점이다.[31]

살은 겹겹이 주름진 '사이세계'다. 거기에 '보이는 것'의 '깊이'들이 생긴다. 내게 보이는 붉은 옷은 붉은 벽돌, 붉은 깃발 등과 같이 "붉은 사물의 장 가운데 찍힌 구두점 "[32]이다. 이처럼 붉음은 순수하게 붉음 그 자체일 수 없다. 혁명의 붉은 깃발에서 흥분의 감정을 느끼고 붉은 벽돌에서 따뜻함을 느끼는 것처럼 색은 그 색이 드러나는 곳과 그 색을 지각하는 자 사이에 감정적 지각으로 등장한다. 이것을 가능하게 하는 것이 몸이며, 매체이며, 그것은 살로 확장된다. 다시 말해 몸이 "존재바탕으로서 매체milieu요, 그래서 '감각적인 것'들 사이에 존재하는 감각체로 파악"[33]될 때 그것은 몸 '살'이 된다. 이제 살은 몸의 살이며, 세계의 살이다. 살은 사이에 존재하는 사이세계이다.

앞에서 살펴보았듯이 몸의 확장은 도구의 사용과 함께 시작되었다. 그러나 그것이 몸-주체 중심에서 세계로 확장하는 도구주의적 관점이라면 메를로-퐁티의 철학은 자기모순에 처한다. 그러나 현대 기술을 존재가 열개déhiscence[34]하듯 그렇게 세계를 열어 주는 것으로 파악한다면, 말과 살이 얽히고 연대하듯 기술은 몸과 연대하고 얽혀서 세계의 깊이를 만들어 낼 수 있다. 그렇게 될 때 기술은 몸에 스며든 살이며, 세계를 드러내는 살이 될 수 있다.

몸의 살로의 이행을 통해서 우리는 '몸' 대신 '살'이 아니라 몸-살과 세계-살을 통해 사이세계를 설명할 수 있다. 몸은 객관적이지도 않고 주관적이지도 않다. 그것은 현상적 몸이다. 그러나 현상된 것, 즉 드러난 것은 드러나지 않은 것이라는 이면을 가진다. 그것이 깊이다. 살은 내 몸이면서 세계이다. 메를로-퐁티의 후기 철학에서 말하는 살의 존재를 잡종의 존재, 야성적 존재라고 말하는 것은 바로 이 때문이다. "주체의 대자성도 세계의 즉자성도 모두 존재 내부의 포개기에서 생긴 주름"[35]이다. 반복하자면 살은 "보이는 것으로서의 보는 자와 보는 자로서의 보이는 것의 열개"[36]이다.

그러므로 우리는 몸-살을 단순히 고깃덩어리로서의 몸으로 받아들여서는 안 된다. 그렇다고 몸-살은 활동하는 주체에 머물지 않는다. 왜냐하면 몸-살은 도구 또는 기술을 주체적 입장에서 자신을 객관적 대상으로 취급하지는 않기 때문이다. 그렇다면 이제 기술은 더 이상 도구가 아니다. 기술은 필요 때문에 의미를 가지고 등장하지 않는다. 오히려 세계-에로-존재인 나는 몸-살인 동시에 기술적 삶의 표현이라 해야 할 것이다.

기술시대의 삶을 기술에 매몰되어 인간의 본성을 상실한 삶으로 이해하는 것은 삶을 세계와 인간으로 분리시켜 두고 이해하기 때문이다. 그렇게 되면 기술은 인간의 몸을 강화시키고 향상시키면서, 그 힘으로 자연을 통제하는 것으로만 이해될 것이다. 세계는 사물 대상처럼 인간과 분리되어 주체적 인간에 의해 닿을 수 없는 객관적 실체로 머물게 될 것이다. 그러나 그것은 기술에 의해 몰아세움을 당한, 즉 하이데거가 우려했던 고향을 잃은 인간성 상실이다. 이는 하이데거뿐 아니라 메를로-퐁티가 우려한 과학의 태도가 빚어내는 결과이기도 하다. 그것은 인간과 세계의 몰이해로 귀결된다. 이 문제를 해결하기 위해서는 '보이는 세계와 보이지 않는 세계'의 관계를 이해해야 한다. 그래야만 근대과학과 과학자들의 철학이 빚어낸 혼란으로부터 벗어날 수 있다. 메를로-퐁티의 말을 인용해 보자.

> 과학자들은 이 작업을 전체적으로 완수할 수 없는데, 왜냐하면 과학적 사유는 세계 속에서 움직이고 있으면서, 세계를 연구 주제로 취하기보다 전제하는 탓이다. 그러나 이 작업은 과학과 무관한 작업은 아니며, 우리를 세계 밖에 자리잡게 하지 않는다.[37]

메를로-퐁티는 과학을 부정하지 않는다. 다만 과학으로 모든 것을 설명하려 할 때 우리의 삶은 훼손된다고 말한다. 우리 몸이 대상으로서의 몸일 수도 있음을 부정하지 않는 것과 같다. 다만 몸을 객관적 실체로 전제해서는 안 된다. 마찬가지로 정신도 같은 경우다. 우리는 몸이 어떻게 세계와 자연과 이어 주는 생동하는 매개인지 확인하는 일이 중요하다. 몸에서 살로 이행하는 것은 이러한 생동하는 매개와 그것의 존재의미를 확인하는 일이다. 메를로-퐁티의 살 존재론과 지각세계 또는 삶의 세계로의 복귀는 현대 기술에 관심을 가지는 현상학자들에게 중요한 자양분이 된다.

기술과 현상학 — 가상을 넘어

메를로-퐁티는 몸-살 개념을 현상적 체험에 머물지 않고 존재론적 지평 속에서 재검토한다. 메를로-퐁티가 후기 철학에서 '만져지는 것과 만지는 자의 순환이자, 보이는 것과 보는 자의 순환'을 말하는 것은 이 때문이다.[38] 우리는 메를로-퐁티의 몸과 살이 새로운 기술을 이해하기 위한 근원적 바탕이라고 이해한다. 또한 메를로-퐁티의 관점에서 인간과 기술의 문제가 새로운 유형의 인간, 즉 포스트휴먼의 등장을 예고하고 있음을 발견한다.

기술시대에 중요한 화두로 등장한 것은 몸이다. 그러나 기술과 관련하여 우리의 관심을 끄는 것은 사이보그화된 몸이며, 실재성의 문제와 더불어 등장하는 것은 '가상현실'이다. 기술화된 몸은 도구주의적 관점에서 본다면, 정신이 확장하듯 도구와 기술의 힘을 빌려 확장하거나 강화해 간다. 그리하여 기술화된 몸의 한 형태인 사이보그화된 몸은 더 이상 육화된 정신이 아닌 갈아입을 수 있는 옷과 같은 것으로 변질된다. 사이보그가 되었다는 것은 기능적으로 강화되고 보완되기 전에는 손상된 몸이었음을 말해 준다. 문제는 이렇게 이해하는 경우에, 우리는 여전히 데카르트적 몸에서 벗어나지 못한다는 점이다. 가상현실에 대한 우리의 이해도 그것이 실재를 전제로 할 경우, 가상은 가짜현상일 뿐이다. 그럼에도 우리는 왜 가상현실의 존재양식에 대해 다시 거론하고 있는 것일까? 사실상, 현실은 그것이 현실이라고 착각한 꿈이건 환상이건 내가 경험한 현재인 것만은 분명하다. 가상현실은 현실의 대체물이 아니다. 그것은 또 다른 현실이다. 그래서 가상현실은 나름 존재양식을 갖는다.

인간의 몸은 이미 오래전부터 사이보그화되었고, 이를 통해 인간은 자신의 부족한 점을 보완하거나 더 강화시켜 왔다. 이렇게 기술은 어떤 식으로든 우리 삶에 개입해 왔다. 현대 기술의 문제는 바로 여기에서 비롯된다. 인간의 삶을 변화시키고 있는 현대 기술의 힘은 인간과 대립해서 이해되어야 하는 것일까? 만일 그렇다면 현대 기술은 우리에게 위협 그 자체가 아닐 수 없다. 그러나 앞서 우리가 살펴보았던 것처럼 기술은 이미 우리의 생활세계이며, 인간과 세계의 관계를 드러내는 한 표현양식이 되고 있다. 그러므로 기술대상과 몸-살 문제는 철학적 사유에 의해 검토되지 않으면 안 된다.

메를로-퐁티에 따르면 몸은 더 이상 물리적인 것도 정신적인 것도 아니다. 그는 오히려 몸을 몸-주체 또는 육화된 정신으로 표현한다. 우리의 몸은 다른 것으로 대체될 수 없다. 몸은 물질적인 것 이상이므로 몸은 정신과 마찬가지로 자신을 확장해 나간다. 뿐만 아니라 몸은 세계와의 관계에서 얽히고 교차하며, 사이세계를 이룬다. 몸에 대한 새로운 이해는 새로운 유형의 존재로 변화할 수 있는 가능성이며 토대가 된다. 새로운 유형의 인간은 메를로-퐁티가 말하고자 하는 '살'인 존재이다. 그것은 인간-비인간의 관계에서 등장한다. 이 관계는 대립적인 관계가 아닌 까닭에 강화된 인간, 또는 향상된 인간을 이르지는 않는다.

메를로-퐁티의 영향 아래에 있다고 판단되는 기술비판 이론가인 시몽동[39]에 따르면 "기술적 대상들의 존재가 갖는 철학적 중요성을 파악하기 위해서는 인간과 세계 사이의 관계맺음들에 대한 일반화된 발생적 해석으로 나아가야만 한다."[40] 여기서 발생genése은 일반적인 개체화과정을 의미한다. 시몽동은 발생과정을 다음과 같이 설명한다.

> 퍼텐셜로 풍부하고 단일성 그 이상이며 내적 양립불가능성을 감춘 채 원초적으로 과포화되어 있는 실재에서 양립가능성이 발견되고 구조의 출현으로 인한 해解를 얻어 하나의 시스템이 생성될 때, 바로 그때 발생이 존재한다.[41]

시몽동은 기술성의 본성을 파악하기 위한 '발생적 방법'으로 자신의 고유한 개념인 "'개체화론théorie de l'individuation 또는 개체발생론théorie de l'ontogenése을 존재론적 전제로 놓고 있다.'"[42] 기술성은 대상들을 사용함으로써 스스로를 드러낸다. 이것은 세계와 인간의 관계 맺음에서 오는 문제들을 해결하는 하나의 구조이기도 하다. 시몽동은 그 구조화를 형태와 배경의 관계로 설명한다. 시몽동은 기술적 실재를 기계와 인간, 즉 인위적인 것과 자연적인 것을 매개하는 앙상블이라고 정의하였다. 이후 인공지능의 발달은 인간과 기술을 분리하는 것으로 나아갔으나, 몸의 인지기능에 주목함으로써 체화된 인지이론을 말하기 시작하였으며, 실제로 디지털 기기들은 표상적 정보에 머물지 않고 몸의 정보로 상호작용을 한다. 체화된 인지 이론에서 우리는 메를로-퐁티의 사유를 발견할 수 있다.[43]

기술성은 완전한 실재를 가지거나 실체를 가지지 않는다. 오히려 기술성은 "자신이 적용되는 세계의 실재성을 다시 흡수하면서 과포화된다."[44] 기술성은 "인간과 세계로 구성된 앙상블의 존재 양식에서 근본적인 두 위상phase들 중 하나"[45]이다. 각 위상은 다른 상들과 관련해서 위상이 될 수 있다. 기술성은 세계-내-존재 또는 세계-에로-존재의 "공통적이고 중심적이며 본원적인 양식"[46]이다. 여기서 위상phase은 시몽동의 핵심적 개념인데, 그는 이 개념으로 존재론 · 기술론 · 문화론을 특징짓는다.

시몽동은 '기술'과 '문화 또는 인간'의 대립이 기계에 대한 '편견'에서 기인하는 것이며, 이 편견이 인간을 소외시켰다고 본다.[47] 시몽동은 그 편견이 현대인으로 하여금 기술에 대해 두 가지 양가적 태도를 가지게 했다고 지적한다. 하나는 도구로 취급하는 것이며, 다른 하나는 기술을 위험한 것 또는 두려운 것으로 여긴다는 것이다. 그러나 인간의 개입을 통해 기술이 새롭게 작동하게 된다면, 기계와 인간 그리고 자연 사이에 대립을 해소하고, 소외를 극복할 수 있을 것이다.[48]

기술철학자 돈 아이디는 나무와 나무의 본질이 같지 않듯이 기술과 기술의 본질이 같지 않다고 말한다. 기술은 기술 그 자체로는 이해될 수 없다. 기술은 상호 '관계'에서 이해되어야 한다. 앞서 언급했듯이 하이데거의 망치와 메를로-퐁티의 지팡이 사례를 도구주의적 관점에서 본다면, 그것은 "몸 감각의 단순한 연장"[49]에 지나지 않게 된다. 돈 아이디는 인간과 기술의 관계를 체현적 관계, 해석학적 관계, 배경적 관계로 구분한다. 체현적 관계는 '여기' 몸이 겪는 구체적 상황이다. 예를 들어 망치를 가지고 벽에 못을 박는 행위이며 지팡이를 손에 쥐고 거리로 나서는 상황이다. 여기서 우리는 도구를 통해 확장되는 몸의 체현을 경험한다.

체현이라는 것과 관련하여 몸은 두 가지 의미를 가진다. 먼저 현상학적 관점에서의 몸이다. 그것은 행위하고 지각하고 감정을 느끼는 몸이다. 두 번째는 사회적이고 문화적 관점에서의 몸이다. 예를 들어 우리의 몸 중에서 가장 에로틱한 것은 어디일까? 가슴인가 목덜미인가? 경우에 따라서는 발목이나 팔목이 될 수도 있겠다. 돈 아이디는 현상학적 관점과 사회학적이고 문화적 관점을 관통하는 지점에서 테크놀로지, 즉 기술의 몸을 확인한다. 다만 기술이 전통적 관점에 머문다면 그것은 "테크놀로지라는 인공물을 통해 세상의 무엇인가를 경험하는 그런 관계"[50]에 머물고 말 것이다.

돈 아이디에 따르면 해석학적 관계는 탈체현적이다. 적절한 사례로 전자현미경이 있다. "전자현미경은 현미경과 달리 도구를 통한 직접적인 관찰을 허락하지 않는다. 전자현미경은 오직 사진을 제공할 뿐이며, 관찰자는 이 사진에 대한 해석을 통하여 비로소 의도한 기술적 결과를 얻는다."[51] 배경적 관계는 숨어서 나타나지 않으면서도 인간과 관계 맺는 방식이다. 예를 들어 벽에 숨어 있는 전선, 랜망과 같은 것이다.[52] 이처럼 기술은 우리의 삶 속에 소리 없이 스며들어 있다.

돈 아이디에 따르면 현대 기술은 인간을 확장시키기도 하지만, 축소시키기도 한다. 컴퓨터는 인간의 다양한 능력 중에서 언어적인 능력을 선택하는데, 특히 계산적인 언어만을 선택한다. 특히 기술은 탈체현화한다는 측면에서 축소가 된다. 확장에 있어서, 기술은 무성영화를 유성영화로, 축음기는 MP3로 확장된다. 그러나 무성영화가 보여주는 침묵의 목소리나, 축음기에서 나오는 다양한 소리를 MP3는 드러내지 못한다. 기술은 오히려 젊은 세상을 좁은 틀 속에 가두기도 한다.[53] 돈 아이디는 도구 즉 기술에 의한 세계, 그것이 축소든 확장이든 시뮬레이션의 세계와 구체적 삶의 세계가 모두 생활세계라고 말하고 있다.[54]

우리는 이 문제의 가장 기본적인 개념인 '기술'의 어원을 현상학적 관점에서 다시 확인해 볼 필요가 있겠다. 후설은 기술을 "그리스어인 '테크네téchne'라는 말로 소급해 이해한다."[55] 기술은 실천적 수단 또는 방법론이다. 따라서 그것은 근대적 기술과 같은 개념으로 이해되어서는 안 된다. 후설과 하이데거가 비판했던 기술은 모두 근대 이후 갈릴레이가 의도했던 기술이다. 근대 이후 기술은 인간과 대립해 있는 기술이다. 생활세계의 복원은 기술이 스며든 삶이다. 만일 우리가 기술로 인해 도래하는 부정적인 영향 때문에 기술을 배척하거나, 기술로 인해 삶의 편리함으로 그것을 숭배한다면 우리는 기술의 의미를 이해하지 못하게 된다.

하이데거는 기술의 본질이 탈은폐로 나타난다고 말하고 있다. 그러나 근대 이전과 이후, 이 기술의 본질은 다른 양상으로 그 본질을 드러내는데, 근대 이후 기술은 '부품Bertand'으로 탈은폐한다. 그리하여 세계는 독립성을 잃고 기술에 의해 통제되며, 이로써 현대 기술은 '몰아세움'을 특징짓게 되었다.[56] "기술은 결코 하나의 수단이 아니라, 탈은폐의 방식이다."[57] 하이데거가 말하듯 현대 기술의 탈은폐는 '몰아세움'으로 도발하기 때문에 문제가 되는 것이다. 자연은 원료, 수단, 재료의

방식으로 탈은폐하며, 자연은 기술의 주문에 따라 존재하게 된다.[58]

살펴본 것처럼 시몽동과 돈 아이디의 현상학적 방법은 주관이나 객관 또는 인간과 기술의 대립을 넘어선 '관계'에 집중한다. 후설과 하이데거의 현상학은 기술의 본래성을 '회복'하는 것에 주의를 기울인다. 이 과정에서 후설은 의식에, 하이데거는 세계에서 그 답을 찾는다. 그러나 메를로-퐁티가 보기에 후설과 하이데거는 기술이 처한 문제의 핵심은 파악했으나 '세계와 의식의 근원적인 관계' 해명에는 실패했다.

우리가 메를로-퐁티의 현상학적 존재론을 주목하는 것도 이 때문이다. 메를로-퐁티의 '살'이 보는 자와 보이는 것의 '열개'인 것처럼 기술은 몸에 스며든 '살'이자 '열개'다. 예를 들자면 "디지털 제품들은 그 자체로 완전하고 독립적인 디바이스device로 단순히 인간 몸의 확장으로 활용되는 것이 아니라 직접 몸으로부터 정보를 습득해서 사용할 수 있도록 변화되고 있다."[59] 게다가 이런 제품들은 센싱, 네트워킹, 정보처리 등으로 연결되어 상호작용한다. 따라서 우리는 메를로-퐁티의 현상학적 존재론이 현대 기술이 더 이상 인간소외, 세계를 수단화하지 않고 인간-비인간은 물론이려니와 비인간 사물들에까지 혼종적이고 잡종적인 네트워크를 형성하며 진화해 가는 기술적인 삶을 이해하는 토대가 된다고 본다.[60]

나가는 말

현상학의 공통된 문제의식은 근대가 취하는 학문적 태도와 인식론적 태도에서 출발한다. 그리고 이 문제는 현상학적 관점, 즉 현상학적 방법에 의해 논의되고 있다. 현상학은 전통철학의 이분법적 구조를 문제 삼고 있으며, 이를 해결하기 위한 가장 기본적인 방법으로 '지향성'을 말하고 있다. 현상학은 지향성을 통해 근대가 잃어버린 세계를 회복하려 한다. 문제는 근대가 구체적 삶의 세계를 잃은 것은 근대과학의 학문적 태도에 있으며, 그 문제의 핵심에 과학 '기술'이 있다는 점이다. 본래적 삶의 세계로 돌아가기 위해 현상학은 과학기술의 영향을 받지 않은 근원적이고 원초적인 경험으로 되돌아갈 것을 요청한다. 이를 위해 후설은 판단중지를 통해 선험적 주관성의 영역을 확보하고자 했고, 하이데거는 세계가 대상화되는 것을 우려한다. 즉 인간이 세계의 주인이라는 생각을 가질 때 세계는 대상화되는 것이다.[61] 반면 메를로-퐁티의 선택은 의식도 세계도 아닌 몸 또는 그 사이세계이다.

메를로-퐁티의 철학적 관점으로 아직도 진행 중인 '기술시대'의 우리 삶을 고찰하는 일은 매우 중요하고 유의미한 일이다. 우리 삶은 이미 기술, 그것도 새로운 기술시대에 접어들었고, 그것이 우리의 생활세계이기 때문이다. 이미 많은 연구자들이 새로운 시대의 삶의 방식과 인간존재 방식들을 다시 문제 삼는 것도 이 때문이다.

현대 기술이 야기하는 문제에는 근대과학기술이 우리 삶에 관계 맺는 방식에 대한 문제와 더불어 사이버스페이스에서 상실될 수 있는 몸의 질료성을 어떻게 이해해야 하는 것인가에 대한 우려도 있다. 다시 몸은 껍데기로 전락하게 될까? 다시 말해 기술의 시대에 몸은 데카르트주의로 환원되는가? 새롭게 화두가 되고 있는 가상현실의 문제로 우리가 여전히 두려워한다면, 우리가 여전히 가상과 실재에 대한 전통적인 형이상학적 사변에서 벗어나지 못하기 때문이다. 새로운 몸의 실재성은 사실성으로 이해되어야 한다. 그것은 전통적인 의미에서의 실체 또는 실재를 전제하지 않는다. 또한 새로운 몸은 대상적 존재이면서 주체적 존재인 까닭에 그것은 전혀 다른 물리적 기반을 가져야 한다. 메를로-퐁티의 살 존재론은 새로운 몸에 대한 이론적 토대가 된다. 그것은 나의 몸이며 세계의 몸인 까닭이다. 메를로-퐁티는 그것을 살이라고 표현한다.

현대 기술은 AI를 만들어 내고 있다. 이에 대한 비판적 시각은 만만치 않다. 왜냐하면 AI는 살과 피가 흐르는 몸을 지니지 않기 때문이며, 경우에 따라서는 아예 몸이 없기조차 하다. 그러나 모든 존재자들에 대한 상호관계와 상호주체성의 의미를 받아들인다면, 새로운 존재의 등장은 염려할 것이 못된다. 인간은 환경적 존재 또는 세계-에로-존재인 한에서 가능한 존재다. 인간존재는 세계를 여는 자이기도 하고, 열리는 자이기도 하다.

과학기술의 발달이 인류의 종말을 우려할 지경에 이르렀다고들 말하는 이유는 호모사피엔스 즉 현생인류를 전제로 하기 때문이다. 우리가 매일같이 변화하고 있다는 점을 생각할 때, 인류의 종말을 걱정할 이유는 없는 듯하다. 이미 새로운 인류, 즉 신생인류가 등장하고 있기 때문이다. 메를로-퐁티의 현상학적 존재론은 그런 가능적 토대를 제공한다는 점에서 또 한 번의 새로운 출발점에 서 있다.

자연적 지향성과 기계화된 몸
—제2의 자연 개념을 중심으로[1]

인공지능과 휴머노이드 로봇 연구의 최종 목표는 인간같이 상상력을 가지고 자기 자신을 인식할 수 있는 살아 있는 로봇을 만드는 데 있다. 이 글은 미래에 직면하게 될 인간의 본질에 대한 질문에 답하기 위해서 유기체를 기술적으로 변형시켰을 때 유기체가 자연스럽게 수행하는 생명 과정과 자연적 지향성이 기계화된 몸에서 대체 가능한가를 제2의 자연 개념을 중심으로 그 의미를 밝히고 있다. 인간의 습관이 정신에 의해서 정립된 제2의 자연이듯이 기술도 인류에 의해서 만들어진 제2의 자연이다. 몸과 기계 또는 기술의 결합은 일차적으로 유기체가 원래 가지고 있는 기관의 기능 복구에 기여한다. 이 글은 사이보그화된 인간에게 체현된 기술적 지향성이 인간의 자연적 지향성에 의해 매개된 자연과의 공생의 범위를 확장시키며 자연적인 것과 인공적인 것의 이원성을 극복하는 방식을 또한 잘 보여준다.

최일규

이 글의 목적은 몸의 유기적 특성을 전제하는 헤겔 인간학에서 몸의 많은 부분들이 기계나 기계공학에 의해 제작된 것에 의해서 대체 가능한 미래의 몸에 관한 유의미한 논의가 가능한가를 분석하는 것이다. 즉, 몸에 대한 포스트휴머니즘 담론, 특히 인간의 기관, 사지, 장기, 기능 등을 기술적 개입을 통해 기계장치로 대체했을 때, 과연 헤겔이 제시한 ≪자연철학≫과 ≪정신철학≫의 관계, 원리들, 자아 또는 자기인식을 어느 정도 파괴할 수 있는가를 검토하고자 한다. 역으로 또한 최근 4차 산업혁명에서 논의되는 사물인터넷, 빅데이터, 인공지능, 증강현실Augmented Reality, 가상현실Virtual Reality 등과 그것에 토대를 둔 미래의 인간상에 투영된 몸과 마음의 관계가 어느 정도 근대적 담론을 뛰어넘는 새로운 측면을 가지고 있는지 점검해 보고자 한다.

브렌타노Franz Brentano는 ≪경험적 입장에서 본 심리학≫(1874)에서 자신의 지향성이론이 중세 스콜라철학에서 기원하고 있다고 한다. "중세 지향성이론의 화두는 '지향intentio'이라는 철학적 용어이다. 라틴어 intentio의 용법은 행위자가 무언가를 하고자 하는 의도를 가지거나 하려고 애쓴다는 실천적인 측면과 무언가를 가리키거나 그것에로 향해 가는 정신의 활동이라는 이론적인 측면으로 대변될 수 있다." 이재경에 따르면 스콜라철학의 지향 개념은 정신의 활동이라는 이론적 측면과 밀접하게 연관되어 있으며, 특히 "인식주체, 영혼, 또는 감각이나 지성과 같은 인식능력에 내재하는, 인식된 대상 또는 그 대상의 속성으로 정의될 수 있으며, 종종 형상forma, 상像, species 또는 개념conceptus등의 용어들과 바꾸어 사용되기도 했다."고 한다.[2] 스콜라철학자들이 "대상의 지향적 (또는 심적) 내재die intentionale (auch wohl mentale) Inexistenz eines Gegenstandes"[3]라고 부르는 것이 브렌타노가 심리학의 대상으로 간주하는 심리적 현상인 것이다. 브렌타노에게 지향적 내재 또는 지향적 관계는 정신적 현상의 특징으로서 그것을 자연적 현상과 구별시키는 것이다.[4]

브렌타노는 심리학을 심리적 현상에 관한 학문으로 규정함으로써, 정신의 지향성에서 생물학적 토대를 배제한다. 이것은 정신의 지향성에서 지향 대상과 내용이 오감의 대상인 색, 형태, 소리, 향기, 견고함 및 상상에서 나타나는 그와 유사한 자연적 현상들뿐만 아니라 살아 있는 생물이 자기를 보존하기 위한 생물학적 기능에 의해서 나타나는 현상도 정신의 현상으로 간주하지 않는다는 것이다. 김명석은 <브렌타노 퍼즐과 현대철학>에서 마음과 지향 대상의 지향적 상관관계에서 브렌타노가 제시한 두 개의 상관자들이 갖는 존재 방식이 여전히 퍼즐과 같다고 언급한다. "브렌타노 퍼즐은 마음과 지향 대상 사이의 관계가 여타의 다른 관계들과 다르기 때문에 발생한다."[5] 오이디푸스는 이오카스타 여왕과 결혼하고 싶었지, 자신의 어머니와 결혼하고자 했던 것은 아니다. 지향적 관계의 구성 요소를 다음과 같이 구분해 볼 수 있다. (1) 오이디푸스 = 지향적 상태의 담지자 = 의식 작용, (2) 이오카스타 여왕 = 지향적 상태가 정향해 있는 대상 = 내재적 대상 = 의식 작용이 지향하는 것, (3) 지향적 관계(= IR), (4) 지향 내용. 브렌타노에게 지향적 대상은 내재적이기 때문에 실재적으로 현존할 것을 요구하지 않는다.

현대철학의 두 진영인 현상학과 분석철학은 브렌타노의 퍼즐을 해결하고자 하는 공통의 기원을 갖고 있다. 지향성이 정신에게만 속하는 속성이라는 브렌타노의 입장이 거부된다면 생명과 정신은 어떤 연관성을 갖는가? 즉 생물학적 생명도 지향성을 가지고 있는가?

헤겔은 자신의 철학체계인 ≪철학적 학문들의 엔치클로페디 강요≫[6]에서 생명 개념을 상이하게 규정한다. 논리학의 이념 장에서 생명을 "논리적 생명(생명의 이념)"[7]으로 다루면서 자연철학에서 고찰하는 "자연적 생명"과 정신철학에서 정신과 관계하는 "정신의 생명"을 구별하여 다룬다. 외면성을 지니지 않는다는 점에서 논리적 생명은 자연적 생명과 정신과 관계하는 생명과 구분된다. 논리적 생명은 생명을 순수한 이념의 측면에서 해명하는 것이다. 헤겔의 용어에 따르면 "직접적 이념이 다름 아닌 생명이다."[8] 반면에 자연적 생명은 현실적으로 다양한 형태를 전제한다. 살아 있는 것은 비유기물과 달리 자신의 타자를 자신 안에 가지고 있는 모순적인 것이면서 동시에 이러한 모순의 해소인 것이다. 헤겔이 서술하고 있는 자기 자신과 관계하는 살아 있는 개체가 타자와 관계하는 방식을 지향성으로 이해할 수 있는지 검토하고자 한다.

생명의 모순과 자연적 지향성

헤겔이 생명을 고찰하는 방식에서 생명의 이념으로서 논리적 생명과 외면성의 형식을 띠고 전개되는 자연적 생명과 정신과 관계하는 생명을 구별하여 다루지만, 특히 논리학과 자연철학에서 생명을 "살아 있는 개체"로서, "생명의 과정"으로서, 그리고 "유의 과정"으로 나누어 고찰한다. 자연철학의 제3편인 "유기 물리학Organische Physik"은 "지질학적 유기체", "식물 유기체"와 "동물 유기체"[9]를 다룬다. 헤겔에게 유기체의 특징은 "주체성의 규정"[10]에 있다. 지구, 식물, 동물이 주체적 또는 주관적이라는 것은 이들이 본질적으로 자기를 자기 자신과 매개하는 자기 관계적이며 자기중심적인 활동을 하고 있다는 것이다.[11] 생명 그 자체가 자기 자신과 관계하는 방식을 헤겔은 부정적 통일로 규정한다.

'살아 있는 개체'와 '생명의 과정'이라는 측면에서 볼 때, 헤겔에 따르면 유기체의 첫 번째 단계인 지질학적 유기체로서 지구는 생명을 가지고 있을 뿐만 아니라, 개체성과 주체성도 가지고 있다. 하지만 헤겔은 지구가 즉자적이고 직접적인 존재로서 주체성의 형식을 결여하고 있으며, 그러기에 참된 주체성을 가지고 있지 않다고 주장한다. 이것이 의미하는 것은 첫째로 지구가 식물과 동물과 같은 생명체로 존재하지 않는다는 것이다. 즉 유기체의 각각의 지체가 내적인 관계 속에서 생산물이면서 생산하는 것처럼 지구의 지체들은 각자의 자립성과 차이들을 지양하지 않는다.

바다, 육지, 산맥 등 지구의 지체들은 각자 안에 "생명 과정을 포함하고 있지 않으면서, 외면적 체계를 형성"하는 것이다. 그리고 이러한 체계 형성은 과거에 진행된 것이다.[12]

비유기물과 달리 유기체로서 생명의 특징은 자신의 타자를 자신 속에 가지는 모순을 견디고 해소할 수 있다는 것이다. 이것이 의미하는 것은 무엇인가? 질병이나 죽음에서처럼 살아 있는 개체가 화학과정으로 변할 수 있다는 것을 의미하는가? 살아 있는 개체와 생명의 과정에서 자연철학의 두 번째 단계에서 살펴본 화학과정의 요소들이 생명유지라는 목적에 기여한다는 것을 의미하는가? 지구는 하나의 전체를 이루는 생명체계이다. 하지만 지구의 지체들은 독립적이고 죽은 것으로 간주될 수 있으며, 기상학적 과정이나 화학적 과정들도 독자적으로 발생한다. 식물생명은 독자적으로 존재하는 최초의 주체성이지만, 식물적 주체가 행하는 마디의 구별 및 형성과 자기보존 과정에서 꽃봉오리, 가지 등과 같은 지체들이 다수의 개체로서 존재하기 때문에 형식적 주체성이라는 것이다.[13] 반면에 동물 유기체의 지체들은 오직 유기체의 지체로서만 존재하는 그러한 통일성 속에서 자립성을 부정한다. 감각이 동물적 주체성의 종차적 특징을 이룬다.

동물 유기체는 스스로를 살아 있는 것으로 만듦으로써 자신을 유지한다. 자기 목적적 활동을 하는 동물적 생명의 형태화, 동화 그리고 유적 과정을 자연적 지향성으로 해석할 수 있을까? 동물적 주체의 형태화 과정은 자기를 자기 자신과 관계시키는 신체화 과정이며, 동화는 자신을 자신의 타자, 즉 비유기체와 관계시키는 과정이고, 유적 과정은 개별성과 보편성의 관계를 보여준다. 헤겔에 따르면, 동물적 주체는 형태화라는 자기 자신과의 관계에서 감수성Sensibilität이라는 동물 유기체 개념의 보편성에서, 자극반응성Irritabilität이라는 특수성에서, 그리고 재생산Reproduktion이라는 개별적 계기 각각에서 전체로서 개념의 총체성을 드러낸다. 그리고 감수성은 신경체계에서, 자극반응성은 혈액체계에서, 그리고 재생산은 소화체계에서 현존하나, 이들 세 개의 체계는 서로 구분되어 있지 않고 어떤 체계에서도 다른 체계를 자신 안에 가지고 있는 방식으로 현존한다.[14] 유기체의 형태는 분절화의 내적 과정으로서 이 분절화가 포함하고 있는 지체들은 각각 서로 목적이자 수단으로 살아 있는 것의 계기로서 현존한다. 이러한 구체적인 형태화 과정 속에서 유기체는 자기감정과 저항력도 지니게 된다.[15] 헤겔은 생의 개념이 동물 유기체의 형태화 과정을 통해서 어떻게 발생학적으로 전개되는지 증명하고자 한다. 각각의 동물 유기체는 형태화라는 자기 자신과의 관계 속에서 자기 자신을(생의 개념을) 지향한다.

이와 같이 형태화 과정 속에서 자기감정을 획득하는 동물 유기체는 또한 자기와 외면적으로 관계 맺고 있는 비유기적 자연에 대해서 내적으로 대립하면서 그것과 동화하는 과정을 겪는다. 동화 과정은 유기적인 것과 비유기적인 것 사이의 이론적 과정, 실천적 과정, 그리고 비유기적인 것을 유기체의 목적으로 변형하는 통일 과정으로 구분될 수 있다. 오감은 동물 유기체가 상호 외적으로 떨어져 있는 비유기적 자연을 자연적 주체성으로 통일하는 이론적 과정인 것이다. "비유기적 자연에 대한 실천적 관계는 결핍의 느낌과 결핍을 지양하려는 충동과 더불어 시작한다."[16] 감각이 수반하는 이러한 결핍은 개별적 개체인 동물에게는 자기 보존을 위해서 채워져야만 하는 긍정적인 것이다. 동물적 주체의 동화는 비유기적 자연을 희생함으로써 자기를 지향하고 산출하는 과정인 것이다. 주목할 것은 이러한 개별적 주체가 행하는 욕망의 충족과 재생산이 단지 주체가 지닌 개별성의 유지만을 의미하는 것이 아니라는 것이다. 이것은 또한 개별성과 통일 속에서 자신을 드러내는 유Gattung로서 보편성이 자기 자신과 관계하는 유적 과정인 것이다.

이러한 유적 과정에서 살아 있는 개체는 또한 자신의 보편성과 대립하며 죽음을 맞이하게 된다. 헤겔은 이러한 개별적이고 직접적인 생명의 죽음에서 자연의 진리인 정신으로 자신을 드러내는 이념을 묘사한다.

정신의 수단인 생명과 제2의 자연

헤겔은 인간을 동물 유기체가 지니는 생명성이라는 측면에서 최고의 발전 단계로 간주한다. 인간도 개별적으로 존재하는 유한한 개체로서 죽음의 필연성을 피해 갈 수 없다. 하지만 이러한 생명도 정신과의 관계에서 수단이라고 헤겔은 주장한다. 이것이 의미하는 것은 무엇인가?

이것은 첫째로, 지구에서 유일하게 정신적 존재인 인간의 관점에서 볼 때 정신으로서 마음이 유기체로서 몸을 도구화한다는 것을 의미하는 것이 아니다. 오히려 정신의 개념이 자연으로부터 현현하지만, 정신이 자연의 "진리"이며 자연에서 "절대적으로 최초의 것"이라는 것이다.[17] 정신에 이르러서 유기체로서 자연은 자신의 진리에 이르지만, 정신이 자신을 계시하며 활동하기 시작할 때 생명은 정신에 동화하기 시작한다는 것이다. 즉, 정신이 자연을 자신의 개념에 따라 정립할 수 있다는 것이다.

둘째로, 이것은 정신이 자신의 본질을 알기 위하여 자연과 직접적인 통일 속에 있는 자신의 자연성으로부터 자신을 분리한다는 것을 의미한다. 이것을 헤겔은 자기 자신으로 회귀하는 정신이라고 언급한다.

자기 내면으로 회귀하는 정신은 헤겔에게 자연과 정신의 관계를 규정하는 표현이다. 헤겔이 "인간학Anthropologie"을 자연철학에서 다루는 생명과 구분하여 정신철학에서 다루었다는 것은 그도 인간의 정신적 능력을 생물학적 차원과 구분되는 인간 고유의 것으로 간주한다는 것을 의미한다. 이 고유한 것을 헤겔은 ≪정신철학≫에서 "정신의 본질"이 "자유"[18]라고 규정한다. 그리고 정신철학의 목적을 자유인 정신에 대한 인식, 즉 정신으로서 자기 자신을 아는 것이라고 서술한다. 이러한 맥락에서 자연과 정신의 관계, 즉 자연적 생명과 정신으로서의 혼의 이중적 관계를 해명하는 것이 중요하다. 이 이중적 측면은 동물적 유기체의 주관적 생명이 한편으로 수단으로 있으면서 정신으로서의 혼과 대립하는 측면과 다른 한편으로 정신과 일체를 이루며 정신의 토대를 형성하는 측면을 의미한다.

헤겔의 인간학은 자연과 직접적인 통일을 이루고 있는 혼으로서 정신이 자신의 자연적인 존재성으로부터 벗어나는 투쟁과 해방의 과정인 자연적 혼, 느끼는 혼, 현실적 혼의 발전 단계를 다룬다. 이것은 또한 정신이 자기 자신으로 귀환하며 자기 자신과 통일을 이루는 과정인 것이다. 헤겔은 이것을 혼으로서의 정신이 자기 자신이 가지고 있는 자연성을 부정하며 동시에 자기 자신을 아는 과정으로 간주한다.

여기서 주의할 것은 헤겔에게 정신철학에서 정신으로서의 인간의 본질에 대한 인식은 인간 "개체의 특별한 능력, 성격, 경향, 약점에 대한 개인의 자기인식"과 다른 사람들의 "특수성들, 격정들, 약점들" 등에 관한 "인간지Menschenkenntnis"를 의미하지 않는다는 것이다. 오히려 헤겔에게 이것은 "보편적인 것"이며 "실체적인 것인 정신 자체"[19]에 대한 인식을 의미한다. 이렇게 자기 자신을 아는 정신의 본질을 헤겔은 "형식적으로 자유"라고 규정한다. 왜냐하면 정신은 정신철학의 상이한 단계들에서 "모든 외적인 것과 자기 자신의 외면성, 그리고 현존재 자체"로부터 자신의 내면적인 것, 즉 "자기 안에서 대자적으로 존재하는 정신의 추상적 보편성"[20]으로 귀환하는 것이 가능하기 때문이다. 또한 정신철학의 각 단계에서 이러한 정신의 구체적인 본성을 파악하기가 쉽지 않은 이유는 각 단계의 규정들에 상응하는 실존들이 자연철학에서처럼 그렇게 외적으로 존재하지 않기 때문이다.

헤겔은 주관정신의 인간학에서 정신적 생명이 어떻게 자신을 구별하고 대상화하며 신체성에서 인간적인 특성들을 각인하는지 보여준다. 자연적인 혼에서 헤겔은 자연적 생명과 어떠한 구별도 없이, 그래서 아직 보편성에 대한 개별성의 구별도 없이 그렇게 그저 존재할 뿐인 정신적 생명이 어떻게 특수화되고 개별화되는지 보여준다.

자연적 혼에서 인간의 정신은 자연의 우주적, 행성적, 지구적 생과 교감하며 상이한 인종과 다양한 민족정신으로 특수화되며 구별된다. 헤겔에 따르면 인류의 보편적 혼 또는 세계혼[21]은 대륙과 지역의 민족정신으로 특수화되고 이러한 인간 공동체 속에서 개별적 주체의 재능, 기질, 성격 등에서 구체적으로 실현된다. 비록 여기에서 보편적인 혼은 개별적인 것 속에서 실현되고 개별적인 것은 보편적인 혼으로서의 실체에 순응하기는 하지만, 이 첫 단계는 직접적 개별성과 그 속에서 현존하는 보편적 혼의 대립과 모순을 지니고 있다. 헤겔은 태아를 이러한 보편성과 개별성의 추상적 통일로 간주한다. 자연적 혼이 겪는 변화의 첫 단계인 연령(유년기, 청소년기, 성년기, 노년기)의 변화를 헤겔은 한 개별적 주체 안에서 보편과 개별의 통일이 겪는 변화과정이라고 주장한다. 두 번째 자연적 변화는 개체가 다른 개체와 갖는 이성관계Geschlechtsverhältnis이다. 이성관계에서 성별 차이를 가지고 있는 개체는 스스로 유적인 활동을 지속하며 타자와의 실질적 대립을 통해 보편적 실체인 자기 자신과 좀 더 정신적인 관계를 맺는다. 수면과 깨어남이라는 자연적 혼이 겪는 세 번째 자연적 변화 활동을 통해 개체는 좀 더 보편적인 자기 자신과의 관계에 도달한다. 즉 수면과 깨어남의 지속적인 이행은 깨어서 대상 세계를 구별하며 대립적 긴장관계 속에 있는 혼의 자기 분산 상태에서 아무런 구별도 없는 보편적 주체의 상태로의 지속적인 이행으로서 혼의 자기 자신과의 통일인 것이다. 헤겔은 자연적 혼의 세 번째 단계로 감각하는 혼을 다룬다. 자연철학의 동물적 유기체에서 감각은 동물 주체성이 세계와 공생하는 매개적 역할을 담당하며 외적인 것을 자신과 동일화하는 역할에 제한된 반면, 정신철학에서 감각하는 혼은 이러한 자연적 동화 과정의 토대 위에서 자기 자신을 아는 정신이다.[22]

인간학의 두 번째 단계인 느끼는 혼은 감각적 혼보다 좀 더 "내면적 개체성"[23]이 문제가 된다. 여기서 내면적 개체성의 감정생활Gefühlsleben이 느끼는 혼의 실체성을 형성한다. 이 두 번째 단계에서 헤겔은 느끼는 혼이 자연적 꿈, 모태 안에 있는 태아, 개체의 특이한 수호신, 특정한 정신질환, 습관에서 드러나는 감정생활을 밝혀낸다. 헤겔에 따르면 "습관Gewohnheit을 '제2의 자연'eine zweite Natur이라고 부르는 것은 정당하다. — 우선 '자연'이라고 부르는 것은 습관이 혼의 직접적 존재이기 때문이다. — '제2의'라고 한 것은, 습관이 혼에 의해서 정립된 직접성이기 때문이며, 감정규정들 그 자체와 신체화된 것[……]으로서의 표상 및 의지 규정성들에 속하는 신체성의 형성과 숙련이기 때문이다."[24]

헤겔이 내적 감각과 제2의 자연이라고 언급하는 것에서 신체화와 자유의 관련성을 좀 더 명확히 볼 수 있다. 내적 감각은 감각활동의 두 영역, 즉 외적 감각과 내적 감각 중 그 내용이 정신으로부터 유래된 직접적이고 개별적인 것이다. 헤겔은 내적 감각을 다시 두 종류로 구분한다. 첫 번째 종류는 분노, 수줍음, 후회, 웃음과 울음 등과 같이 "어떤 특별한 관계나 상태에서 발견되는 나의 직접적 개별성과 관계"된 내적 감각이고, 두 번째 종류는 "즉자 대자적으로 보편적인 것과 — 즉 법, 인륜성, 종교, 그리고 아름다운 것, 참된 것 — 관련된다."[25] 이러한 내적인 것이 감각의 대상이 되기 위해서는 우선 이러한 감각들이 직접적으로 신체에 체화되어야 한다.

물론 헤겔은 법, 인륜성, 종교, 미와 진리에 대한 참된 내용이 인간학의 자연적 혼의 단계에서 충분히 해명되지 않는다고 언급한다. 즉 이것들이 자신의 참된 형태를 드러낼 때 체화라고 하는 매개를 필요로 하지 않는다는 것을 의미한다. 이러한 내적인 것의 체화에서 자유의 의미는 자기 내면으로부터 유래한 것을 외적으로 정립하며 직접적으로 구체적 현실에 총체성으로서 자신을 드러낸다는 것이다. 세계의 밤과 같은 자신의 내면의 것을 구체적 현실 속에 정립해 낼 수 없는 가능성만으로 자유의 의미가 정당화될 수 없다는 것이다.

세 번째 단계에서 혼이 현실적이라는 것은 "개별적 주체"로서의 혼과 "술어로서 외면성"인 신체성과의 관계에서 "혼이 내면과 이 내면에 복종하는 외면적인 것의 이러한 동일성으로서 현실적이다."[26]는 것을 의미한다. 신체가 혼의 징표 또는 기호Zeichen라고 하는 것은 신체의 외면성이 신체가 무엇인지를 나타내는 것이 아니라, 개별적 주체로서의 혼이 자기 자신과 관계를 맺고 있다는 것을 의미한다. 헤겔은 인간의 '직립', 도구로서의 '손', '웃음', '울음', '소리' 등을 인간적 혼이 자기 자신과 관계를 맺고 있는 외적 방식들이라고 예를 들고 있다. 여기에서 주목해야 할 중요한 요소는 인간학의 세 번째 단계인 현실적 혼에서 혼과 신체가 이전과 다른 관계성을 드러낸다는 것이다. 즉 혼이 스스로를 자유롭게 신체에 드러내던 이러한 혼의 직접성, 즉 혼의 자연성이 혼의 동일성을 담보해 주지 못한다는 것이다. 이러한 혼의 상태를 헤겔은 다음과 같이 표현한다. "감각활동과 혼의 구체적인 자기감정이라는 습관에서 현실적인 혼은 그 자체로an sich 자신의 규정성들이 독자적für sich으로 존재하는 관념성이며, 자신의 외면성에서 자신을 기억하고 무한히 자기 자신과 관계를 맺고 있다는 것이다."[27]

헤겔은 인간학의 두 번째와 세 번째 단계인 느끼는 혼과 현실적 혼에서 일시적이고 직접적인 감각에서 자신을 정립하는 혼과 구별되는 좀 더 내면적 개체성을 서술한다. 헤겔이 제2의 자연이라고 부른 습관Gewohnheit에서 좀 더 인간의 정신적 자유에 적합한 신체화를 볼 수 있다. 습관은 자연에 의해서 주어진 것이 아니라 혼에 의해서, 인간의 자유의지에 따라서 신체에 정립된 것이어서 제2라는 칭호가 적합할 수 있다. 습관을 또한 자연이라 칭할 수 있는 이유는 인간의 행동이 반복적으로 행해져서 혼에 직접적인 것의 형태를 지니며 혼의 실체적 존재와 동일화 될 수 있기 때문이다.[28] 예를 들어, 쓰기를 배우고 그것이 습관이 되었을 때 혼은 펜을 들고 글을 쓰는 신체의 모든 개별적 움직임을 자신의 목적을 위한 도구로 삼음으로써, 씀이 혼 안에 관념성으로 현존하며 직접적이고 기계적인 관계를 갖는다는 것이다. 혼은 자유롭게 자신의 보편적인 활동 방식에 따라 쓰는 행위 속에 자신을 드러내는 것이다.[29] 하지만 무엇을 쓸 것인가 하는 내용을 습관이 제공할 수 없을 뿐만 아니라, 습관은 신체성에서 벗어날 수 없다는 한계를 가진다.

헤겔은 ≪인간학≫에서 정신으로서 혼의 신체화를 다음과 같이 구분한다. "신체성 중 몇 가지는 여전히 순수하게 유기적인 것으로 남아 있으며, 혼이 자신의 신체 속으로 주조되는 것은 신체의 한 측면일 뿐이라고 할 정도로, 혼의 권력에서 벗어나 있다. 자신의 권력이 가지고 있는 이러한 한계에 대한 감정에 도달함으로써 혼은 자신으로 반성하며, 신체성을 자신에게 낯선 것으로서 자기 밖으로 내던진다. 정신은 이러한 자기 내 반성을 통해 존재의 형식으로부터 해방을 완수하고, 자신에게 본질의 형식을 부여하며, 자아가 된다."[30]

자유의지에 따른 신체화가 습관에 의하여 자연스럽고 기계적인 것으로 되는 것처럼 신체화 중에서 비자의적인 신체화로서 인간이 동물과 공유하고 있는 것을 구분할 수 있다. 기술의 발달에 의해 인간 신체의 일부가 기계에 의해 대체된다면,

예를 들어 감각적 혼에서 혼의 외적 감각에서 비롯되는 것과 내면에서 비롯되는 것의 구별과 앎의 과정들은 어떻게 설명될 수 있을까?

기계화된 몸과 자연적 지향성

지금까지 헤겔 주관정신의 인간학을 중심으로 생명과 관계하는 혼적 주체성이 어떻게 자신을 구별하고 대상화하며 신체성에 인간적인 특성들을 각인시키는지 살펴보았다. 또한 정신으로서 인간 개인의 도야 과정에서 신체가 습관의 단계에서 내적인 것의 외적 도구로 아직 내적인 것과 직접적으로 동일한 외면성을 지니지 못하는 반면에, 외면성으로서 신체가 내적인 것과 동일하며 정신적인 것을 표현하는 기호로 간주될 수 있다는 것도 살펴보았다. 핸슨 로보틱스는 최근 열린 '4차 산업혁명, 소피아에게 묻다'라는 콘퍼런스에서 인공지능 '소피아'가 인간의 질문에 자연스럽게 대답하고 감정을 표현하는 것이 소개되었다. 인공지능과 휴머노이드 로봇 연구에서 핸슨 로보틱스의 최종 목표는 인간같이 상상력을 가지고 자기 자신을 인식할 수 있는 살아 있는 로봇을 만드는 것이라고 한다. 현재로선 이 목표를 이루기 위해서는 넘어야 할 장벽이 많을 뿐만 아니라, 올바로 설정된 목표인지도 논의를 해 봐야 할 것이다. 미래에 직면하게 될 인간의 본질에 대한 질문에 답하기 위해서 유기체를 기술적으로 변형시켰을 때, 유기체가 자연스럽게 수행하는 기능의 대체 가능성과 그 의미를 살펴볼 수 있다.

사이보그는 사이버네틱 유기체cybernetic organism의 합성어로서 사이버네틱 이론이 적용된 유기체, 즉 유기체와 같이 자기조절 능력을 가진 기술화된 생명체이다. 다시 말해 "사이보그는 자연적인 요소와 인공적인 요소를 하나의 시스템 안에 결합시킨

자가조절 유기체self-regulating organism이다."[31] 따라서 인간 이외에도 자연적인 부분과 인공적인 부분이 결합되어 자가조절 능력을 갖춘 유기체라면 그것이 바퀴벌레든 쥐든 모두 사이보그이다. 비록 사람만이 사이보그가 될 수 있는 것은 아니지만, 이 글에서는 논의를 사이보그화된 인간과 그것의 감정 및 지향성에 대한 논의로 제한하고자 한다.

사이보그는 유기체가 어떤 기술에 의해서 어떤 목적과 방식으로 변형되었는가에 따라서 다양하게 분류된다. 크리스 그레이는 사이보그 개념을 넓게 해석할 경우 현대인은 인간과 인간 활동의 대부분이 사이보그화된 사이보그 사회에서 살고 있다고 주장한다. 의학과 생명공학에 의한 인공장기, 생명연장기술, 인공적 임신과 같은 사이보그화뿐만 아니라, 일상생활에서 안경, 휴대폰, 컴퓨터 등의 사용과 노동과 전쟁에서 기계의 사용도 사이보그의 확산으로 간주한다. 그에 따르면 사이보그화는 유기적인 것과 인공적인 것, 자연적인 것과 만들어진 것, 인간과 기계 등의 이원성이 어떻게 극복되고 통합되는지를 잘 보여준다.

여기서 제기할 수 있는 질문은 인간의 감각과 감정이 어떻게 기계화된 몸 또는 사이보그에 연결되어 재현될 수 있는가이다. 왜냐하면 감각의 형식은 인간이 동물 유기체와 공유할 수 있는 제1자연에 속하는 감각의 방식뿐만 아니라, 인간에게 고유한 내적 감각의 방식이 중요하기 때문이다. 제1자연에 속하는 유기체의 감각 방식은 빛, 소리 등과 같은 자연의 물리적·화학적 규정성과 관계할 뿐만 아니라, 다섯 가지 감각기관에 의해서 매개된다. 중요한 것은 인간의 내면에서 유래해서 체화되는 감각이다. 몸과 기계 또는 기술이 결합되어 사이보그화된 인간이 정신에서 유래한 감각 내용을 잘 재현할 수 있는지 답하기 위해서 돈 아이디의 기술과 인간의 관계에 대한 설명방식을 소개하고자 한다. 그는 인간과 기술이 맺는 관계를 체현적 관계,

해석학적 관계, 배경적 관계로 구분한다.

인간과 도구 또는 기술의 체현적 관계는 지팡이, 칼, 삽, 쟁기, 자동차, 크레인 등과 같이 인간이 도구나 기술들을 통해서 자신의 신체를 확장하는 것이다. 예를 들어 무딘 칼과 날카로운 칼로 두부, 사과, 고기, 나무를 자를 때 우리는 칼(수단)을 통해 상이하게 대상을 체감할 수 있다. 인간-칼(도구)-대상의 관계에서 "도구는 경험하는 사람의 일부분이라거나, 그 경험에 관한 한 경험하는 사람에 속하게 된 것이라고 말할 수 있기 때문에 아이디는 도구가 신체화되었다는 의미로 '체현'이라는 표현을 선택했다." 돈 아이디는 인간과 대상 사이에서 매개적 역할을 담당하는 이러한 수단이 둘 사이에서 "부분적으로 투명한 관계partly transparent relation"[32]를 갖는다고 말한다. 자동차, 크레인, 비행기 같은 복잡한 기술적 도구들도 이러한 체현적 관계로 설명될 수 있다.

해석학적 관계에서 도구와 기술은 인식 주관이 신체적으로 또는 직접적으로 획득할 수 없는 정보를 도구나 기술을 통해서 획득할 수 있는 매개적 역할을 담당한다. 이때 "도구나 기술을 통하여 확보되는 정보는 해석을 필요로 하는 텍스트와 같다."[33] 예를 들어 온도계, 열 감지 카메라 등과 같은 도구들은 신체가 직접적으로 감지할 수 없는 대상 세계를 경험하게 한다. 하지만 해석학적 관계는 "세계를 지향하기 전에 도구를 먼저 지향해야 한다는 것이다. 체현적 관계에서 인간-도구가 먼저 묶이듯이, 해석학적 관계에서는 도구-세계가 먼저 묶인다."[34] 두 가지 의미에서 해석학적 관계는 도구와 세계 사이의 부분적인 차폐성opacity에 대해서 언급한다. 첫째는 도구의 고장 때문에 발생하는 차폐성이고, 두 번째는 초미세 원자 등과 같이 대상 자체가 가지고 있는 성질 때문에 생길 수 있다는 것이다. 첫 번째 차폐성은 추가적 검증을 통해서 수정 가능하지만, 두 번째 차폐성은 그것을 직접 검증할 수 있는 방법이 없다는 한계가 있다.

인간과 도구 및 기술의 배경적 관계는 누구나 이미 세상에 태어나면서 자기 시대의 아들인 것처럼 그 시대가 이룩한 기술적 조건을 가지고 태어난다는 것이다. 텔레비전, 컴퓨터, 핸드폰 등을 가능하게 하는 기술들이 마치 생물에게 공기와 같이 오늘날 우리의 일상적 생활세계의 배경이 되고 있다는 것이다. 여기에서 기술과 도구의 의미는 체현적 관계에서처럼 인간에게 속하는 자기 확장의 수단도 아니며, 또한 해석학적 관계에서처럼 타자로 부각되어 차폐성을 지니는 것도 아니다. 아이디는 기술의 배경적 관계의 특징을 친밀성으로 특징짓는다. 일상에서 스마트폰을 가능하게 하는 "기술이 없어서 금단현상이 발생하는 것이 아니라 그 기술을 이용하는 행위를 못하기 때문에 금단현상이 발생하는 것이다."[35]

인간과 기술 및 도구와의 체현적 · 해석학적 · 배경적 관계에서 돈 아이디가 주목하는 것은 인간이 기술과 도구를 통해서 인간 능력의 확장뿐만 아니라 축소도 동시에 이루어진다는 것이다. 예를 들어 "컴퓨터가 우리 두뇌의 확장이라고 생각하게 되면, 우리는 두뇌가 컴퓨터와 같은 것이라고 이해하게 된다. 오늘날 우리가 우리의 두뇌를 우리의 중앙처리장치CPU; central processing unit라고 부를 때 바로 이런 현상이 나타난다. 이렇게 자신의 두뇌를 이해하게 되면 우리의 두뇌는 사랑과 희생은 말할 것도 없고 심지어는 언어 중에서도 논리적 언어를 제외한 모든 언어활동, 예컨대 농담이나 시와 같은 언어활동에서도 소외된다."[36]

돈 아이디가 들고 있는 분필과 칠판, 현미경과 전자현미경, 적외선 위성사진과 분광사진spectrographic photography, 레이더와 박쥐의 예들에서 지향성의 층위들을 구분해 볼 수 있다.[37] 분필로 칠판에 선을 그을 경우 내가 최종적으로 지향하고 우선적으로 경험하는 것은 칠판이다. 분필은 손의 확장으로서 손과 유사한 신체적 도구로 경험된다. 인간이 현미경을 매개로 세계를 관찰할 경우 시력의 증폭이 문제가 되기 때문에, 이때의 지향성은 도구를 매개로 한 인간적 지향성이다. 물론 현미경에서 증폭이라는 효과가 인간의 능력으로 환원되지 않기에 아이디는 이러한 체현적 관계에서 도구가 수행하는 지향성을 부수적인 도구적 지향성이라고 부른다. 하지만 전자현미경, 적외선 위성사진과 분광사진 등에서처럼 해석학적 도구가 세계와 관계 맺으며 수행하는 차폐성의 정도에 따라서 도구적 지향성을 구분해 볼 수 있다. 전자현미경이나 적외선 위성사진이 수행하는 도구적 지향성은 인간의 신체적 조건이 수행할 수 있는 가능성을 넘어서지만, 여전히 일상적인 가시성을 유지하기 때문에 "수평적인 도구적 이본異本 horizontal instrumental variant"인 반면에, 멀리 떨어져 있는 별들을 촬영하는 분광사진은 일상적 가시성을 넘어서는 전혀 다른 이본이기에 "수직적인 도구적 가능성vertical instrumental possibility"이다.[38] 아이디에 따르면, 도구-세계 사이에 아무리 차폐성이 심하다 할지라도 결국 이 사이에서 수행되는 도구적 지향성은 "인간적 지향성에 기생"한다고 주장한다.

레이더와 박쥐가 수행하는 지향성을 비교하면 인간적 지향성, 인간적 지향성에 기생하는 도구적 지향성 그리고 자연적 지향성의 차이를 분명하게 볼 수 있다. "레이더는 초단파를 멀리 있는 사물에 발사하여 그 표면에 부딪쳐서 돌아오는 형태를 분석함으로써 그 대상의 위치, 속도 등의 특성을 파악할 수 있게 한다. [……] 박쥐는 시력이 대단히 약하지만 초음파를 발사하여 그 반향파를 감지함으로써 자신의 주변에 있는 사물들의 위치를 파악한다."[39] 레이더는 인간의 신체가 수행할 수 없는 방식으로 세계에 대한 정보를 우리가 얻을 수 있도록 하는 그러한 도구적 역할을 수행하고 있다. 하지만 박쥐의 지향성은 자신의 신체적 가능성 안에서 세계와 관계하는 방식이다. 미래 사회는 인간적 지향성과 기계적 지향성이 결합하고 공생하는 방향으로 진행될 것이 확실하다. 하지만 어떤 방식의 인간과 기술의 결합과 공생 방식이 가장 좋은 것인지는 예단하기는 쉽지 않다. 기술화된 몸의 가능성을 위해서 인간적 지향성의 생물학적 토대와 그것의 자연적 지향성을 좀 더 자세히 살펴보자.

유기체로서 박쥐와 인간은 형태화 과정, 동화 과정과 유적 과정을 겪는다. 동물적 주체의 동화 작용은 형식적으로 다시 세 종류로 구분해 볼 수 있다. 첫 번째 단계는 감각과 같이 이론적으로 타자와 맺는 관계이다. 박쥐가 초음파를 발사해서 그 반향파를 감지함으로써 타자의 위치를 감각하고 파악하는 것은 박쥐가 감각하는 것과 감각하지 않는 것을 구별하는 것이며, 이러한 구별 방식이 박쥐가 감각함으로써 자신을 규정하는 특수한 방식인 것이다. 반향파를 통해서 감지된 동굴 속의 어떤 위치와 관계함으로써 박쥐는 자신의 위치를 감지하며 자기 자신과 관계를 맺는 것이다. 감각하는 인간도 다섯 가지 감각을 통해서 비유기적 자연의 구별들과 관계를 맺으며 각자의 개별적이고 자연적인 특수성을 감각하는 것이다. 두 번째 단계는 유기체와 비유기체의 실천적이고 실재적인 관계이다. 살아 있는 것만이 결핍을 느끼며 이러한 결핍을 지양하려는 충동과 욕구를 가진다. 박쥐도 자신의 본성에 따라 초음파, 공기, 물, 먹잇감 등과 같은 개별화된 비유기적 자연과 특별한 관계를 맺는다. 유기체는 영양섭취와 소화를 매개로 비유기적인 것을 유기적인 것으로 전화하고 동화함으로써 자기 자신을 산출한다.

수의학을 포함한 현대 의학은 유기체의 이러한 생명 과정과 몸의 기능에 화학적이고 기술적으로 개입함으로써 몸의 균형을 유지하고, 신체의 능력을 증강하며 감각기능과 감정을 치유하고자 한다. 귓속 달팽이관 이식, 인공안구, 인공판막, 인공심장, 인공관절 등 유기체와 기계/기술의 결합은 일차적으로 유기체가 원래 가지고 있는 기관의 기능 복구에 기여하고자 한다. 하지만 유기체와 비유기체의 체현화된 인터페이스는 기술적으로 가능하다면 정신이 지향하는 목적을 위해서도 사용되어질 수 있다. 인간의 습관이 정신에 의해서 정립된 제2의 자연이듯이 기술도 인류에 의해서 만들어진 제2의 자연이다. 기술과 기술의 사용이 자연적인 대상들처럼 직접적인 존재의 형식을 갖는다는 것이다. 기계화된 몸이 질병 치유와 장애의 제거가 아니라 개인의 욕망과 욕망의 충족을 위한 매개 수단으로 남용되어질 수 있기에 인간과 자연, 그리고 인간과 인간이 공생할 수 있는 한계와 가치들도 함께 공론화되어야 한다.

나가는 말

현재 인류는 빠른 기술혁신에 의한 4차 산업사회를 맞이하고 있으며 이는 인간의 신체 중 많은 부분이 대체될 수 있다는 것을 의미한다. 4차 산업사회는 과학, 기술, 공학, 예술, 인문 등이 서로 융합하고 연결되어 우리의 생활세계에 광범위한 변화를 초래할 것이다. 이미 컴퓨터, 인터넷, 스마트폰과 같은 디지털 테크놀로지가 우리의 일상생활에 침투하여 친화되는 것을 넘어 어느새 공상 과학 속에서나 가능했던 인공지능이 개인과 사회의 삶을 어떻게 변화시킬지에 대한 논의도 진행되고 있다. 4차 산업사회는 "3차 산업혁명의 구조가 인공지능에 의해 자동화와 연결성이 극대화되는 단계로, 상당수 인간의 지적 작업과 숙련기술이 로봇에 의해 대체되는 단계이다."[40] 이 글에서 필자는 인간의 신체 중 많은 부분들이 기계와 기술에 의해서 대체되어 넓은 의미에서 사이보그화 되었을 때, 인간의 자연적인 욕망, 지향성 그리고 생물학적 감각이 수행하는 기능들이 인간의 제2자연적 속성들로서 변형되어 적용되어질 수밖에 없다는 것을 살펴보았다.

인간의 몸에는 헤겔이 인간학Anthropologie에서 해명하고 있는 것처럼 동물 유기체가 수행하는 생물학적 생명 과정과 구분되는 인간의 정신적 능력이 체화되어 있다. 이미 자연 안에 유기적 생명체들이 자신이 가지고 있는 근원적 경향성에 따라서 비유기적인 것들과 화학적 · 물리적 관계를 맺으며 스스로를 재생산하듯이, 인간도 자신의 지향성을 기술적 지향성과 결합하여 기계/기술화된 몸으로 재구성될 수 있을 것이다.

인간 향상 논의에서 신체 보형물의 의미[1]

인간 향상 논의는 주로 비장애인의 입장에서 논의되기 때문에, 의학기술이 더욱 필요할 수 있는, 신체 보형물을 착용하고 있는 사람들의 입장에서 논의해 보고자 한다. 신체 장애인들에게 신체 보형물이 어떤 의미를 갖고 있으며 우리나라에서 신체 보형물에 대한 판례를 살펴보고자 한다. 신체 보형물은 물건이나 신체 일부와는 다른 독특한 특징을 가지고 있고 기술의 발달과 사회와 사용자의 요구에 따라 진화하고 있지만, 이러한 과정에서 신체 보형물에 대해 담지자가 가질 친밀감이나 상실감과 같은 실존적 요구가 상대적으로 간과되는 경향이 있다. 기술의 발달로 새로운 존재가 등장하고 우리가 윤리적으로 고려해야 할 대상을 그들까지 확장시키려 하고 있다. 이제 문제는 우리가 '그들'이라고 규정한 대상과 '우리'의 경계를 어떻게 허무는가이다. 이러한 방법론적인 대안으로서 "1) 소외 완화를 위한 소외개념의 보편화와 2) 대상 중심에서 문제 중심으로의 관점 전환"을 제언한다.

심지원

나는 제약회사 직원이 아니다!

우선, 논문 형식에서 벗어나 글을 쓰려니 수십 킬로그램의 짐을 어깨에서 내려놓은 듯 해방감을 느낀다. 나의 세계가 디즈니랜드나 에버랜드처럼 흥분되거나 유쾌하지는 않지만, 내 생각을 누군가에게 보여줄 기회가 주어진다는 것은 참으로 감사한 일이다. 하지만, 이렇게 감사하고도 행복한 일은 동시에 항상 자괴감에 빠지게 하는 괴로운 작업이다. 이 괴로운 마음이 들 때 마다 생각나는 영화 한 편이 있다. <리미트리스>. 영화 속 주인공은 소설가이다. 그는 마감 날짜가 다가오는데도 원고를 끝내지 못하고 있다. 지금의 나처럼. 그때 전처의 동생이 알약 하나를 건네준다. 그 약을 삼킨 주인공은 엄청난 작품을 생산해낸다. 나도 그 약이 필요하다. 지금 이 순간!

나는 인간 향상이 인간의 삶에 미치는 긍정적인 영향에 대해 관심을 갖고 있다. 독일에서 유학을 마치고 귀국하여 학회에서 인간 향상을 비판하는 논의가 과연 정당한가에 대해 발표했을 때가 생각난다. 인간 향상 가운데 인지향상 약물이나 성 기능 확대를 위한 약물(비아그라)에 대한 논의였다. 40~50대까지 성생활을 하다가 성 기능이 약화되면 '자연스러운 과정이구나'라고 생각하면서, 갑자기 수도자처럼 살아가야 할 것인가와 같은 이야기가 오고갔고, 이에 대해 어떤 선생님께서 하신 말씀이 기억에 남는다. 심 선생은 제약회사에서 나온 것 같군! 나이 듦은 우리가 거부할 수 없는 자연현상이라는 생각에 대해 의문을 갖고 그것을 약물이나 의학적인 개입을 통해서 거부하려는 입장을 어느 정도 옹호하려는 나의 태도가 마음에 들지 않으셨던 모양이다. 그리고 시간이 지나 어떤 학회에 참석했었는데 거기서 발표자가 우리 사회는 외모지상주의가 만연한 사회로, 성형수술이 판을 치고 있다고 안타까워하면서 본인의 연구소에서는 연구원들끼리 외모에 관한 칭찬을 하지 않기로 하셨다고 말씀을 의미심장하고 자랑스럽게 말씀하셨다. 외모가 정말 중요하지 않은가? 바로 드는 생각은, 외모 이외의 것에 대해 칭찬을 늘리면 될 텐데. 영어 공부를 위한 갖은 노력을 하는 것과 아름다워지기 위해서 모든 수단을 동원하는 것은 과연 다른 것인가?

다르다면 왜 다른 것일까? 실제로 외모가 영어실력만큼 성공하는데 도움이 되지 않는가? 실제로 예쁘거나 잘생긴 학생들은 학교에서 선생님에게 덜 혼난다는 조사 결과도 있다. 그렇다면 건강관리를 위해 새벽에 일어나서 열심히 한강 주변을 뛰는 사람들이나 영어나 일어와 같은 어학을 배우기 위해 새벽에 어학학원에 가는 사람들에게 보내는 칭찬만큼은 아니더라도 외모에 많은 투자를 하는 사람에게 비난은 하지 말아야 하는 것 아닌가? 나이가 들면 그 모든 늙음의 현상을 자연스러운 것이라 받아들이고 주름은 연륜의 징표라 여기며, 늙어서 성에 대해 관심 갖는 것은 추한 것이라 여길 것인가?

이상했다. 사람들은 더 아름다워질 수 있는데도, 더 똑똑해질 수 있는데도 정말 원하지 않을까? 나는 대학생들의 젊음이 미치도록 질투가 나고 매일 아침 흰머리와 사투를 벌이며, 똑똑한 동료들이 너무 부러운데 말이다. 사람들이 나를 아직도 성숙하지 못하다고 비난해도, 나는 주름이나 흰머리가 없기를 바라고, 똑똑해지고 싶다! 그것도 간절히 말이다. 난 이런 것들을 가질 수만 있다면, 어떤 수단과 방법을 통해서라도 갖고 싶다!

노오력이 싫다!

생명의료적 향상의 수단을 사용하는 것에 반대하는 사람들은 인간의 노력에 대한 가치가 떨어진다고 주장한다. 실질적으로 우리가 노력이라는 가치에 대해 정말로 높이 평가하고 있는지를 살펴보고, 쉽고 빠른 수단을 선택한다고 해서 그로 인한 성취를 평가절하 할 만한 근거가 없음을 보여주고 싶다.

노력의 허상

인간의 노력은 사회에서 중요한 가치를 지닌다. 노력을 통해서 무엇인가를 성취했을 때 찬사를 받는 경우가 많다. 생명의료적 향상 기술이나 약물 사용을 반대하는 사람들은 그러한 수단과 방법을 사용한다면, 인간 노력에 대한 가치가 평가절하 될 것이라고 우려하고 있다. 그런데 정말 우리가 노력을 높게 평가하는가? 실질적으로 그렇지 않은 경우들이 많다. 우리는 노력을 높게 평가하는 것 같지만, 사실은 노력보다는 다른 사회적 가치들을 중요시하는 경우가 많다. 하나는 탁월함이고, 다른 하나는 편견이다.

2부 리그에 있는 A 선수가 메시보다 덜 노력한다고 누가 장담할 수 있겠는가? 4년간 부부관계가 힘든 것을 인내하고 노력해서 관계를 회복시킨 부부와 1년간 노력하다가 헤어지고 재혼한 부부 가운데 전자의 부부가 더 많은 인내와 노력을 했다고 평가하기도 한다. 반면에 1년 만에 헤어진 부부는 그만큼 노력하지 않았기 때문이라고 안타까워하면서, 더 노력했어야 한다고 말하기도 한다. 만약 우리가 전자의 부부를 후자의 부부보다 더 높이 평가한다면, 이는 부부의 노력을 높이 평가해서라기보다는 이혼에 대한 우리의 사회적 가치가 이미 포함되어 있기 때문일 것이다. 열심히 영어단어를 외우는 학생과 열심히 게임을 하는 학생의 경우도 마찬가지이다.

만약에 우리가 노력만을 중요하게 생각한다면, 자신의 성정체성을 찾기 위해서 성전환수술도 감수하는 사람들에게 가장 큰 노고의 박수를 보내야하는 것이 아닌가? 노력의 가치는 사회적으로 인정받는 가치일 경우에만 그리고 결과가 탁월함을 수반할 경우에만 인정받는 것이다.

수단과 목적의 관계

향상에 반대하는 논의 가운데 하나는 수단 그 자체로 의미가 있다는 주장이다. 수단은 글자 그대로 수단 자체가 중요한 것이 아니라 성취를 하는 데 도움이 되는 방법에 지나지 않는다. 만약 계산하는 것 자체가 목적이라면, 전자계산기를 사용하는 것과 사용하지 않는 것의 차이는 있을 것이다. 그러나 어려운 수학 문제를 푸는 것이 목적이라면 직접 계산하는 것보다 전자계산기나 컴퓨터를 사용하는 것이 더 효율적일 것이다. 정상에서 경치를 감상하는 것이 목적이라면, 비행기를 타고 올라가는 것이 더 효율적일 것이다. 물론 정상을 올라가기 위해 한 걸음 한 걸음 내딛는 일도 의미가 있지만, 비행기를 타고 하늘을 나는 기분 역시 의미가 없다고는 할 수 없다. 이를 두고 비행기를 타고 정상에 오르는 것이 땀을 흘리며 정상에 오르는 것보다 의미가 없다거나 덜 하다고 평가할 수는 없을 것이다.

예전에는 사랑의 마음을 편지로 주고받거나 도시락에 콩으로 하트 모양을 만들어 표시했다면 이제는 문자 메시지, 카카오톡, 텔레그램의 그림말을 사용한다. 하나의 하트 모양을 만들기 위해 10분이 걸렸다면, 이제는 10개 이상의 그림말을 보내는 데 몇 초도 걸리지 않는다. 대학로에서 서래마을까지 가는 것이 목적이라면 걸어가는 것이 대중교통을 이용하는 것보다 더 의미가 있다고 할 수는 없다.

원고지에 글을 쓸 때와 컴퓨터로 글을 쓸 때의 차이점은 분명 존재하지만, 글 쓰는 것 자체의 본질이 훼손되는 것은 아니다. 또한 수단은 시대에 따른 변화를 고려해야 한다.

효율성

인지향상 약물을 사용하는 것에 반대하는 사람들은 열심히 공부해서 좋은 성적을 얻는 것과 인지향상 약물의 도움을 받아 좋은 성적을 얻는 것은 차이가 있다고 주장하면서, 치료를 위한 목적이 아닌 일상생활에서 인지향상 약물을 사용하는 것에 대해 반대한다. 열심히 노력하고 인내해서 무엇인가를 성취하는 것보다 빠르고 쉽게 성취하게 된다면 인격형성에 문제가 될 것이라는 주장에 대해 셔머Schermer는 반론을 제시한다. 셔머는 인내심을 얻을 수 있는 계기는 시험공부를 통해서만이 존재하는 것이 아니라고 한다. 운동을 하거나 친구와의 관계에서 또는 다양한 분야에서 배울 수 있는 기회는 많다. 오히려 싫어하는 불어를 공부하는 데 낭비할 여력을 자신이 정말로 좋아하는 것에 매진할 수 있도록 권고할 수 있다.[2]

또한, 영어공부에 시간과 열정을 허비하는 숱한 젊은이들을 생각해보자. 인지향상 약물의 도움으로 영어공부의 효율성을 높일 수 있다면, 영어공부에 시간을 투자할 필요가 없는 영어권 나라의 사람들과의 경쟁에서도 더욱 공정한 경쟁을 펼칠 수 있을 것이다. 영어를 익히기 위해 지금과 같은 방식이 아닌 더 빨리 배울 수 있는 방법을 택한다고 해서 인내심을 배울 기회를 빼앗겼다고 말하거나 자동번역기의 등장을 보고 이젠 더 이상 언어를 힘들게 배울 필요가 없다고 걱정하는 것에 동의하는 이는 많지 않을 것이다.

지나친 기대: 전자계산기와 수학의 관계

향상을 목적으로 하는 의료적 개입은 전지전능하다는 가정은 향상된 결과를 과대평가하는 것이다. 이 부분은 향상에 반대하는 사람들이 가장 쉽게 저지르는 오류 가운데 하나에 해당한다. 샌델은 우리가 '삶'을 주어진 선물이라고 인정해야 한다고 주장한다. 그는 "세상에 있는 모든 것이 우리의 욕구나 처리 여하에 따라 좌지우지 할 수 있는 것은 아니라는 점을 인정하는 일이다."[3]라고 말한다. 이에 뷰캐넌[4]

은, 향상에 대한 기술이 일상에 들어온다고 하더라도 우리가 좌지우지 할 수 없는 일은 여전히 수없이 많을 것이라고 반박한다.

첫째, 샌델이 제시한 예를 보자. "예를 들면 당장 있을 소송에 필요한 사실 관계 자료를 빨리 외워야하는 변호사나 내일 상하이로 출국해야 하는 기업 임원이 중국어를 순식간에 배우고 싶어 하는 경우가 있을 것이다."[5] 이것이 다 가능하다고 가정해보자. 하지만, 이런 가정 속에서 우리가 착각하고 있는 것이 있다. 변호사가 자료를 빨리 외우는 것, 그리고 기업 임원이 중국어를 순식간에 할 수 있게 되는 것은 결국 어떤 일을 성취하기 위한 수단이다. 변호사가 사건 자료를 단숨에 암기할 수 있다면 변호사는 사건을 수월하게 효과적으로 해결할 수 있게 도와주는 수단을 확보한 것이다. 하지만 사건 자료를 빨리 외울 수 있다고 해서 그것이 항상 소송에 이기는 것을 보장해주지는 않는다. 마치 전자계산기를 사용한다는 사실이 그 사람의 월등한 수학실력을 보장해주지 않듯이 말이다. 상하이로 출국하는 기업 임원이 중국어를 잘 한다고 해서 계약을 쉽게 성사시키는 것은 아니다. 계약을 성사시키는 것 역시 인간관계 속에서 진행되는 것이고 거기에는 어학 능력 이외에 다양한 변수들이 존재한다. 예를 들면, 그 나라의 문화에 대한 정보가 아니라 관심, 상대방에 대한 정보가 아니라 관심 등이다. 이 부분에서 중국어를 잘 하게 하는 마법의 알약을 삼키는 것으로는 여전히 부족한 빈칸이 남겨진다.

둘째, 우리는 중국어를 배운다는 것의 의미에 대해 주목할 필요가 있다. 중국어를 배운다는 것은 보기와는 달리 광의의 의미를 내포하고 있다. 외국어를 배우는 목적에 따라 습득의 방법과 정도, 그리고 습득의 분야가 다르다. 남대문에서 장사를 하는 사람이 배워야 할 영어와 대학원생이 배워야 할 영어는 다를 것이며, 전공에 따라 배우는 영어의 어휘나 글을 쓰는 방식에서도 차이가 있을 것이다. 또한 개인의 성향에 따라 외국어를 습득하는 방법도 다양할 것이다. 사람들과 만나는 것을 좋아하는 사람은 사람들을 만나면서 언어를 습득할 것이고, 보다 소극적인 사람들은 외국 서적이나 어학 교재로 언어를 습득할 것이다.

셋째, 뷰캐넌[6]은 향상은 몇몇 특정한 능력의 개선을 의미하는 것이지 필연적으로 모든 것을 더 낫게 만드는 것은 아니며, 향상되는 '사람'보다는 향상되는 '능력'에 대해서 이야기해야 한다고 말한다. 어떤 능력이 향상된다는 것은 상대적으로 다른 능력의 희생이 따른다. 프로작을 복용하면 오르가슴을 제대로 느끼지 못하게 된다. 리탈린과 애더럴은 신경과민, 두통, 초조감, 고혈압을 초래한다. 극단적인 경우 이런 약품들은 창의적이고 모험심 많던 아이를 의기소침하고 무기력한 아이로 바꿔놓을 수도 있다.[7] 이 약물들이 기억력을 향상시킬 수는 있지만, 해로운 결과를 만들어 낼 수도 있다는 점이다. 뇌 기능이 향상되어 '똑똑한' 뇌를 가지게 된 쥐는 학습을 더 잘 하게 되지만, 동시에 통증에 더 민감해졌다.[8] 이와 같이 향상을 위한 약물은, 자신의 어떤 능력을 향상시키기 위해 다른 한 능력을 희생해야 하듯이, 사람은 기능인이 아니기 때문에 어느 역할의 능력을 향상시킨다고 해서 다른 역할의 능력이 향상된다고는 할 수 없다. 예를 들어 훌륭한 부모가 되는 것과 훌륭한 프로그래머가 되는 방식에는 차이가 있다. 이와 같은 맥락에서 인지향상 약물과 같은 것의 도움으로 어떤 일에 대한 성취를 하게 된다면 겸손함이라는 미덕을 잃을 것이라는 샌델의 주장도 문제가 있다. 왜냐하면, 어느 한 부분에서 쉽게 무엇인가를 성취한다는 것이 다른 부분에서 쉽게 성취할 수 있음을 보장하는 것은 아니기 때문이다.

물론 나도 걱정한다

누군가가 철학은 쓰레기통이라고 정의한 것이 생각난다. 다른 학문들이 불필요하고, 어렵고, 의미 없다고 버린 것들을 철학은 그것을 가져다가 연구대상으로 삼는다는 말이다. 명확해 보이는 수많은 문제들도 철학자들의 손에 들어가면, 만신창이가 되어버리곤 한다. 위에서 언급한 내 발언들이 그렇게 쉽게 말할 수 있지 않다는 것을 나름 철학을 공부한 사람으로서 충분히 숙지하고 있다. 내가 인간 향상 문제에 대해 적극적으로 옹호하고 싶은 논문을 쓰려고 마음만 먹고 실천에 못 옮기는 이유도 바로 그것을 인지하고 있기 때문이다. 인간 향상 문제를 옹호하기에는 아직도 해결해야 할 안전성 문제(약물이나 수술의 안정성), 자율성 문제(아무리 자신의 선택이라고 해도 사회적인 강압을 간과할 수 없다), 진정성 문제(약물을 복용하고 행복해진다면 그것이 나의 행복이라고 할 수 있는지, 약물을 복용하고 시험 성적이 올랐다면 그것이 나의 실력이라고 할 수 있는지), 평등과 분배 문제(기술은 자본과 결탁할 수밖에 없으며, 이는 결국 부자인 사람들에게 더 큰 기회를 주는 것은 아닌지), 생물학적 환원 문제(의학적 개입을 옹호하게 된다면, 사회의 책임을 약물을 복용하지 않은 개인과 수술을 받지 않은 개인의 책임으로 전과하게 되는 것은 아닌지) 등등이 남아있다. 하지만 이러한 논의는 잠시 접어두고 더 훌륭한 학자들의 몫으로 남겨놓자.

나는 의학기술이 장애인, 여성, 성소수자에게 미칠 부정적인 영향보다는 긍정적인 영향에 대해 관심을 갖고 있다. 특히 인간 향상의 문제는 주로 비장애인의 시각에서 많이 논의되었기 때문에, 의학기술이 더욱 필요할 수도 있는 사람들[9]의 입장에서 생각해보고자 한다. 우선 신체 장애인들에게 의족이나 의수와 같은 신체 보형물이 어떤 의미를 가지며, 그들이 현재 어떤 문제에 직면해 있는지 살펴보고자 한다.

신체 보형물은 장애를 결핍이 아닌 탁월함으로 변화시킬 수 있지 않을까?

기술이 발달함에 따라 최근 많은 의족과 의수는 배터리를 장착하고 센서 기술과 네트워크 기술을 채택하고 전동모터나 스크린을 장착하는 등의 기술적 진화를 거듭하고 있다. 마치 하나의 전자제품처럼 작동하는 이른바 첨단 전동의수와 전동의족이 등장하고 있는 것이다. 과학과 의학기술이 발달함에 따라 신체 장애인들이 의족, 의수와 같은 보형물들을 사용하기가 더욱 쉬워지고 있다. 선천적인 병으로 인해 그리고 사고로 인해 다리를 잃은 사람들에게 잘 만들어진 오늘날의 의족은 비장애인에게 신발의 개념과 같다. 등산을 즐겨하던 휴 허Hugh Her 교수는 사고로 두 다리를 잃게 되었는데, 현재는 자신이 직접 만든 의족을 사용하고 있다. 그는 의족을 사용한 후, 비장애인으로서의 삶으로 돌아간다는 것은 상상하기도 싫다는 발언을 하였다. 이러한 그의 발언은 장애인에 대한 우리의 인식을 되돌아볼 수 있는 기회를 제공한다.

또한 인터넷 매체 *Boredpanda*의 2016년 기사에 따르면, 프랑스 리옹에 사는 22세의 타투 아티스트는 사고로 팔을 잃었는데, 곤잘JL Gonzal이라는 예술가가 기존 의수를 개조해 주어 세계 최초로 타투를 할 수 있는 의수를 가지게 되었다. 이 전동 의수는 잉크를 담고 뿌릴 수 있는 기구와 뾰족한 날이 있어 타투 아티스트가 이전에 할 수 있었던 작업을 할 수 있게 해 주었다.[10] 우리가 측은한 눈빛으로 바라보던 장애인에 대한 시선이 어색하기 그지없다. 과학기술이 발달하면 할수록, 신체가 기계화되면 될수록, 지금 장애와 장애인에 대한 인식은 변화할 것이다. 장애를 극복할 수 있는 대안의 유무가 장애의 정의에 변화를 가져오기도 한다. 예를 들면, 시력이 매우 좋지 않은 사람들에게 안경이 존재하지 않았다면, 그들은 현재 장애인에 속할 것이다.

의족이나 의수 문제가 시시해?

신체 보형물의 발달로 인해 장애인의 신체 보형물 사용이 증가함으로써 실생활에서 신체 보형물을 담지한 사람들이 겪는 문제도 더 다양해졌다. 이와 같은 문제를 해결하기 위해서는 근본적으로 신체 보형물을 신체 일부로 인정할 수 있는지에 대한 논의가 선행되어야 할 것이며, 이러한 논의는 신체 보형물을 착용하는 사람들의 권리와 직접적인 연관성을 지니고 있다. 다음은 신체 보형물을 신체 일부로 인정하였다면 다른 결과를 초래했을 사례들이다.

스포츠 경기에서 공정성의 문제

비장애인 올림픽에 출전했던 장애인 육상선수인 오스카 피스토리우스 Oscar Pistorius의 양발에는 마치 칼날과 같이 날카롭고 탄성이 있는 의족이 달려있고 이 특별히 제작된 의족은 이 선수의 달리기 성능을 극대화해준다. 실제로 이 선수는 이러한 특수한 의족을 착용하고 장애인올림픽에서의 수상은 물론 2012 비장애인 런던 올림픽에도 출전, 절단 장애인 육상 선수로 비장애인 올림픽에서 비장애인과 겨루기도 하였다.

신체 보형물의 인공적 개입으로 인한 신체증강이나 기능회복은 자연적인 기능과는 여러 가지 측면에서 달리 인식된다. 비장애인과의 육상경기에서 장애인이 신체 보형물을 착용하고 달리는 것에 대해서는 공정성을 근거로 윤리문제를 제기한다.

물론 오스카 피스토리우스가 비장애인 올림픽에 출전하는 것의 여부를 논의할 때는 공정성의 문제보다는 육상경기의 정의definition에 위배되는가가 중요한 문제였다. 하지만 스포츠에서 신체 보형물의 사용은 공정성의 문제와 동떨어져 생각할 수 없을 것이다. 장애인이 신체 보형물을 착용하고 달리기를 하여 훌륭한 기록을 남긴다면, 그 기록은 진정한 자신의 기록이라고 할 수 있는가? 신체 보형물이라는 장치의 도움이 있었기에 가능한 기록은 아닌가에 대한 문제가 제기된다.

비행기 탑승과 관련된 문제

브라질 리오 데 자네이루 장애인 올림픽 육상 투포환 종목에서 동메달을 딴 남아프리카공화국의 타이론 필레이Tyrone Pillay 선수가 국적 항공사인 사우스 아프리칸 항공에 의족을 착용한 채로 탑승하는 것을 거부당하는 일이 있었다. 아드리안 해슬렛-데이비스Adrianne Haslet-Davis는 아메리칸 에어라인에 탑승했을 때, 자신이 공연을 할 때 쓰는 250,000달러짜리 의족을 분실[11]하였고, 2006년 세계 장애인 육상선수권 대회에 참가하는 뉴질랜드의 여자 100m 대표선수 케이트 호란은 영국 브리티시 항공을 탔다가 화물로 실은 달리기용 의족을 분실했다. 런던 히드로 공항 당국이 항공기들에 대한 테러리스트들의 공격음모를 분쇄하기 위한 보안조치의 일환으로 기내에 들고 탈 수 있는 승객들의 수화물에 대한 제한을 크게 강화하면서 늘 기내에 들고 타던 의족을 화물로 부쳤다고 호란은 말했다.[12]

사우스 아프리칸 항공사의 경우 의수와 의족 같은 승객 보조 기구 등의 반입을 허용하는 정책을 시행하고 있으나 실질적으로 그 정책이 잘 지켜지고 있는지 의문이다. 또한 의족과 의수를 착용한 채로 비행기 탑승이 가능하다고 해도, 이는 신체 보형물을 기구로 간주하는지 신체 일부로 간주하는지에 따라 다른 결과를 초래할 수 있을 것이다.

위에 제시한 일련의 기사와 일화는 우리에게 많은 시사점을 준다. 첨단 전동의수나 의족이 기내에 반입되는 것에 대하여 항공사는 어떠한 판단을 해야 할 것인가. 또 오스카 피스토리우스가 칼날과 같이 날카로운 의족을 신고 비행기에 탄다면, 혹은 날카로운 타투용 침과 전동장치가 달린 타투 의수를 찬 사람이 비행기에 탑승한다면 승객들의 반응은 어떠할 것인가 하는 것이다. 의족을 누군가가 훔쳐갔다면, 상해죄에 해당할지 또는 절도죄에 해당할지, 의족을 착용한 상태에서 일을 하다가 의족이 파손된 경우는 산업재해 보험의 혜택을 받을 수 있을지가 문제다. 또한 신체 보형물을 착용한 사람이 신체 보형물을 위탁 수하물로 화물칸에 싣지 않고 직접 신체 보형물을 착용하고 비행기에 탑승하는 문제도 현재 시급하게 해결해야 할 문제이다. 그와 동시에 의수나 의족을 신체에서 분리 가능한 사물로 보아야 하는가라는 문제도 제기될 수 있다.

의족을 훔치는 행위는 상해죄야 절도죄야?

인간의 신체는 자아와 외부세계를 연결하는 가장 기본적인 매개체이다. 기술의 발달은 인간 신체에 개입의 영역을 확장시키고 개입의 정도를 심화시킴으로써 신체는 변형, 확장, 기계화된다. 따라서 매개체로서의 신체에 대한 정의를 새롭게 할 필요성이 제기된다. 신체 보형물은 물건이나 신체 일부와는 다른 독특한 특징을 가지고 있고 기술의 발달과 사회와 사용자의 요구에 따라 진화하고 있지만, 이러한 과정에서 신체 보형물에 대해 담지자가 가질 친밀감이나 상실감과 같은 실존적 요구가 상대적으로 간과되는 경향이 있다. 신체 장애인에게 신체 보형물은 인간 신체의 단순한 확장일 뿐만 아니라 인간 신체 자체일 수도 있다. 신체 보형물의 현재 발달 상황과 현재까지 우리나라에서 신체 보형물에 대한 판례를 살펴보고자 한다.

신체 보형물의 발달 현황

신체 보형물은 목적에 따라 그리고 보형물의 위치 등에 따라 [표]와 같이 구분할 수 있다.

[표] 신체보형물의 구분

구분	목적		위치
	치료	향상	
내용	생명 유지 신체기능 대체, 복원 또는 유지	신체기능 향상 신체외관 향상	내부 탈부착형 인터페이스(상호작용)

먼저 목적에 따라서 생명을 유지하기 위한 보형물, 상실된 신체기능을 대체하거나 복원 또는 기능을 유지하기 위한 보형물, 신체기능을 향상시키거나 외관 향상의 목적을 가진 보형물로 나눌 수 있고, 보형물의 위치에 따라 신체 내부 보형물과 탈부착형 보형물 그리고 인터페이스(상호작용)를 위한 보형물로 나눌 수 있다.

생명 유지를 위한 보형물로는 인공 심장 판막기, 인공 심장, 인공호흡기, 인공 신장 등을 들 수 있다. 신체기능의 대체, 복원이나 유지를 위한 보형물로는 의안, 인공 와우, 의치, 의수, 의족, 인공 문부와 유문부 등을 들 수 있으며, 신체기능을 증강시키기 위한 보형물로는 로봇 웨어 등을 들 수 있다. 미적인 목적을 가진 보형물로는 실리콘(가슴, 음경 등), 필러(보충재, 콜라겐, 지방, 히알루론산, 보톡스 등) 등을 들 수 있다.

위치에 따라서 인공 장기나 성형 보충재와 같이 신체 내부에 부착하거나 이식하는 내부 보형물과 의수나 의족, 로봇 웨어처럼 신체의 외부에 부착하는 외부 보형물이 있다. 맨-머신man-machine 인터페이스의 발달에 따라 인간의 뇌파나 근전도 신호를 획득하기 위한 부착물들도 신체 보형물로 볼 수 있다. 이런 인터페이스를 위한 보형물을 이용하여 사지마비환자가 뇌파로 인공 수족을 움직이고, 타이핑을 하거나 컴퓨터 게임을 하기도 한다. 또한 근육의 움직임(근전도)을 측정하고 이를 확대하여 근력을 향상시키거나 의수나 의족을 원하는 방향으로 움직이게 하는 신체 보형물도 있다. 논란의 여지가 있지만 스티븐 호킹 박사의 휠체어와 인터페이스를 위한 신체 보형물 그리고 목소리를 내기 위한 스피커와 인공 목소리, 커뮤니케이션을 위한 스크린 등도 탈부착 형태의 신체 보형물로 볼 수 있을 것이다.[13]

신체 보형물에 대한 현재 법적 판결사례

현재 우리나라에서 신체 보형물에 대한 판결 사례(가슴 보형물, 의족, 의치)를 살펴보자. 신체 보형물 가운데 의족의 경우는 신체 일부로 인정되었고, 가슴 보형물이 손상된 경우에 대해서는 상해죄 판결을 내렸지만, 가슴 보형물 자체를 신체 일부로 인정한 것은 아니다. 그리고 의치의 경우에는 신체 일부로 인정하지 않았다.

1) 의족

대법원은 장애인이 착용하는 의족도 신체의 일부인 만큼, 일하던 중 파손이 생기면 업무상 재해로 봐야 한다는 판결을 했다. 서울에 사는 69살 양 모씨는 19년 전 교통사고로 오른쪽 다리를 잃자 의족을 착용하고 아파트 경비 일을 하였다. 지난 2010년 양씨는 자신이 일하는 아파트 단지의 제설작업을 하다 눈길에 넘어지면서 의족이 파손됐다. 양씨는 일을 하다 다쳤으니 업무상 재해라며 근로복지공단을 상대로 요양급여를 지급해 달라는 소송을 냈지만, 주장은 받아들여지지 않았다. 1, 2심 재판부는 현행법상 '업무상 부상'의 범위에 의족은 포함되지 않는다고 판결했으나, 대법원의 판단은 장애인에게 의족은 단순한 보조기구가 아닌 사실상 다리나 마찬가지라고 봤고, 부상의 대상 역시, 태어나면서부터 있던 신체가 아닌 의족 또한 포함된다며 양 씨의 손을 들어줬다.[14]

민법에서는 탈부착이 가능한 것을 물건으로서, 재산권이 있는 것으로 본다.[15] 의족은 탈부착이 가능하기 때문에 물건으로 인식될 가능성이 있으나 의족은 다른 물리적 대상과는 다르게 신체의 일부를 보완하는 것에 지나지 않는 것이 아니라 대체하고 있다. 이는 의족뿐만 아니라 신체의 일부를 대체하는 경우에도 적용될 것이다. 신체 일부로 인정하기 위해서는 반드시 태어날 때의 신체일 필요가 없다는 것은 신체의 구성이 반드시 뼈와 살로만 구성될 필요가 없음을 함축하고 있다. 이는 오늘날 우리가 생각하는 의족과 같은 보형물들이 더 이상 인간의 피부를 재현하는 것에 머물러 있지 않다는 현상을 반영한다. "2015년 현재 주목받고 있는 의수는 '전자의수'로 불리는 기능형 제품이다. 기능형 제품은 예전에 내부에서 가위와 비슷한 기계식 장치를 도입해 팔을 구부리고 펴는 것으로 물건을 집는 형태로 제작했으나, 각종 센서, 뇌과학, 전극 등이 발달한 현재 전자 의수는 인체를 어느 정도 재현해내는 순간에 이르렀다."[16]

2) 가슴 보형물

법원에 따르면 서울중앙지법 형사25단독 진원두 판사는 B씨의 신체를 다치게 한 혐의(업무상 과실치상)로 불구속 기소된 A씨에게 벌금 50만 원을 선고했다. 진 판사는 "A씨가 B씨의 가슴 성형 사실을 알고 있었다면, 보형물이 손상되지 않도록 조심하면서 마사지를 해야 할 의무가 있다."며 "그럼에도 과도한 힘을 가해 보형물을 터지게 했다면 상해에 해당한다."고 판시했다. 재판부는 마사지를 받은 이후 신체에 있던 보형물에 이상이 생겼기 때문에, 마사지와 상처 사이의 인과관계가 충분히 인정되고, 성형을 한 보형물도 신체의 일부로 봐야 한다고 설명했다.[17]

위에서 가슴 보형물을 신체로 인정하는 법적 근거는 가슴 보형물이 신체를 직접적으로 손상할 가능성 때문이다. 표면적으로는 가슴 보형물을 신체 일부로 인정한 것으로 보이지만, 가슴 보형물 자체를 신체 일부로 본 것은 아니다. 가슴 보형물의 파손이 신체에 직접적으로 악영향을 미칠 위험이 없었다면, 그럴 경우에도 가슴 보형물을 신체 일부로 인정했을지는 단정 지을 수 없기 때문이다. 이를 확대적용해 보면 심장 판막기와 같이 생명에 직접적인 연관이 있거나, 실리콘처럼 신체와 고착되어서 상해를 입을 시 신체에 상해를 입힐 경우도 신체의 일부로 인정할 수 있을 것이다.

3) 의치

대구지법은 2011년 시비 끝에 상대방의 뺨을 때려 의치 2개를 빠지게 한 혐의로 기소된 C(41)씨의 경우 죄가 성립하지 않는다고 봤고, 2010년 인천지법 부천지원은 틀니를 부러지게 해 상해 혐의로 재판을 받은 D(73)씨에 대해 폭행 혐의만을 인정했다. '의치'는 신체에서 손쉽게 분리될 수 있기 때문에 신체의 일부로 볼 수 없다는 이유였다.[18]

의치를 신체의 일부로 인정하지 않은 판결의 이유는 신체에서 손쉽게 분리되기 때문이라고 추측할 수 있다. 하지만 의족은 신체에서 손쉽게 분리됨에도 불구하고 신체 일부로 인정되었다. 의족과 의치의 경우, 신체 일부를 보완하는 것이 아니라 대체한다는 것과 신체에서 손쉽게 분리된다는 점이 동일함에도 불구하고, 의족은 신체 일부로 인정되었고 의치는 그렇지 못하였다. 만약 이러한 숙고가 걷는 행위와 씹는 행위 가운데 걷는 것을 더욱 중요한 행위라고 상정한 것에 기반 한다면, 걷는 행위와 보는 행위 즉, 의족과 의안에 대한 입장은 어떨지에 대해서도 의문이 생긴다. 의치 역시 실리콘 보형물과 같이 신체와 밀접한 관계가 있으며, 의족과 같이 치아를 보완하는 것이 아니라 대체하는 것과 신체에서 쉽게 분리된다는 점에도 불구하고 상해죄로 인정하지 않은 것은 위의 판례와 일관되지 않다.

우리의 몸이 특별한 이유는 "다양한 방식으로 시간의 기록과 역사가 체화되는 지점으로서 존속한다."[19]라는 데 있다. 신체 보형물 담지자의 신체 보형물에 대한 주관적인 생각, 정서적 고통, 타인과 사회와의 관계, 그가 처한 다양한 상황과 맥락을 살펴보는 것은 신체 보형물이 도구를 넘어선 신체 일부로 인정될 수 있는 데에 기여할 여지가 많아 보인다.

자연스럽다는 것이 그렇게 중요해?

비른바허Birnbacher는 자연스러움을 발생의 의미인 생성방식과 질의 의미인 특성과 형상을 기준으로 나누어야 한다고 주장하였다.[20] 이를 신체 보형물에 적용해 보면 발생적으로 보형물은 연구자가 인위적으로 만든 것이지만, 보형물은 신체를 대체하고 있기 때문에 실제로 신체에서 작동하는 방식은 우리가 신체의 일부를 사용할 때와 같다. 의학적인 개입과 관련하여 자연스러움에 대한 숙고를 통해 드러나는 모순을 고찰할 수 있다. '자연적인 것'과 '인위적인 것'은 단지 특정한 기준에서만 자연스럽거나 인위적이라고 구분할 수 있다. 이에 대한 일상에서의 구체적인 예를 들어보면 자연의 향을 모방한 향과 영국의 정원은 생성 방식에 따르면 둘 다 인위적으로 볼 수 있지만, 그들의 특성이나 형상을 기준으로 보면 둘 다 자연적이다. 이를 보형물에 적용해보면 발생적으로 보형물은 연구자가 인위적으로 만든 것이지만, 보형물은 신체를 대체하고 있기 때문에 실제로 신체에서 작동하는 방식은 우리가 신체의 일부를 사용할 때와 같다. 따라서 발생적인 측면에서는 인위적이지만, 질적인 측면에서는 자연적으로 보아야 할 것이다. 따라서 자연스럽지 못하다는 이유로 보형물을 신체의 일부로 인정하지 않는다는 것은 근거가 불충분한 것으로 볼 수 있다.

논증이 선입견에 부딪혔을 때, 그 논증들이 얼마나 약할 수밖에 없는지에 대한 예를 바이어츠는 세 가지로 들고 있다: 지동설에 대한 저항, 갈릴레오의 재판 그리고 진화에 대한 논증이다.[21] 이러한 선입견으로 인해 또는 자연스러움에 대한 맹신 때문에 인류가 누릴 수 있었던, 불필요한 고통을 짊어진 예를 의학에서도 찾아볼 수 있다. "에드워드 제너가 1798년에 천연두 백신에 대한 연구 성과를 처음 발표했을 때, 자연의 섭리에 반하고 인륜에 어긋난다며 신문 사설이나 교회 설교 등을 통한 공격을 받았다. 심지어 우두 접종을 받으면 사람이 소가 된다는 헛소문이 나돌 정도였다고 한다. 마취에 의한 무통 분만도 19세기 중반 빅토리아 여왕이 출산의 고통을 덜기 위해 클로로포름Chloroform을 사용하기 이전까지는 자연의 섭리에 어긋나는 일로서 금지된 시술이었다."[22] 은연중에 선입견과 결탁한 자연스러움이라는 논거도 보형물이 신체의 일부가 아니라는 주장을 뒷받침하기에는 타당성이 약해 보인다.

경계 허물기

피와 살로 이루어진 전형적인 인간의 모습은 기술발달로 인해서 새로운 형태를 가지게 된다. 인간과 비인간의 경계에 놓인 대상은 신화, 소설이나 영화, 게임에서 자주 접한다. 초인이라는 이름으로 동경의 대상이 되기도 하고, 다른 한편으로는 낯설고 혐오스러운 괴물로 그려지기도 한다. 우리는 허구에서는 인공물을 신체와 연결시켜서 살아가는 인간에 대해 호불호의 느낌을 가지면 그만이었다. 하지만, 이제는 그러한 사람들과 함께 살아가는 법을 '우리의' 입장에서 그리고 '그들의' 입장에서 숙고하고 관심 가져야 할 때가 왔다. 기술의 발달로 새로운 존재가 등장하고 우리가 윤리적으로 고려해야 할 대상을 그들까지 확장시키려 하고 있다. 이제 문제는 우리가 '그들'이라고 규정한 대상과 우리의 경계를 어떻게 허무는가이다. 이를 다르게 표현하면, 우리의 공감능력을 그들에게까지 어떻게 확장시킬 것인가라는 방법론적인 문제이다. 이러한 방법론적인 대안으로서 1) '소외 완화'를 위한 '소외개념의 보편화'와 2) '대상' 중심에서 '문제' 중심으로의 관점 전환을 제언한다.

1) 소외 완화를 위한 소외개념의 보편화: 오늘날 안경을 쓰는 것이

부끄러운 일이 아니다. 이처럼 시력이 나쁜 것과 같은 장애가 보편적인 결핍이 된다면, 장기적인 관점에서 개인이 자신의 소외된 부분이나 결핍된 부분을 부끄러워할 필요가 없는 사회가 도래할 수 있을 것이다. 누구나 어떤 부분에서는 소외나 결핍될 수 있다는 것을 인식해야 하며, 소외란 일반 개념이 되어야 한다. 그러기 위해서는 소외 개념을 발굴하고 세분화하여야 한다. 소외는 존재하는 것이 아니라, 사회 구성원들이 적극적으로 인식하고 발굴하는 것에서 시작한다. 이는 한국에서 살색이 살구색으로 변화된 과정에서도 잘 나타난다. 살색을 연주황색으로 수정한 것은 인종차별에 대한 인식과 발견이었으며, 연주황색을 살구색으로 수정한 것은 초등학생들에게 연주황색이라는 말이 어렵다는 그들의 인식에서 비롯된 성과이다. 이처럼 소외계층(정보 소외계층, 교통 소외계층, 에너지 소외계층 등)에 대한 발견 자체가 소외계층의 범위를 확대하고, 사회적 낙인 효과를 제거할 수 있다.

2) 대상 중심에서 문제 중심으로의 관점: 소외계층에 대한 접근방법을 '대상' 중심에서 '문제' 중심으로 전환하여 소외계층에 대한 인식을 전환하는 것이 하나의 시작점이 될 수 있다. 대상 중심이란 노인, 장애인, 외국인 노동자와 같이 소외 대상을 구분하고, 각각의 대상에서 생기는 전형적인 문제를 다루는 방법이다. 예를 들면, 노인에게는 실업, 건강, 정보소외 기타 등등의 문제가 나타나고 그에 대한 문제를 다루는 방식이다. 하지만 대상 중심의 연구방법은 복잡하고 다양한 사회적 변화에 따라 나타나는 계층들의 전형적 문제가 혼재되고 있는 현대 사회를 해석할 수 없다. 가령, 노인 중에 정보소외 문제나 실업문제를 겪는 노인도 있지만, 컴퓨터로 주식 거래를 할 수 있고 경제적으로 여유 있는 노인도 있다. 예전에는 노인, 장애인, 외국인 노동자와 같은 대상들에게 발생하는 문제의 양상이 전형적이었지만, 오늘날에는 다양해지고 있어서 전통적인 소외계층의 분류 방식은 한계를 노출하고 있다. 이러한

한계를 극복하기 위해서 실질적으로 비슷한 유형의 문제를 겪고 있는 사람들에 따라 분류할 수 있다. 노인, 장애인, 외국인 노동자와 같이 대상 중심의 연구가 아닌 동일한 문제를 겪고 있는 당사자들만으로 수요자를 재분류할 수 있다. 가령, 정보소외계층, 문화소외계층, 교육소외계층과 같이 분류하는 것이 문제 중심 연구이다.

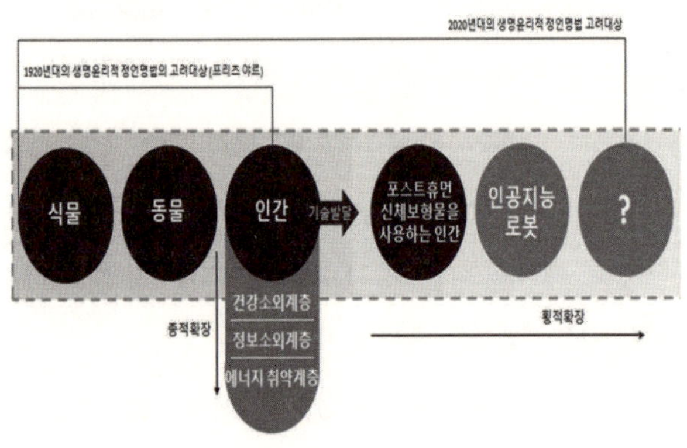

[그림] 계층의 종적 · 횡적 확장[23]

야르의 생명윤리적 정언명법의 대상은 인간 종이라는 보편화된 개념 아래 소외되거나 차별받는 구체적인 계층에 대해 '종적으로' 확대되어야 할 것이다. 이를 위해서는 구분 짓기의 인식구조를 의심할 필요가 있다. 구분 짓기는 소수자들(여성, 장애인, 외국인 등)을 위한 연구에서 시작했지만, 그들과의 격리를 목적으로 한 법률 및 제도 그리고 시설들을 만듦으로써 구별 짓기가 완성된다. 이것은 미셀 푸코가 이야기하는 광기의 역사에서 광인들이 일반인들과 구분되는 과정이나 결과와 유사하다. 이러한 단순한 차이에서 소외, 차별, 고립, 격리로 연결되는 고리를 끊는 작업이 필요하다. 이 확대된 야르의 생명윤리적 정언명법의 구체적인 실현 방법으로 위에서 말한 (1) '소외 완화'를 위한 '소외개념의 보편화'와 (2) '대상' 중심에서 '문제' 중심으로의 관점 전환을 제안하는 바이다.

2부 몸의 미래

카린 하라써의 〈몸의 미래〉

이 글은 오스트리아 린츠대학교 문화학과 교수인 카린 하라써의 <몸의 미래>를 번역한 것이다. 하라써는 '사이보그 르네상스'라는 현상을 통해 인간과 기계의 관계를 밀도 있게 분석하고 있다. 먼저 새로운 사이보그의 지적 환경은 이전과 어떻게 다른지 서술하고, 그리고 도나 해러웨이의 주장에 기대어 사이보그에 대한 페미니스트의 비전이 무엇인지 제시하고자 한다. 하라써는 '포스트휴먼'이라는 개념보다 인간과 함께 공존하는 '공동인간성'이라는 개념이 더 적합하며, 그보다 훨씬 더 적절한 개념으로 '파라휴먼parahuman' 개념을 제시한다. 이는 평화로운 공존보다 다양한 형태의 실존들이 펼치는 야생의 공존과 혼란을 아우르는 개념이다. 마지막 부분에서 하라써는 기술적 변형 시대에 몸의 상태에 관한 물음에 대해 몇 가지 잠정적인 테제를 정식화하고 있다.

서윤호

포스트바디의 문제와 '몸의 미래'

몸문화연구소의 2017년 연구주제는 '몸의 미래, 미래의 몸'으로 정해졌다. 연구주제가 워낙 광범위한 탓에 몸문화연구소의 구성원들은 1년 내내 꽤나 이 문제로 골치를 앓아야 했다. 매달 진행되는 학술세미나에서도 장님들이 코끼리를 더듬는 방식으로 많은 책을 함께 읽고 토론해야 했으며, 우리 사회의 몸의 현실과 미래와 관련해서도 많은 논쟁을 벌였다.

이 연구주제와 관련하여 필자가 1년의 기간 동안 진행한 세부주제는 '포스트바디 사회의 몸 윤리'였다. 그런데 어쩌다보니 연구소에서 별도로 준비하고 있는 '포스트바디' 기획도서의 원고도 비슷한 주제로 정해졌다. 내용이 서로 중복이 되지 않도록 원고를 마련하려고 했더니, 의외로 많은 제약이 따를 수밖에 없었다. 그래서 결국 '포스트바디' 기획도서에 싣는 글은 <내 몸도 리콜이 되나요? 포스트바디 사회의 몸의 현상과 문제>로 완성하기로 하고, '연구총서'에 싣는 글은 기존과는 조금 다른 방식으로 준비하는 쪽으로 방향을 정하게 되었다.

그 결과 2016년 독일어권에서 발간된 ≪미래의 현재*Die Gegenwart der Zukunft*≫[1]에 실려 있는 카린 하라써Karin Harrasser의 <몸의 미래Die Zukunft des Körpers>가 필자의 눈에 띄었다. 다행스럽게도 '몸의 미래, 미래의 몸'을 다루는 이 연구총서에 안성맞춤으로 꼭 필요한 한 부분이지 않은가?

카린 하라써는 오스트리아 린츠대학교 문화학과 교수로 재직하고 있으며, 문화학 잡지 *Zeitschrift für Kulturwissenschaften*를 발행하고 있다. 오스트리아 비엔나 대학교에서 철학박사학위를 받고, 독일 훔볼트대학교에서 교수자격 논문을 완성하였다. 그녀는 활발한 학문 활동 외에도 베를린, 함부르크, 빈 등에서 다양한 큐레이터 프로젝트(NGBK Berlin, Kampnagel Hamburg, TQ Wien)에 참여했다. 최근 저서로는 ≪몸 2.0: 인간의 기술적 확장 가능성≫(2013)과 ≪보철: 손상된 근대성의 수치≫(2016)가 있다.

하라써의 <몸의 미래>는 그다지 길지 않다. 전체 10쪽의 분량이다. 하라써의 글에는 소제목이 없지만, 이 번역에서는 연구총서의 구성에 맞게 임의로

소제목을 붙였다. 우리의 몸에 맞는 옷을 입듯, 필자의 사정과 연구총서의 구색에 맞는 형태를 취한 셈이다. 이 점을 감안해서 이 글을 읽으시길 바란다. 이제 하라써의 글을 살펴보도록 하자.

사이보그의 르네상스

오늘날과 같이 그렇게 많이 사이보그가 존재한 적은 없다. 적어도 우리의 눈에 띄는 사실은, 자기서술로서 '사이보그'라는 용어가 르네상스를 맞고 있다는 점이다. 그러나 도대체 그러한 미래지향적인 표현이 인간과 기계의 관계에 대해 적절한 것처럼 보이는 지금의 이와 같은 맥락은 과연 무엇인가? 나는 삶 자체가 무엇인지에 대한 현대적인 재평가의 범위 내에서 기술적인 신체 변형을 역사적으로 자리매김하고 그 의미를 파악하는 것으로부터 이 글을 시작하고 싶다.

1800년경에 생명중심주의라는 하나의 형태가 등장했다. 이는 경제이론과 역사라는 두 가지 강력한 설명모델과 연결되어 있다. 역사의 진보적인 연대표와의 멋진 이중창 속에서 진화론과 더불어 적자생존론이 생겨났다. 생명중심주의의 비호 아래 경제이론과 결합함으로써 건강과 노동력의 보전을 위한 수많은 기관들과 새로운 유형의 주체가 형성되었다. 이 새로운 주체는 자기 자신의 경영자로서 자신의 건강과 자신의 생산성을 독자적으로 배려한다. 그러므로 우리는 생명공학기술을 자기배려의 징후를 가진 기술로 이해하지 않을 수 없다.

개인 휴머니즘으로 인해 더욱이 우리는 예컨대 기술의 편입과 우리의 행위에 대한 기술의 관여와 같은 타자성을 제대로 다루지 못한다. 우리는 기술을 과소평가하거나 과대평가하는 경향이 있다. 몸과 기계의 끊임없는 혼합은 결코 생물학적인 것에 대한 남김 없는 근절로 이르러가는 진화론적 논리의 의미에서 말하는 '운명'인 것은 아니다. 그러나 또한 기술도 중립적인 것은 아니다. 브루노 라투르의 말에 따르면, 인간과 비인간적 존재의 혼합이 일어난 것은 이미 오래 되었다. 박테리아, 구조론, 우주광선, 자전거, 도로, 필기구 등 이 모든 것이 우리가 무엇을 사유하고 행동할 수 있는지 결정적으로 수정한다. 그러나 그 어떤 것도 몸의 기술화가 생명중심적인 효율성 제고를 의미해야 한다고 미리 결정할 수는 없다.

닐 하비슨은 자기 자신에 대해 이렇게 말한다. "나는 사이보그다." 2010년에 문 리바스와 함께 그는 사이보그가 되기를 희망하는 사람들을 지원하는 사이보그 재단을 설립했다. 2013년 가을 베를린에서는 유사한 목표를 추구하는 "사이보그 협회"가 설립되었다. 그리고 신체-해킹 및 신체-변형-장면에서 가장 인기를 끌었던 연설자 중 한 명인 팀 캐논은 매우 직설적으로 이렇게 말한다. 인간의 몸은 "근본적으로 결함이 있다."[2] 인간의 몸은 그것도 기술적인 수단을 통해 개선될 수 있으며, 또 개선되어야만 한다.

우리는 이와 같이 새롭고도 낡은 몸과 기술의 혼융에 대한 강조를 어떻게 이해할 수 있을까? 2010년대의 사이보그는 이전의 테크노전위적인 비전들과는 구별되는가? 인간의 몸은 '조작가능한' 것으로 변했는가? 아니면 새로운 사이보그들은 단지 20세기 전반기에 꿈꿨던 것처럼, '새로운 인간'에 대한 전체주의적인 망상에 대한 또 하나의 복제품에 지나지 않는 것인가? 결국 사이보그는 후기산업적 바이오디지털 테크노로직의 산물이며, 실제로 그 기계적 이전의 형체들과는 구별되어야 하는 것은 아닌가?

새로운 사이보그의 지적 환경

우선 먼저 주목해야 할 것은 새로운 사이보그의 지적 환경이 1920년대의 아방가르드주의자들의 지적 환경과 닮았다는 점이다. 예를 들어 라울 하우스만은 1920년대에 시각적 신호를 청각적 지각으로 기술적으로 변환시키는 '옵토네틱스'에 대한 감격적인 글을 쓰고, 그러한 장치의 기술개발에도 관여했다.[3] 인간의 지각은 공감각적으로 확장되어야 하며, 그리고 이러한 지각혁명은 완전히 러시아 및 이탈리아 미래주의자들의 의미에서 정치혁명의 예비단계를 이룰 것이다.

영국-아일랜드계 예술가인 닐 하비슨은 오랫동안 그러한 '옵토폰'을 일상생활에 접목시켰다. 2004년부터 그는 아이보그eyeborg를 착용하고 있다. 하비슨은 색맹이다. 그렇지만 그의 기계장치가 주변으로부터 색채 스펙트럼을 수용하여 소리로 변환시켜서 얼굴, 슈퍼마켓 선반 및 풍경 등을 멜로디와 하모니로 그가 지각할 수 있게 한다. 그는 사운드지각에 대한 극도로 컬러 집중적인 그림을 완성하고, 유명 인사들의 '사운드 초상화'를 제작한다.

우리는 그런 형태의 지각의 확장에 과연 반대해야 하는가? 심지어 그것은 신체적 결함을 보상하지 않는가? 기술적 향상에 대한 권리가 어떻게 그리고 왜 누구에게 거부되어야 하는가? 현재의 사이보그들은 기꺼이 "형태학적 자기결정"에 대해 말한다.[4] 그 경우 그들은 오래된 정치적 전통을 원용한다. 오랫동안 젠더연구를 괴롭혔던 성전환자들의 성전환수술에 의한 성 적응의 요구가 그것이다. 다음과 같은 물음은 이와 관련하여 논란의 여지가 전혀 없는 것은 아니다. 종종 성별을 분명히 하는 것이 그 목표가 되는 경우가 있는데, 이때 자신의 몸을 형성할 수 있는 권리를 실현하는 성전환수술에 의한 성 적응이 여전히 이성간 성으로 간주되어야 하는가?

다다이스트뿐만 아니라 트랜스정치에 대해서도 새로운 사이보그의 차이는 두드러진다. 다다이스트는 전체적인 것을 목표로 삼았다. 예술적 중재를 통한 지각의 변형과 더불어 사회적 몸의 수정이 수반될 수밖에 없다. 라울 하우스만은 몸과 함께 사회를 바꾸고자 했지만, 닐 하비슨은 단지 감각지각의 개별적 풍경만을 바꾸고자 했다. 그리고 또한 한때 사회적 투쟁과 관련이 있었던 생물학적 성 선택의 자유에 관한 논의에서도, 개인의 선택의 자유와 긴장관계에 있는 사회적 압력이라는 주제는 그 불이 완전히 꺼진 것은 아니다. 그 반면에 오늘날의 사이보그들은 단지 자기변형에 대한 개인의 권리를 강조하고, 대기업에 의한 기술의 재정복을 해방적인 행위로서 강조한다.

그럼에도 불구하고 의족을 착용하고 올림픽 경기에 참가하기를 갈망하는 오스카 피스토리우스의 사례는 그동안 진행된 '강화'에 대한 논의가 얼마나 허약한 토대 위에서 이루어졌는가를 분명하게 보여준다. 피스토리우스는 2008년 베이징 올림픽 경기에 참가신청서를 제출했다. 그러나 이는 반-도핑위원회Anti-Doping Commission에서 그의 보철물이 능력향상으로 간주된다는 근거로 거부되었다. 피스토리우스는 재심절차를 밟았다. 두 번째 의견이 준비되었고 그는 출전권을 얻었다. 그러나 그의 참가는 예외라는 것을 확정하고 있는 단서조항과 함께 올림픽 경기 출전이 허용되었다. 토론에서는 보철물의 승인으로 인해 야심에 찬 운동선수의 측면에서 일체의 신체 변화를 위한 문이 활짝 열리게 될 것이라는 우려가 표명되었다.

또 다른 예는 2012년 패럴림픽을 계기로 채널 4가 제작한 '슈퍼휴먼을 만나다'라는 캠페인이다. '슈퍼휴먼'이라는 명칭은 바로 그 '결함'이야말로 장애가 있는 사람들로 하여금 특히 최신 기술과 연결될 수 있도록 만들고, 그와 함께 특별히 미래능력을 가진 인간 2.0으로 만드는 것이라는 아이디어에 기반하고 있다. 인간 2.0은 2007년 MIT에서 열린 바 있는 동명의 콘퍼런스 명칭이기도 하다. 여기서 하이테크와 장애는 "우리가 알고 있는 인간"의 초월 프로그램에서 결정적으로 결합되었다.[5]

패럴림픽 선수를 슈퍼영웅으로 그리는 것은 다른 '장애를 가진' 슈퍼히어로 그룹인 엑스맨과 비교하게 만든다.[6] 엑스맨은 1963년 스탠 리와 잭 커비의 만화에서 탄생되었다. 2000년부터 3편의 영화와 3편의 프리퀄로 울버린이라는 캐릭터를 중심으로 돌연변이 팀을 유명하게 만들었다. 주인공들은 엑스유전자로 인해 일정한 특성을 형성하고 그들을 사회적 아웃사이더로 만드는 돌연변이들이다. 그들은 날개, 늑대의 발톱, 사자의 갈기를 가지고 있다. 그들은 폭풍을 불러일으킬 수 있고, 텔레파시 능력이 있으며, 자력을 소유하고 있다. 우리는 이 만화와 영화를 물리적인 소수자 절멸의 역사에 대한 기여로 이해할 수 있다. 주인공들 중 한 명에게서 돌연변이가 처음으로 강제수용소로 인도될 때 나타나는 사실에서 이는 분명하게 드러난다.

영화는 돌연변이들이 소수집단으로서 그들의 타자성을 다루는 두 가지 모범적인 방식을 보여준다. 매그니토 주변의 한 그룹의 돌연변이는 스스로를 진화론적으로 우월한 '종'으로 보고 정체성의 정치를 취한다. 육체적인 다름으로부터 신체적 우월을, 그리고 억압의 경험으로부터 도덕적 우월성을 이끌어낸다. 여기에서 우리는 오늘날의 슈퍼휴먼들의 원조를 알 수 있을 것이다. 마찬가지로 홀로코스트 생존자인 찰스 자비에 주변의 두 번째 그룹은 동화전략의 틀 내에서 활동한다. 자비에는 어린 돌연변이들로 하여금 국제학교에서 자신의 능력을 생산적으로 사용하고, 사회의 이익을 위해 사용하는 법을 교육시킨다. 동시에 그들은 매그니토의 추종자와 군중에 대항하여 돌연변이 그룹을 방어하기 위해 강한 에토스를 가지고 통제된 힘을 사용하는 전투팀으로 훈련받는다. 이 두 그룹 속에는 이 만화가 처음 1960년대에 등장했을 당시 흑인 시민권운동의 두 가지 상이한 전략이 반영되어 있다. 매그니토는 말콤 엑스로, 그리고 찰스 자비에는 마틴 루터 킹으로 묘사되고 읽혀졌다.

여러 가지 다양한 행위의 가능성이 제시된다. 그 속에서는 의사결정과정의 토대로서 돌연변이의 정체성, 폭력경험의 역사성, 과학적 감정과 마찬가지로, 개인의 행복에 대한 약속이 중요한 역할을 수행한다. 영화는 패럴림픽의 시선으로 볼 때 결정적인 일련의 질문을 던진다. 정치적 및 사회적 과정에 참여하기 위한 투쟁에서 신체적인 차이성은 어떤 상태에 있는가? 규범적 또는 규범화된 체제의 맥락에서 타자성과 차이는 어떻게 이해될 수 있는가? 고전적이고 시민적인 주체에 대한 이해를 넘어, 어떤 모델의 행위자가 상상되고 실현될 수 있는가? 그리고 또한 타자성은 점차 증가하는 신체에 대한 의료기술의 개입가능성과 어떤 관계에 있는가?

두 번째 영화는 엑스 돌연변이에 반대하는 약품이 어떻게 평가될 수 있는가 하는 질문을 둘러싸고 전개된다. 그것이 많은 사람들이 기대하는 정상화를 가져올 것인가? 아니면 차이를 파괴하기 위한 요구와 수단으로 평가되어야 하는가? 영화는 결코 단순한 대답을 주지 않는다. 결국 엄청난 싸움이 벌어진 후, 약은 돌연변이들에게 강요되지는 않지만, 그럼에도 불구하고 그들 중 몇몇은 그것이 개개인의 고통스런 압박을 완화시키기 때문에 그 약을 받아들인다.

이것으로 우리는 기술적 향상의 아마도 가장 불안한 순간이 무엇인지 근접한 셈이다. 신체적 자기개선에 대한 윤곽적인 서술은 능력강화의 유사 진화론적 목적론의 서술과 마찬가지다. 이는 동시에 표준화의 경향을 자체 속에 내포하고 있다. 그와 더불어 유기적인 것과 기술적인 것의 끊임없는 혼융을 통한 이른바 개선의 불가피성은 자기개선에 대한 TINA(There is no alternative 대안은 없다)[7]의 진정한 가설이다. 이 시나리오는 나노기술, 생체공학, 제약기술 또는 로봇공학의 형태를 취할 수 있지만,

핵심적인 이야기는 동일하게 유지된다. 인간은 자신의 선택에 따라 기술을 통해 진화를 계속하는 쪽으로 초대되고, 해방되고, 저주된다. 그러나 어떠한 정치적 · 경제적 · 문화적 상황 속에서 신체의 기술적 변형이 불가피하다는 이야기가 도대체 설득력을 가지는 것인가? 여기에서 '피트니스'의 개념이 종의 보존, 사회적 적응, 우월의 환상 사이에서 그 화려한 의미와 함께 하나의 교차점을 이룬다.

사이보그에 대한 페미니스트의 비전

이와는 대조적으로 1980년대와 1990년대에는 사이보그에 대한 페미니스트의 비전이 등장했다. 도나 해러웨이는 경쟁을 강조하는 오이디푸스적 서술에서 스스로를 해방시킨 놀라운 새로운 결합이 가능한 그/그녀/그것이 무엇인지 혹은 누구인지 알지 못하는 테크노 바디를 기획했다. 이러한 이해에서 기술은 인지 자본주의의 지배 및 잉여가치 기계도 아니며, 끝없이 재구성 가능한 미래의 약속을 위한 물질적 기반도 아니다. 그들은 오히려 과거와 현재의 관계의 구현이고, 세계를 창조하는 환경이다.[8] 기술은 상상력을 자극하고 신체를 변형시키는 인공물이다. 그러나 사이보그는 순진한 낙관적 형상을 취하는 것이 아니라, 오히려 단지 무엇보다 문제의식을 구체화하는 하나의 형상을 취한다. 사이보그는 자신이 만들어지는 과정에서 몸을 드러내고, 그 경우 이질적인 특성을 강조한다.

우리의 테크노 바디가 현대 과학과 자본주의적 가치창출의 유산이라면, 따라서 그것이 진정한 추상이라면, 이러한 추상 속으로 들어가서 그 내부에서 작업하는 것이 필요하다. 그러나 기술을 긍정한다고 해서 필연적으로 '향상'과 자기강화라는 불가피성 가설에 긍정할 필요는 없다. 우리는 미래완료(Futur II) 시제의 방식으로 신체를 파악해야 한다. 우리는 신체가 무엇을 할 수 있었는지 언제나 비로소 뒤늦게 그것에 대해 알게 된다. 부주의하게 미래의 완벽성에 그것을 투사하고, 그와 함께 현재의 구체적인 몸을 지속적인 자기개선의 압력에 내맡기지 않는 것이 필요하다. 오히려 과거와 현재의 테크노 바디에서 다음과 같은 순간을 발견하는 것이 중요하다. 더 이상 표면의 모습과 부당한 요구가 아니라, 오히려 미셸 푸코의 정치적 최소강령에 따라 "그렇게, 그 정도로, 이런 대가를 치르고서 지배되지 않는" 소망에 대해 설명하는 그런 순간을 발견하는 것 말이다.[9]

그렇게 볼 때, 우리는 패럴림픽과 엑스맨의 대중성에 대해 토마스 마초가 '포용적인 휴머니즘'이라고 부른 바 있는 독해방식을 한번 생각해볼 수 있다.[10] 그것은 자기문명화와 인권의 방식과 같이 휴머니즘을 무엇보다 역사적으로 특수한 방식으로 규정하는 길일 것이다. 왜냐하면 자기문명화의 담론뿐만 아니라 인권의 역사도 또한 휴머니즘이 그자체로서 문제가 되는 특수한 서구의 인간에 대한 정의 위에 기초하고 있음을 분명히 하고 있기 때문이다. 임마누엘 칸트가 말하는 '규제적 이념'으로서 계몽주의의 휴머니즘은 합리적으로 결정을 내리고 자기 자신과 자신의 몸에 대한 처분권한을 가지는 개인으로서 인간으로부터 암묵적으로 출발하고 있다. 시간이 지남에 따라 노예, 여성, 그리고 장애자들도 마찬가지로 합리성, 유용성 및 자기지배를 입증함으로써 인간의 권리를 얻을 수 있었다.

마초와 해러웨이와 더불어 정치적 행위자의 숫자와 인본주의 자체를 확대하는 것이 나에게는 중요한 문제이다. 이때의 휴머니즘은 불변의 속성으로서 인간-존재나 하나의 고정된 인간의 정의로부터가 아니라, 오히려 인간으로서 간주되지 않는 많은 존재들이 잠재적으로 포함될 수 있는 지평으로서 휴머니즘으로부터 출발할 것이다. 몸이 할 수 있는 모든 것을 우리는 알 수 없다고 말하는 스피노자주의자들의 격언의 확장을 통해, 우리는 또한 인간이 누구인지 또는 무엇을 할 수 있는지 알 수 없다.

이로써 궁극적으로 우리 모두가 부분적으로 주권적인 행위자가 될 수 있는 여지가 주어지는 행동의 장이 마련될 것이다. 이것이 의미하는 바는 무엇인가? 무엇보다 우리의 행위는 언제나 그리고 매 순간 동시에 자기결정적이면서도 타율적이라는 것이다. 기술적 행위는 아마도 행위 속에 자신의 몫과 타자의 몫으로 구성된 안무에 대한 대표적인 예일 뿐이다. 그러나 이성적으로 자신을 표현하고 주권적으로 행동하는 사람들뿐만 아니라 가능한 한 많은 행위자들에게 스스로를 표현할 수 있는 능력이 부여되는 정치적 장에 대한 이념도 또한 겨냥되고 있다. 이것의 중심적인 측면은 누가 도대체 그에 속하는지 그리고 이의가 가능한지의 문제이다. 해러웨이는 이를 위해 '응답능력'이라는 용어를 사용한다.[11] 모든 상황에서 모두에게 이의를 제기할 수 있는 응답의 가능성을 부여하는 것이 가장 중요하다. 모두가 자신을 알릴 수 있도록 예방수단을 취해야 한다. '포스트휴먼'이라는 개념보다 인간과 함께 공존하는 것을 고려한 '공동인간성'이라는 개념이 나에게는 더 적합한 것으로 보인다. 그러나 아마도 그보다 훨씬 더 적절한 개념은 '파라휴먼parahuman'이 될 것이다.[12] 이 개념은 평화로운 공존보다 다양한 형태의 실존들이 펼치는 야생의 공존과 혼란을 떠오르게 만든다.

기술적 변형 시대의 몸의 상태

이로부터 우리는 기술적 변형 시대에 몸의 상태에 관한 물음에 대해 다음과 같이 몇 가지 잠정적인 테제를 정식화할 수 있을 것이다.

첫째, 몸이 무엇을 할 수 있는지 우리가 알 수 없다면, 또한 테크노바디가 무엇을 할 수 있는지도 우리는 알 수 없다. 정보기술과 생명공학에 현존하는 자기개선 및 생산성 제고와 같은 사회경제적 스크립트와 관련하여 끊임없이 더 큰 기술적 완전성이나 순진함의 불가피성에 대한 시나리오를 끌어내는 것은 적절하지 않다. 오히려 우리는 기술적 행위자와 유기적 행위자 사이의 상호 연결성과 의존성을 보다 잘 관찰, 분석 및 형성할 수 있도록, 부분적으로 주권을 행사하는 순간에 더 큰 관심을 기울여야 한다.

둘째, 우리가 모든 행위, 모든 사유, 모든 지각이 부분적으로 주권적이라는 사실로부터 출발한다면, 자율성 상실에 대한 향수적 혹은 묵시록적 서사에 신뢰감을 부여할 하등의 이유가 없다. 오랫동안 우리와 함께했던 남성적인 의사결정자의 이상적인 이미지가 더 이상 어떤 것과도 일치하지 않을 수도 있다. 그러나 그것은 실제로는 유감스러운 일이 아니다. 그 까닭은 개별화되고 자발적인 결정의 이상화가 철저하게 때로는 유용하고, 엘리트에게는 효과적인 허구이기 때문이다. 이제는 부분적으로 주권을 가진 행위자에 대한 또 다른 서사를 개발할 때이다. 상이한 목소리와 분위기 상태 속에서 인간과 인간이 아닌 존재와 더불어 그들의 삶에 대해 보고하는 자들의 말을 경청하는 것이 첫 번째 단계이다. 취약성과 상호의존성에 관한 이야기는 종종 멜랑콜리하고, 또 고통스러운 문제를 다룬다. 그러나 그들이 마찬가지로 기이하고 불안정한 공생을 주제로 삼을 때, 그들은 또한 명랑하고 차분하며 독창적일 수 있다.[13]

셋째, 기술적인 변형이 윤리적으로 주장할 수 있고 의미가 있는지 여부는 생산 및 의사결정의 다양한 여건을 고려할 때에만 판단할 수 있다. 예를 들어 하이테크 보철물과 같이 한 편에 좋은 것이 다른 편에는 부담이 될 수 있다. 기계에서 약품에 이르기까지 신체의 기술적인 변형은 결코 추상적인 필연성의 지위를 갖지 못한다. 위에서 언급한 의미에서 응답능력을 보장하는 프로토콜을 마련하는 것이 중요하다. 이의제기를 분명히 할 수 있는 기회의 최대화가 그러한 프로토콜의 핵심적인 기준이 되어야 한다. 이것은 환자와 노인과 같이 종종 전통적인 표현수단을 잃어버렸기 때문에 생의학기술을 사용할 개연성이 높은 사람들과 관련하여 특히 어려운 문제이다. 의료기술적 개입과 그 시대비판적인 요소의 폭넓은 비가역성은 모든 단선적-투영적 능력을 뛰어넘는 지속적인 의사결정이 필요하다. 부모가 자녀를 위한 달팽이관 이식에 대해 찬성 또는 반대 결정을 할 때, 자녀가 청각이 없는 문화 속에서 자라게 할 것인지 아닌지를 함께 결정해야 한다. 따라서 기술의 가능화가 가지는 특성은 차이에 대한 권리와 경쟁한다. 그렇기 때문에 진단과 상담상황은 그만큼 더 절박하게 미래의 사변적 탐구를 위한 여지를 갖춰야 한다. 과거 경험들도 또한 미래완료형의 방식으로 풍부해지게 된다.

넷째, 얼마만큼 그리고 어떤 지점까지 서구의 휴머니즘이 파라휴머니즘으로 확장될 수 있는지를 완수하고 시험할 필요가 있다. 도나 해러웨이가 강조하듯이, 공동의 삶과 공동의 죽음 속에서 초개인적인 존재와 비인간 존재들의 현존을 의미 있게 마주하는 것이 어떻게 성공할 수 있는가? 점차 커지는 생명 및 의료기술의 가능성에 직면하여, 모든 관련된 행위자들의 소극적 권리뿐만 아니라 적극적 권리들도 어떻게 확장된 형태로 수정될 수 있는지에 대한 물음이 더 자주 제기될 것이다. 주지하다시피, 이러한 질문들은 지금 삶의 시작과 끝에 대한 기술화를 고려하여 이미 제기되고 있다. 미래에는 결정을 내리거나, 결정을 내릴 수 없거나, 결정을 내리기 위한 불충분한 근거에도 불구하고 결정을 내려야 하는 경우의 유형과 방식에 관한 질문들이 날카롭게 제기될 것이다. 이를 위해서 우리는 이론적으로 그리고 실천적으로 프로토콜과 사변을 통해, 그리고 서사와 이미지를 통해 사전에 준비를 해야 할 것이다.

우주시대, 미래 소년들의 몸은 어떻게 이상화되었나?[1]

이 글은 한낙원의 초기 과학소설 <잃어버린 소년>과 ≪금성탐험대≫에서 소년이 어떻게 이상적 남성상으로 만들어지고, 미래과학의 지도자로 부상했는가를 탐색한 것이다. 한낙원의 과학소설에서 '소년'들은 냉전시대 세계과학정치의 딜레마를 해결하기 위해 고안된 장치였다. 첫째, 소년들은 과학지식과 높은 도덕성이 체화된 탁월한 몸의 능력을 통해 만들어진 이상적 존재이다. 둘째, 소년들은 지배적 남성들과의 대비를 통해 우월한 남성의 지위를 획득하고, 소녀들과의 젠더 위계화를 통해 특권적 존재로 승격한다. 즉 소년들은 이상적이고 특권화된 남성-과학자-소년들로 재위계화된 범주였으며, 이를 통해 미래의 과학적 지도자로 부상한다.

우주시대 한낙원의 소년들은 이제 우리의 과거가 되었다. 한낙원이 꿈꾸었던 미래의 소년들은 세계평화와 우주평화를 위해 헌신한 과학자들이었다. 그러나 한낙원은 이상화되고 특권화된 소년들, 소녀들을 배제하고 위계화한 소년을 설계했다. 과연 소년들의 과학정치는 세계평화와 우주평화를 가져왔을까? 우리는 미래를 설계하는 방법을 다시 성찰해야 한다.

임지연

과거 우주시대가 있었다. 1957년 소련 최초의 인공위성 스푸트니크가 발사되고, 1969년 미국의 유인우주선 아폴로 11호가 귀환하기까지 미소의 우주개발을 둘러싼 경쟁의 시대였다. 과학은 눈부신 발전을 이루면서 거대과학이 되었던 시대였다.

전쟁을 막 끝낸 후진국 한국은 어떻게 하면 탈후진하고 세계적 수준에 도달할 것인가에 골몰했던 때였다. 그것이 당대의 근대성 인식이었다. 탈후진의 꿈은 세계/국제로 날아가는 방법을 상상하게 했다. 특히 우주시대 과학주의자들은 전쟁으로 폐허가 된 한국을 과학적 상상을 통해 선진화된 한국의 미래를 제시하고자 하였다. 한국 창작과학소설의 맨 앞줄에 섰던 한낙원이 그 대표적인 예다.

이 글은 한낙원의 초기 소년용 과학소설에서 미래의 소년들이 어떻게 미래의 지도자, 미래의 과학자로 성장하는지를 탐색하고자 한다. 과학소설 속 미래의 소년들은 자신의 몸을 어떻게 상상했는지, 어떤 국가와 미래를 상상했는지, 그리고 어떻게 새로운 남성성을 구성하려고 했는가를 알아볼 것이다.

이제 한낙원의 소설 속 미래의 소년들은 우리의 과거가 되어 버렸다. 2010년대 우리들은 한낙원의 소년들로부터 미래를 성찰할 필요가 있다. 한낙원의 과학소설을 읽으며, 미래를 설계하고 상상하는 정치적 방향에 대해 성찰할 수 있는 기회가 될 것이다.

우주시대, 한낙원은 왜 과학소설을 썼을까?

1961년 5월 한국의 지식장을 선도했던 잡지 <사상계>에 우주여행에 관한 좌담이 발표된다.[2] 같은 해 4월 소련의 유인우주선 보스토크호가 선회비행 후 귀환하고, 5월 미국이 유인 탄도비행실험에 성공한 직후였다. 이 좌담에서 과학평론가 김홍우와 육사 대령 최영두는 우주여행의 꿈이 이루어졌다는 사실을 전제로 우주여행이 과학, 정치, 경제, 군사, 인류복지의 차원에서 어떤 의미를 가지는지 다각적으로 짚어 내고자 하였다.

그러나 좌담자들은 소련 깎아내리기와 미국 편들기, 우주경쟁과 평화적 이용, 우주전쟁과 과학적 탐구심, 우주경쟁의 군사적 의미와 인류복지 개념들을 혼란스럽게 사용하였다. 1961년 세계는 미소 간 핵금지조약이 체결되었지만 곧 핵실험을 재개하면서 냉전은 격화되고, 다른 한편으로 미소 중심의 냉전체제를 벗어나고자 하는 비동맹국 정상회담이 개최되는 등 정치적 소용돌이가 심화되었다. 이 시기를 전후로 한낙원의 과학소설 <잃어버린 소년>[3]과 ≪금성탐험대≫[4]가 신문과 잡지에 연재되었다.

한낙원의 초기 과학소설은 우주시대[5]의 특징이었던 냉전과 세계평화, 반공과 인류애가 착종된 전후 냉전구도를 재현하면서 동시에 그것을 불안정하게 하는 효과를 낳았다. <사상계> 좌담자들처럼 냉전구도 속에서 혼란스러운 진자운동을 하고 있었기 때문이다. 한낙원의 과학소설은 내용적 혼종성과 스페이스 오페라라는 장르[6]적 특성을 결합하여 당대 세계 우주개발담론을 스펙터클하게 펼쳐 냈다. 그의 과학소설은 냉전, 스파이, 추리, 소년모험, 스페이스 오페라라는 수사를 붙일 만큼 당대의 세계사적 컨텍스트를 활용하였다. 게다가 '퍼스트 컨텍트'나 '3대 로봇 윤리'와 같은 SF 문법들을 비빔밥처럼 버무려 내고 있다.[7] 이 글은 한낙원의 초기 과학소설에서 과도하리만큼 다양하고 혼종적인 의미들이 '소년' 인물들을 통해 재의미화된다는 점에 주목하였다. 즉 소년들이 어떤 방식으로 이상화, 특권화되면서 세계과학의 지도적 위치를 선취하는지에 관심을 두고 있다.

한낙원의 이력은 독특하다. 평안남도 용강 출생으로 월남 전 상업 및 공업과 관련된 직업을 가졌으며, 월남 후 공군과 유엔에 근무한 경력이 있고,[8] 과학방송극을 시작하면서[9] 과학소설에 관심을 가지게 된다. 개인적 맥락에서 볼 때 우주시대를 전문적으로 해석할 수 있는 과학 지식과 군사 지식을 가지고 있었다고 짐작할 수 있다.

한낙원은 1961년 ≪새로운 원자력 지식≫[10]을 출간했을 만큼 원자력에 대한 전문적인 지식을 가지고 있었다. 원자력은 원자탄과 함께 2차 세계대전 후 전 세계가 뜨거운 관심을 보였던 과학개념이었다. 그리고 인류문명의 동력으로 사용할 에너지원이라는 점에서 현대과학의 핵심으로 부상하고 있었다. 즉 '나쁜' 과학이 원자탄이라면, '선한' 과학은 원자력발전소와 같은 것으로 인식되었기 때문에 복합적 의미를 지닌 이슈였다. 게다가 1959년 한국에 연구용 원자로가 도입되었는데, 이는 원자력의 평화적 이용이라는 목적과 함께 암치료나 농업증산과 같은 행복한 원자력 시대를 예고하는 것으로 인식하게 했다.[11] 그렇기 때문에 원자력 문제는 탐구해야 할 과학지식일 뿐 아니라, 빈곤한 후진국으로부터 벗어날 수 있는 현실적 자원으로 여겨졌다. 한낙원이 얼마나 현대과학에 예민하게 반응하고 있었는지를 알 수 있다.

한낙원의 ≪새로운 원자력 지식≫은 원자력의 역사를 대중적으로 접근한 과학서이다. 이 책을 주의 깊게 살펴봐야 할 이유는 그의 과학소설이 이 책의 미래 부분을 채워 넣는 역할을 하기 때문이다. 이 책은 원자를 탐구하던 고대 그리스부터 원자력이 발견되고 원자탄 및 수소탄이 만들어지던 현대에 이르기까지 과학자를 중심으로 기술되어 있다. 특히 현대 우라늄 핵융합 발견을 둘러싼 나치 독일 진영과 미국 중심 UN의 과학자들이 원자력개발을 선점하기 위한 일촉즉발의 순간들을 세심하게 다룬다. 제2차 세계대전을 전후한 원자탄 담론의 핵심은 제2차 세계대전을 일으킨 독일과 일본에 전쟁을 종식시킬 수 있는 평화적 무기라는 '원자탄 신화'와 함께, 원자탄이 신체화된 '(소련)스파이'로 재현되는 것이었다.[12] 한낙원은 이와 같은 당대의 담론을 반영한 원자탄 서사를 흥미롭게 서술하였는데, 특별한 것은 평화적 사용을 위한 과학자의 능동적 역할을 강조한다는 점이었다.

그가 원자력의 역사에서 주목한 것은 과학자들이 점유한 이중적인 위치였다. 원자력은 과학자들의 탐구과정 속에서 발견되었지만, 이것이 사용되는 방식은 '나쁜' 원자탄이거나 '좋은' 원자력발전소 같은 형태라는 것이다. 또한 원자탄 역시 제2차 세계대전 종식이라는 평화적 기호로 사용되지만 동시에 인류를 절멸시킬 가공할 무기라는 이중성을 놓치지 않았다. 히틀러가 원자탄 개발을 하고 있으니 미국이 먼저 개발에 성공해야 한다고 주장하고, 그럼에도 일본에 원자탄 투하를 반대한 사람도 과학자였다는 사실을 상세하게 소개하고 있다.

한낙원의 메시지는 분명하다. 과학은 평화적 이용이 가능하고, 과학발전이 나아가야 할 방향은 여기에 있으며, 선한 과학자의 역할이 중요하다는 것이다. 여기서 핵심은 그 중심에 소년이 있다는 점이다. 그는 우주여행을 통해 지구보다 살기 좋은 별들을 발견할 때 "그 얼마나 웅장하고 통쾌"한지 감탄하면서 "젊은이들이 그것을 위하여 꿈을 기르고 오늘의 최선의 노력"[13]에 의해 실현될 수 있다고 강조하였다. 이 책에서 언급된 "젊은이들"은 한낙원의 <잃어버린 소년>과 ≪금성탐험대≫의 '소년들'로 형상화된 것처럼 보인다. 그의 과학소설은 이 책의 미래버전이라고 해도 과언이 아니다. 현대과학이 가지는 난제를 통해 문학적 해결방법을 제시하고자 한 것이다. 따라서 과학소설은 한낙원이 필연적으로 선택할 수밖에 없었던 장르였다고 볼 수 있다.

한낙원의 소설에서 소년 주인공의 문제는 그가 파악한 당대 세계 과학담론장의 문제의식과 연동된다. 그는 과학이 평화적 이용이 가능하다고 보았고, 그것이 과학의 미래라고 생각했다. 따라서 미래과학의 주체는 이상적인 지도자, 좋은 과학자의 면모를 품어야 한다고 강조한다. 그것이 소년으로 형상화되었다. 즉 원자탄과 핵전쟁, 세계 냉전체제를 일으킨 '나쁜' 과학(자)으로부터 어떻게 벗어날 것인가라는 문제의식을 공유했던 것이다. 그것은 시대가 요청하는 선한 과학자로서의 이상적 남성성,

특권화된 남성성의 문제와 직결된다.

소년들의 '몸'은 어떻게 이상화되었을까?

한낙원의 <잃어버린 소년>과 ≪금성탐험대≫는 스페이스 오페라적 특성을 띠는 장편 과학소설이다. 먼저 내용을 보자. <잃어버린 소년>은 10대 초중반의 소년 용이와 철이, 그리고 소녀 현옥이 삼총사 구조를 이루어 임무를 수행하기 위해 우주선을 타고 떠났다가 실종된다. 소년들은 다른 별에서 온 문어처럼 생긴 우주괴물과 전쟁을 치르면서 지구의 원자탄 투하를 막아 낸다. 소년들은 무사히 귀환하여 세계적 과학자가 된다는 내용이다. ≪금성탐험대≫는 미국 우주선 V.P호와 똑같이 만들어진 소련 우주선 C.C.C.P호가 화성탐사 경쟁을 벌이는 이야기이다. 소련인 니콜라이는 주인공 소년 고진을 납치하여 소련 우주선에 태우고, 미국 우주선에 탄 박철, 최미옥, 윌리엄 중령 등은 죽을 고비를 넘기며 화성에 도착한다. 화성에서 이들은 내분을 일으키고 괴생명체와 싸운다. 소년들은 화성탐사를 마치고 무사히 지구로 귀환한다는 이야기이다.

한낙원의 두 소설은 지구전쟁과 우주전쟁이 사건의 큰 축을 이룬다. 두 작품에 나타나는 서사는 두 개의 전쟁이 발발하는 디스토피아적 상황과 미래에 대한 유토피아적 해결이 중첩되어 있다. 먼저 두 개의 전쟁이 어떤 것인지 살펴보자. 지구전쟁은 당대 미소 중심의 냉전시스템에 의한 전쟁인데, 이는 내부의 적인 소련인 및 일본인과 갈등관계로 나타난다. 이는 이데올로기적으로 반공(소) 및 반일의식이 반영되어 있으며, 내부 타자에 대한 공포감이 표현된 것이다. 반면 우주전쟁은 외계인과의 충돌에 의한 전쟁인데, 다른 별에서 온 괴물인 외부의 적과 전선이 만들어진다.

이는 낯선 타자에 대한 과학적 호기심과 공포를 반영한다. 그런데 이 두 전쟁은 역설적 관계에 있다. 지구전쟁(냉전)이 약화될 때는 우주전쟁의 규모가 커지고, 반대로 냉전이 강화될 때는 우주전쟁은 규모와 밀도가 약화된다.[14] 이처럼 지구전쟁과 우주전쟁을 치루면서 소년들은 두 개의 적과 싸워야 하는 극한의 상황에 처하게 된다. 우주시대 소년이 구성되는 방식은 이처럼 특별한 데가 있었다. 지구전쟁과 우주전쟁을 승리로 이끌면서 전쟁을 평화로 전환시켜야 하는 세계사적 임무가 주어진 것이다. 그 임무는 소년에게 부여되었다.

그렇다면 지구전쟁과 우주전쟁을 주도하는 소년들의 소년성은 어떻게 만들어질까? 그것은 몸의 능력과 관련된다. 일반적으로 소년[15]들은 신체발달과 운동능력이 강조되는데, 자신감, 성취감, 안정감과 함께 사회적 평가를 높게 받을 수 있[16]기 때문이다. 소년들의 행동성은 강하게 부각된다. 소년들의 몸은 훈련받은 성인 남성군인들처럼 강할 뿐 아니라, 과학지식과 도덕성이 체화됨으로써 이상적인 존재로 승격된다.

두 작품 속 소년들은 안으로는 나쁜 과학자와 싸우고,[17] 밖으로는 우주괴물과 싸운다. 두 개의 적들과 싸워 승리하기 위해서 소년들의 몸은 강인하고 유연하게 표현된다. 한낙원은 기계와 인간 몸의 융합[18] 형태인 증강신체까지는 상상하지 못했다. 따라서 인물들은 기술적으로 가공되지 않은 '몸 자체'[19]로 존재한다. 물론 여기서 몸은 중립적인 몸이나 생물학적 몸을 말하는 것은 아니다. 소년들은 우주적 상황 속에서 몸을 통해 인간임을 드러낸다. 게다가 소년들의 몸에 과학지식과 높은 도덕성이 체화되면서 몸의 능력은 더 확장된다. 그 과정을 두 개의 전쟁 구도 속에서 살펴보기로 하겠다.

첫째, 지구전쟁을 수행하면서 소년들은 이상적인 남성의 몸으로 만들어진다. 잠재되어 있던 소년들의 신체능력은 적들과 몸싸움을 벌이며 시각적으로 드러난다.

> 니콜라이 중령은 다이얼을 다시 맞추려고 했으나 고진이 뒤로 덮치는 바람에 손에 쥐었던 열쇠만 떨어뜨리고 말았다. 두 사람은 물속에서 얼사안고 격투를 하듯이 좁은 우주선 안의 벽을 이리 받고 저리 부딪치며 옥신각신 하던 끝에 고진 군이 열쇠를 쥔 채 격투는 끝났다.[20]

위 인용문은 ≪금성탐험대≫의 주인공 소년 고진과 소련 과학자 니콜라이가 비밀무기 열쇠를 빼앗기 위해 격렬한 몸싸움을 벌이는 장면이다. 두 인물은 적대적 관계에 있다. 니콜라이는 우주항공학교의 교관이자 군인으로서 신체능력과 전투능력이 탁월한 남성이다. 그럼에도 소년 고진은 몸싸움에서 그를 이긴다. 게다가 과학지식에서도 앞서 있다. 고진은 니콜라이가 권총으로 위협하자 열쇠를 우주선 밖으로 버린다. "무중력 상태의 우주에서는 우주선이 이끄는 인력 때문에 열쇠가 어디엔가 달라붙"는다는 과학지식을 알고 있기 때문에 기지를 발휘한 것이다. 결국 소년 고진은 몸싸움과 지식싸움을 통해 "억센 사나이" 니콜라이를 제압한다.

특히 ≪금성탐험대≫에서 니콜라이는 나쁜 과학자의 전형을 보여주는데, 소련의 스파이로서 생명경시, 영웅주의, 출세주의가 앞서는 인물이다. 니콜라이는 "우리가 성공하면 영웅 훈장이 기다리고 패하면 개죽음이 기다린다는 걸 알아"야 한다고 강조하면서 다른 과학자들을 사지로 몰아넣는다. 반면 소년들은 책임의식, 보편적 생명의식, 자기희생의 윤리가 체화되어 있다. 이들의 대결구도는 소년들이 몸과 지식, 도덕성의 측면에서 우월하다는 것을 증명하는 소설적 장치라고 할 수 있다.

또한 소년들의 몸은 도덕성에 의해 더욱 강화된다. 위험상황으로부터 탈출하려는 소년들에게 책임감과 용기, 희생, 자립성과 같은 도덕성이 부여된다. 소년들의 도덕성[21]은 문제를 해결할 수 있는 근원적 동력으로 작용한다.

> '이러다가 도중에서 이 배가 떨어지면? …… 우리가 이 공중에서 죽는 것은 일없지만 원 박사님에게 면목이 없다……. 아, 우리를 믿고 시킨 심부름이 나무아미타불이야……. 아니 그보다도 무슨 중대한 일이 꼬일지도 몰라……'[22]

<잃어버린 소년>에서 철이는 외계괴물에게 납치되어 가면서도 자신의 안위보다 원 박사가 지시한 임무수행을 더 염두에 둔다. 소년은 죽음에 직면해서도 "자기가 해야 할 책임을 깨달은 마음이 불타오"름을 느낀다. 죽음을 무릅쓰고라도 원 박사의 특명을 수행해야 한다는 공적 책임감과 헌신성이 발휘되는 것이다. 이러한 도덕성은 지구를 구하는 내적 동력으로 작용한다. 소년들은 자기희생과 용기, 책임감, 생명적 가치, 인류애라는 숭고한 도덕성이 체현되어 있는데, 도덕성을 발휘하면서 모든 위기를 극복한다.

높은 도덕성이 체화된 소년은 소년독자들을 위한 계몽성이라고만은 할 수 없다. 한낙원은 냉전으로 인해 3차 핵전쟁이 일어날 수 있다는 현대과학의 위기와 공포에 동의하고 있었다. 하지만 한낙원은 현대과학이 가지는 이중성 중에서 희망과 진보 쪽에 가치를 두었다. 그에게 미래는 선하고 윤리적인 과학자에 의해 세계평화가 도래할 것이라는 믿음이 전제되어 있었다. 그것은 당대 세계평화를 위한 도덕적 정치체인 '세계정부'에 대한 구상으로 나타났다.

<잃어버린 소년>에서는 지구는 "각 나라 대표가 모여 세계연방 정부를

만들고 거기서 세계연방의 원수를 뽑"고, "원자탄 생산도 안 하고 잠수함은 여객선과 상선으로 바꾸었다. 군대는 해산된 지 오래였다. 다만 과학 시설만이 고도로 발달"[23]한 시대로 묘사된다. 어떤 방법으로 냉전체제가 소멸되고 평화가 도래했는지 생략되어 있다는 한계가 있지만, 세계정부에 의해 냉전체제는 사라지고 평화시대로 그려져 있다.

세계정부론은 20세기에 3차 세계대전이 필연적으로 발발할 것이라는 예측과 함께 등장한 대안담론이었다. 아인슈타인과 함께 세계평화운동을 벌였던 철학자이자 과학자 러셀이 주도한 세계정부론은 인류절멸을 막기 위한 이상적 정치체였다. 이러한 세계평화구상은 한국에서는 현실적으로 매개되지는 못했다.[24] 냉전체제가 고착화될수록 한갓 공상에 불과한 것으로 축소되고 말았던 것이다.[25]

이 시기 한낙원의 과학소설에 이상적인 세계정부가 구현되었다는 점은 상당히 흥미롭다. 그는 과학소설을 통해 그것을 적극적으로 상상하였다. 실제로 한낙원은 20년 후에 "유엔은 세계연방정부로 발전하게 될" 것이라고 단언하기도 하였다.[26] 그에게 미래는 과학의 발전을 전제로 하기 때문에 공상이 아니라, 예측 가능한 시간이었다. <잃어버린 소년>에서 그려진 세계정부는 러셀의 세계정부론과 흡사하다.[27] 외계괴물이 지구를 공격해 오자 세계정부는 방어체계를 구축하는데, 이 과정에서 분열하고 경쟁하던 개별 과학자들은 "집안 식구"[28]처럼 단합하여 진정한 세계평화에 도달하게 된다.

주목할 것은 미래세계의 평화는 과학자들에 의해 주도된다는 점이다. 누가 세계평화를 이룩해야 하는가? 한낙원은 그것이 소년 과학자여야 한다고 강조한다. 그래서 소년들은 자기를 희생하고 인류애를 발휘할 수 있는 도덕성이 체화되어 있어야만 했다.

둘째, 우주전쟁에서 외부의 적과 싸우면서 소년들의 이상적인 몸은 호쾌하고 과장된 행동성으로 부각된다. 지구전쟁에서 소년들의 적은 같은 지구인이었지만, 우주전쟁에서 적은 낯설고 그로테스크한 우주괴물이나 우주환경으로 나타난다.

외부의 적과 싸우는 소년들은 탁월한 몸의 능력을 강하게 드러낸다. 이때 몸은 외계괴물에 의해 고통을 받는다고 할지라도, 괴물성과 대비되어 시각화된다. 본격 과학소설이 과학적 상상력에 토대한 낯선 세계의 창출을 통해 기존의 관습화된 경험적이고 일상적인 세계를 새롭게 인식하는 장르라면,[29] 스페이스 오페라는 감각적 낯섦에 모험과 추리 서사를 결합하여 흥미와 오락에 비중을 둔다. 한낙원 소설의 스페이스 오페라적 특성은 우주전쟁에서 외부의 적과 싸울 때 더 분명해진다. 외부의 적은 외계행성에서 온 우주괴물이거나 낯선 행성, 우주공간으로 설정되면서 흥미로운 스펙터클을 제공한다. 이때 소년들은 보다 탁월한 신체능력을 발휘한다.

> 철이는 얼굴이 파랗게 질려서 그 문어의 발을 떼려고 애썼다. 그러나 좀체로 떨어지지 않았다. 철이는 안타까운 듯이 문어의 발을 탁 치고 달아나려고 했다. 그 바람에 문어의 발은 떨어져서 철이의 허리를 감은 채 따라왔다. 철이는 문어의 발이 허리에 감긴 채 문을 박차고 밖으로 뛰쳐나왔다. 문을 쾅 닫고 걸음아 나 살려라 구르듯이 복도를 타고 내려왔다. 선장이 울부짖는 소리가 뒤에서 들렸다.[30]

과학소설의 장르적 특징 중 하나는 주인공이 등장인물이 아니라, 그를 둘러싼 독창적 세계이다.[31] 독특하고 낯선 환경이 인물만큼이나 중요한 요소로 작용하기 때문이다. 한낙원의 과학소설에 나오는 외계생명체와 외계행성은 낯섦과 경이감을 부여한다. 이는 낯선 우주환경을 헤쳐 나가야 하는 소년들의 탁월성을 드러내기 위한 소설적 장치이다. <잃어버린 소년>에서 지구를 침공하는 외계인은 "문어 같은 그 얼굴, 울퉁불퉁한 그 머리, 눈이 앞면에 두 개 머리에 한 개 붙어 있"[32]는 괴물로 묘사된다.[33] 문어를 닮은 괴물[34]과 뒤엉킨 소년의 몸은 그 자체로 스펙터클하다. 괴물 선장의 다리가 몸을 조여와도 괴물의 아랫도리를 마구 차고, 괴물 다리를 잘라내면서 탈출해야 하는 것이다. 소년들은 문어 같은 우주괴물과 대비되면서 인간적 몸의 정상성을 전시한다. 우주괴물의 육체와 비교될 때 소년들은 상대적으로 더 호쾌하고 강력한 몸의 이미지로 드러난다.

우주전쟁은 우주모험의 특징을 갖는데, 소년들은 낯선 행성을 탐사하면서 과학적 호기심을 충족시킨다. 우주탐사를 통해 소년들은 우주과학자적 면모를 습득한다.

> 고진은 기가 찬 듯이 석순石筍같이 생긴 돌 가지를 총대로 쿡쿡 찔러 보았다. 그러자 기다랗게 솟아 나온 매듭진 돌가지는 이내 총대를 감기 시작했다. '무엇이?' 고진 후보생은 깜짝 놀라서 총대를 다그쳤다.
>
> "무엇이?"
>
> 고진 후보생은 깜짝 놀라서 총대를 다구쳤다.
>
> "이런 놈 봤나. 쇠를 감는 돌이 다 있어?"
>
> 고진은 이번에는 수건을 내밀어 보았다. 그랬더니 그 돌 가지는 앞서처럼 민활하지는 못하지만, 그래도 수건을 감으려 드는 것이다.[35]

이 시기 우주개발은 대중적으로 우주여행에 대한 판타지로 전환되기도 하였다. 우주여행은 '월세계 나들이'로 불렸을 만큼 여행이라는 대중적 지평으로 확장되었다. 한낙원은 우주여행에 대한 대중적 열망[36]을 과학소설로 실현시켰다고 봐도 좋을 것이다. <잃어버린 소년>에 "독일의 우주여행 협회장"(182)이 나오는 것을 보면, 한국은 우주여행에 대한 세계적 호응을 주시하고 있었던 것이 분명하다. 소년들은 낯설고 경이로운 행성을 탐사하면서 우주과학자로 성장한다. ≪금성탐험대≫의 후반부에 나오는 금성탐사 장면은 괴룡, 괴조, 괴물질, 알파성인, 로봇, 화산이나 사막 등 낯선 우주 환경을 주인공으로 삼는다. 낯선 외부의 적이 오히려 흥미로운 주인공이 되는 셈이다.

위 인용문에서 소년 고진은 동식물이 아닌 '열에 민감한 돌가지'를 만나면서 제3의 물질과 새로운 우주물질을 탐사한다. 소년은 "모든 과학지식을 동원하여 상상의 날개를 펴"며 우주과학을 몸으로 경험하는 것이다. 이를 통해 소년들은 신체능력과 모험심, 과학적 탐구력이 강화된다. 소년들은 "인제는 괴물이 무섭지 않"[37]은 상태가 되는 것이다.

우주전쟁을 경험하면서 소년들의 도덕은 개인적 희생이나 용기, 자조뿐 아니라, 이념을 넘어선 생명성으로 확장된다. 소년들은 소련인들을 도움으로써 인류애를 실천하고자 한다. 소년들의 도덕적 우위는 이념적 우위의 다른 말이기도 하다. 소년들은 자유세계진영의 관점에서 도덕성을 드러내기 때문이다. 나아가 이들은 우주평화를 주도한다. ≪금성탐험대≫에서 소년 고진의 주도하에 "지구인과 알파성인들 사이에 문화 교류"를 하게 되고, "지구인은 활짝 웃으며 그들을 안아 주고, 알파성인은 지구인의 머리와 등을 쓰다듬"[38]는 친밀한 관계를 이룬다. 이처럼 우주적 평화는 소년들에 의해 성취된다.

두 개의 전쟁을 치르는 소년들은 세계적 과학자, 지도자로 성장한다.

소년들의 몸은 전투에서 승리할 수 있는 신체로 강화되고, 과학지식은 위험을 돌파할 수 있는 힘으로 활용되며, 도덕성은 위기를 돌파할 정신적 에너지로 더욱 빛을 발하면서 미래과학시대가 요청하는 이상적 남성들로 성장한다고 볼 수 있다.

소년들은 어떻게 '진짜' 소년으로 특권화되었을까?

앞에서 소년들이 이상화되는 과정이 몸의 측면, 즉 탁월한 과학지식과 숭고한 도덕성으로 체화된 강력한 몸에 있었다면, 이들이 미래의 지도자 '진짜' 소년으로 특권화되는 방식은 남성성의 재배치과정에 있다. 여기서는 다른 남성 및 소녀와의 관계를 통해 재구성되는 소년의 의미를 살펴볼 것이다.

청소년은 급격한 몸과 마음의 변화를 경험하면서 독립적이고 성숙한 성인으로 전환해 가는 과도기적 존재로 정의된다.[39] 이처럼 성숙한 남성으로 성장해 가는 과도기의 소년들이 어떻게 미래세계의 지도자가 될 수 있을까? 그것은 소년들이 성인 남성들을 제패하고, 새로운 미래의 남성성[40]을 제시하는 과정에서 도출된다. 지배적 남성성이 미래 우주개발시대라는 조건과 결합하면서 새로운 남성성 개념으로 재배치되는 것이다. 한낙원의 과학소설 속 인물들은 주로 남성들이다. 일반적으로 과학과 전쟁의 영역에서 남성들이 헤게모니를 장악하였다. 특히 당대 우주개발은 미소를 중심으로 한 지구적 차원의 전쟁이었고, 우주를 대상으로 한 제국주의적 호전성이 개입되어 있었다. 따라서 우주개발의 영역은 지배적 남성들의 영역으로 설정되어 있다. 그런데 한낙원의 소설에서 남성들 간의 관계가 재배치되고 재위계화되는 과정이 나타난다. 여기서 남성들 사이의 헤게모니가 작동되고, 주변화 과정을 통해 남성성의 개념도 변한다는 점을 주목할 필요가 있다.[41] 소설에서 소년의 의미가 구성되는 방식과 새로운 남성성이 만들어지는 과정은 일치한다.

한낙원의 과학소설의 기본 구도는 전쟁 서사이다. 소설은 남성들의 무대로 전개된다. 소년들은 성공적으로 남성들의 영토에 도달하여 남성 중의 남성으로 등극한다. 한낙원의 과학소설은 스페이스 오페라적인 오락성을 제공할 뿐 아니라, 미래과학자의 정체성을 상상하고자 하였다. 지구전쟁과 우주전쟁이라는 극단적인 디스토피아적 상황을 누가, 어떻게 타개해 갈 것인가라는 질문이 주제인 것이다. 1960년대는 '현대적 과학기술체제의 형성'기였지만, 1966~1967년경 이후부터 한국의 과학기술정책은 정권의 주도하에 본격화되었다.[42] 그것은 과학이 경제로 번역될 수 있다는 이점을 발견하게 된 이후였다. 즉 '과학기술진흥은 조국근대화의 지름길'[43]로 인식되던 시기와 맞물린다. 그렇게 본다면 한낙원의 두 작품이 발표되던 시기에는 미래의 한국을 세계적 지평 위에서 상상하는 수밖에 없었다. 이 시기 과학주의는 박정희 체제의 국가주의적 강박이 그다지 심하지 않았던 때였다고 봐도 된다.[44] 한낙원은 과학소설이라는 장르를 충분히 활용할 줄 알았다. 그는 미래세계를 탈후진적 세계주의 지평에서 펼쳐 냈다. 그런 점에서 한낙원의 과학소설은 1968년에 발족된 'SF작가클럽'의 창작소설이 갖는 애국적 과학주의와의 차이[45]가 있다고 볼 수 있다.

한낙원은 세계사적 지평 위에서 기존의 지배적 남성성을 해체하고 재위계화함으로써 소년의 지위를 최고의 자리로 승격시키고자 하였다. 이는 새로운 남성성[46]에 대한 상상이다. 소설에서 재위계화의 방식은 노과학자, 패권적 남성 과학자, 소녀와의 대비를 통해 이루어진다.

첫째, 노과학자와의 대비를 통해 소년들은 세대교체의 주역이 된다. 그것은 흥미롭게도 최고의 권위를 가진 노과학자가 실패자로 전락하는 서사로 전개된다.

> 원 박사의 병은 늙은 몸이어서 밖의 상처도 빨리 회복되지 않았지만 마음에 입은 상처가 너무나 커서 정신병자처럼 자꾸만 헛소리를 하였다.
>
> "이놈 내 훈련생을 내놔! 재 제자를 내놔! 으하하하 …… 이놈아! 네가 괴물이냐? ……"
>
> 이러기도 하고
>
> "이놈 괴물이 어디 있냐, 나오너라! 히히 으하하 ……. 내가 너희들을 죽였구나 으하하 ……."
>
> 이러기도 하고
>
> "아니 달이 폭발했다구? 으하하하 ……그래그래 지구도 폭발해라! 으하하 ……"
>
> 그러기도 하였다.
>
> 원 박사는 자기가 보낸 애들과 허 교수가 돌아오지 않아서 누구에게 말도 못 하고 속으로 병이 난 것이었다. 그 위에 달이 터지고 지구가 터지고 또 괴물과 싸우기에 마음과 몸이 지칠 대로 지친 것이었다.[47]

<잃어버린 소년>에서 한라산 우주과학연구소 소장인 원일 박사는 아인슈타인처럼 생긴 백발의 노과학자로 묘사되고,[48] 노벨상을 받은 전자물리학자이며, 우주괴물이 쳐들어오자 세계정부가 구성한 지구방위위원회 위원장으로 활동하는 인물이다. "깊은 지식을 가지고도 겸손한 원 박사"는 한국 과학의 발우신성을 증명하는 긍정적 모델로 설정되어 있다. 그러나 원 박사는 상황이 악화되자 허약함을 드러내고 무력한 존재가 된다. 특별임무를 수행하는 세 소년이 실종되고, 우주괴물이 습격했다는

보고가 거짓으로 몰려 세계정부 재판대에 서게 되자 원 박사는 실의에 빠져 상황을 악화시키고 만다. 소년들을 잃어버린 가장 큰 이유는 원 박사의 이기심 때문이었다. 우주개발 과정에서 "지구와 비슷한 별이 있다는" 보고를 받고 "자기 자신이 그 별에 먼저 가 보고" 싶은 나머지 우주선의 완성을 독촉한다. 그 과정에서 소년들에게 특명을 주었는데, 소년들은 어디론가 사라졌다는 것이다. 그의 성공제일주의는 개인의 성공을 우선시하는 비도덕성과 관련되어 있다. 나 박사는 정신병자가 되어 미친 듯이 웃어대며 혼자 우주선을 타고 나가 상황을 악화시킨다. 그는 위험한 지구를 구해 낼 수 있는 지도자가 아니었다. 한낙원은 그것을 노쇠한 몸과 상처 입은 정신으로 반복하여 표현하고 있다. 원 박사는 늙은 몸과 지도력 부재의 실패한 과학자로 전락하고 만다. 기존의 지배적 권위를 가진 남성성이 몰락해 가는 과정이라고 할 수 있다.

반면 소년들은 우주괴물을 물리치는 방법을 알아내고 지구를 구하게 된다. 원 박사는 "나는 늙어서 이 일의 전 책임을 질 수 없게 되었"다고 말하며 우주과학연구소를 소년들에게 맡기기로 결정한다. 소설은 젊은 소년들과 늙은 원 박사의 대비를 통해 세대교체의 욕망을 드러내고 있다. 늙은 몸은 새로운 과학시대의 남성 지도자로 부적합하다는 것이다.

둘째, 패권적 남성 과학자와의 대비를 통해 드러난다. 패권적 남성[49] 인물은 소설에서 상당히 문제적이다. 특히 강력한 힘을 가진 이들은 복합적인 성격과 함께 경계지대에 존재한다. 이들은 소년들과 적대적 관계에 놓이면서 서사적 긴장감을 고조시키고, 나쁜 과학자의 전형으로 제시된다.

> 니콜라이 중령은 이미 결심한 듯이 하와이 우주 공항과 달을 왕래하는 우주선에서 일어난 스파이 사건들은 모두 자기가 한 짓이라고 고백했다.

그리고 나중에는 다음과 같은 이야기도 덧붙였다.

그는 고진을 정말 좋아했다. 그래서 납치까지 해서 금성에 데려왔는데 그것과 자기 스파이 행동과는 아무 상관이 없는 것이라고 했다.

또 그는 지구는 하나라는 말을 되풀이하였다. (중략) 그는 마지막 인사까지 끝내자, 목을 늘어뜨리고 눈을 감았다.[50]

≪금성탐험대≫의 주요 인물 니콜라이는 소련의 스파이로서 하와이 우주항공연구소의 교관으로 활동한다. 한낙원이 쓴 ≪원자력 이야기≫에 초창기 원자탄이 만들어지던 때 소련 과학자가 저지르는 스파이 이야기가 나온다. 과학이란 본래 나쁜 것도 아니고 좋은 것도 아니지만, 어떤 과학자가 어떻게 활용하느냐에 따라 달라진다는 것을 보여주고자 하였다. 그러한 맥락에서 스파이 소련인 니콜라이는 나쁜 과학자의 전형으로 묘사되었다.

한낙원은 '좋은/나쁜'의 기준이 과학이 인류를 위해 복무하느냐라는 코스모폴리탄적 관점에 있다고 보았다. 하지만 그 이면에는 냉전 이데올로기 혹은 반공주의가 드리워져 있다. 나쁜 과학자는 항상 소련의 과학자이거나[51] 2차 세계대전을 일으킨 일본과 독일의 과학자로 설정되기 때문이다.[52] 인용문에서 나쁜 과학자 니콜라이는 자기 죄를 고백하고 죽음을 맞이하게 된다. 죽음이라는 처벌을 내릴 만큼 나쁜 과학자로 그려진 강한 남성 니콜라이는 지도자라는 남성 헤게모니에서 배제된다.

니콜라이의 영웅 심리는 이기심이나 사회주의적 신념으로 표출되는데, 이는 과학이 무엇에 헌신해야 하는가라는 당대 과학적 주제와 연결된다. 니콜라이는 자신의 이익을 위해 우주비행사를 살해하고, 과학자들을 사지에 몰아넣는 행위를 서슴지 않았다. 그것은 자신이 훈장을 받기 위한 행동이면서 소련이 미국과의 냉전에서 승리해야 한다는 이데올로기 때문이었다.

반면 소년들은 소련 과학자들과 갈등하지만 이들의 생명을 보호하고 존중한다.[53] 니콜라이는 우주개발의 목적이 인류의 복지라고 생각한 한낙원의 생각을 위반하는 인물이다. 한낙원은 특정 개인의 이익이 아니라, "다만 인간으로서 생명"[54]인 보편 인류를 위한 생명가치를 우위에 두었다.

이는 당대 과학철학이 지향하는 윤리적 측면이었다. 1950~1960년대 휴머니즘의 한 부류인 과학적 휴머니즘[55]은 과학(생물학)과 휴머니즘이 결합된 새로운 사상이었다. 줄리언 헉슬리는 인간의 생명성을 다윈의 진화론 및 생물학에 기초하여 해명하고자 하였다.[56] 과학적 휴머니즘은 1950~1960년대 한국의 과학지식장에 활발하게 소개되었다. 과학을 통해 인류의 진화를 낙관하는 이 사상은[57] 반공주의, 반개인주의, 반종교주의적 입장과 세계정부론을 지지하였다. 그런 점에서 본다면 과학적 휴머니즘과 한낙원의 과학주의는 비슷한 입장을 공유한다. 한낙원이 과학소설에서 지향하는 미래의 구상이 어떤 조건하에서 만들어졌는지 짐작해 볼 수 있을 것이다.

또한 그것은 이념적으로 부정해야 할 범주들과 연결된다. 즉 반공주의, 반개인주의, 반종교주의, 반평화주의는 한낙원의 과학소설에 등장하는 패권적 남성 과학자의 면모와 정확하게 일치하고 있다. 주목할 것은 그 반대편에 소년들이 있다는 것이다. 소년들을 통해 보여주는 투표행위(민주주의), 책임과 헌신(반개인주의), 과학적 신뢰(반종교주의), 지구 구하기(평화주의)는 니콜라이가 결여하고 있는 윤리성이다. 한낙원이 니콜라이를 악랄하게 묘사하고, 결국 죽음에 이르게 하는 것도 그러한 윤리성 결여에 대한 비판이라고 볼 수 있다.

상대적으로 약한 패권적 남성 인물도 있다. 강한 패권적 남성처럼 소년들과 적대적이지는 않지만, 이들은 독선적이고 편협한 과학자이자 지도자로 설정된다. ≪금성탐험대≫의 윌리엄 중령이 해당된다. 미국 우주선의 선장으로 투입된 윌리엄 중령은 주어진 임무에 충실하지만, 낯선 우주환경에서 편협하고 유약한 인물로 변화한다. 과학적 호기심이나 과학의 인류애적 실현보다는 "우리는 본분을 잊어서는 안" 된다고 주장하는 규범적 인물이다. 그는 새로운 시도에 대해 망설이고, 이견 차이에 대해 감정적으로 대응하고, 상황이 악화되자 체념하며, 갑작스런 상황이 닥치면 당황할 뿐 아니라 실수를 연발하고, 결국 죽음에 이른다. 소설은 의도적으로 윌리엄의 취약지점을 노출시킨다. 패권적 남성 지도자들은 성격과 행동, 윤리의 측면에서 분명한 한계를 가지고 있다. 이처럼 소년들이 이상적 과학자 남성으로 승격되는 과정은 패권적인 성인 남성들과의 비교, 대조 속에서 위계화되는 과정과 일치한다.

셋째, 한낙원 소설에서 소년들은 소녀와의 비교를 통해 특권화된다. 소년들은 소녀를 포함한 명칭이다. 두 작품에서 주인공은 삼총사 형태로 두 명의 소년과 한 명의 소녀로 구성되어 있다. 미래의 주역인 10대의 청소년들을 소년/소녀로 분명하게 구획하지는 않았다. 그런 점에서 소녀 역시 미래세대인 소년들의 범주로 포괄된다고 할 수 있다. 소녀들은 우주선의 통신을 담당하는 임무를 수행하고, 재치 있게 행동하고, 사명의식을 가지며, 우주탐사 과정에서 어려움을 함께 하는 동지이다. 하지만 소년들과 비교할 때 미세하지만 분명한 차이가 있다. 소년에 비해 감정적 행동을 하거나 실수하는 미숙한 존재로 나타나기 때문이다.

> "괴물 …… 오면 …… 야단 …… 단추 …… 단추 ……."
>
> 철이가 목쉰 소리로 간신히 외쳤다. 그러나 모두 괴물과 맞붙어서 손, 발이 움직이지 않았다.
>
> 그때 책상 모퉁이에서 현옥이가 뇌까렸다.

"오빠, 어느 거?"

"빨—간—거! 오른—쪽!

철이는 선장이 더 목을 졸라서 간신히 이렇게 뱉었다. 현옥이가 오른쪽 벽에 다가갔다.

용이를 감은 괴물이 이것을 보고 현옥이 다리를 걸었다. 현옥이는 이 바람에 빨간 단추를 뺀다는 것이 노란 단추를 빼고 말았다. (중략) 그러는 동안에 현옥이가 흰 단추를 눌렀다.[58]

<잃어버린 소년>에서 현옥은 실수를 연발하고 상황판단을 잘못하며, 철없는 소녀로 그려진다. 위 인용문에서 소년 용이는 우주괴물 선장과 싸우는 중이다. 용이는 빨간 단추를 누르면 괴물들이 못 들어오게 될 것이라는 해법을 찾아낸다. 그리고 미옥에게 빨간 단추를 누르라고 말하지만, 현옥은 빨간 단추 대신, 노란 단추, 흰 단추를 누른다. 한낙원은 현옥이 임무수행을 못하도록 상황적 장치를 마련하고 있다. 현옥은 소설에서 미래의 소년들에 속하지만, 내부적으로 소년들보다 미숙한 존재로 그려진다.

위 인용문에서 소녀 미옥 역시 소년들과 다른 점이 있다. 소설에서 유일하게 우는 인물로 등장한다. 미옥은 금성탐사 중 죽은 과학자들을 애도하면서 "흐느껴 울"고 만다. 다른 패권적 남성들이나 소년들은 감정적인 대신 행동적이다. 소련 우주선의 여자 통신원 나타샤는 "고진 후보생을 존경하는 눈치로 지켜보"는 존재이다. 게다가 "여자의 약한 마음"[59]을 가졌다고 표현된다. 소년들의 실수는 분노감이나 과도한 사명감 때문에 발생하지만, 소녀들의 실수는 무능함과 약함 때문에 발생한다.

한낙원은 소년/소녀의 젠더적 차이를 분명하게 의식하고 서술하였다.

집단형태의 주인공이지만 소년과 소녀는 내부적으로 위계화되어 있다. 소년들보다 덜 행동적이지만 더 감정적이고, 문제를 해결하기 위한 용감성보다 재치 있는 존재로 그려졌다. 소년들은 젠더 위계화를 통해 소녀들보다 우위를 점하고, 미래과학의 진짜 주인공으로 된 것이다. 엄밀하게 말하자면 이상적인 소년들이란 남성-소년이었던 것이다. 이들은 기존의 낡은 남성들을 대신할 미래의 새 시대를 이끌어 갈 예비 남성 과학자로 호명되었던 것이다.

미래를 어떻게 설계할 것인가?

미래사회의 지도자는 누구여야 하는가? 미래과학 한국은 어떠해야 하는가? 이 질문의 답은 소년에 있었다. 엄밀하게 말하자면 이상적이고 특권화된 남성-과학자-소년들이다. 한낙원의 과학소설에서 소년의 의미를 묻는 것은 초창기 한국 창작과학소설이 왜 청소년용 소설이 주를 이루었는가에 대한 해명이기 때문에 중요하다. 청소년용 창작과학소설이 창작된 이유는 단지 과학에 흥미를 느끼고 과학적 계몽의 대상이어야 하는 이들이 청소년이기 때문만은 아니다. 또한 과학을 통한 부강한 근대국가 만들기라는 국가주의적 기획 때문만은 아니다. 그것은 막다른 위기에 처한 냉전과학과 세계정치에 대한 비전을 소년에게서 찾은 한낙원의 SF적 해답이었다. 따라서 1950~1960년대 한낙원의 과학소설은 흥미 위주의 스페이스 오페라가 아니라, 냉전과학과 세계정치, 그리고 미래 한국에 대한 상상이 결합된 텍스트라고 할 수 있다.

한낙원의 소년들은 이상적인 미래의 지도자라기보다, 과거 낡은 남성성에서 새로운 남성성으로 전환되는 과정에서 산출되었다. 또한 소녀들을 내부적으로 배제하면서 탄생한 특권적 남성-과학자이다.

우주시대 한낙원의 소년들은 이제 우리의 과거가 되어 버렸다. 우리는 미래를 꿈꾸는 방법을 다시 성찰해야 한다. 미래는 우리가 꿈꾼 대로 오지도 않지만, 중요한 것은 어떻게 미래를 꿈꿀 것인가에 있다. 한낙원이 꿈꾸었던 미래의 소년들은 세계평화와 우주평화를 위해 헌신한 과학자들이었다. 그러나 그럼에도 한낙원이 미래 소년들을 설계하는 방식은 틀렸다. 이상화되고 특권화된 소년들, 소녀들을 배제하고 위계화했던 소년들. 소년들은 자라서 특권화된 남성성을 향유하는 헤게모니 남성권력이 되었을 것이다. 그들이 하는 과학정치는 평화롭지 못했을 것이 분명하다. 남성들만의 헤게모니를 유지하는 과학정치는 세계평화와 우주평화를 요원하게 만들었을 테니까 말이다.

몸의 미래
—호모 오버도스Homo overdose의 탄생

'가상현실'과 '증강현실'이 등장함에 따라 우리는 몸에 대한 '근미래적 상상력'을 펼쳐야 한다. 이때 근미래의 바탕은 '게임'이다. '게임'은 '가상현실'과 '증강현실'을 전부 다루는 매체이다. 먼저 게임 초기에는 '기기적 몸의 시기'로 감각이 몸에 있지 않고 '기기'에 있는 시기다. '커서 시기'는 화면에 있는 '커서'가 현실을 일깨워 주는 작용을 하는 시기이며, 가상과 현실의 구분을 해 준다. 그리고 이제 'VR시대'에 이르면서 더 이상 '가상'과 '현실'의 구분은 사라진다. 그렇다면 이때 몸은 '가상'에 존재하는가? '현실'에 존재하는가? 논자는 VR이 체현을 불러오면서 정신이 더 이상 현실에 있지 않고 가상에 존재하게 된다고 예측한다. 특히 신자유주의에 이르면서 VR의 메커니즘과 같이 산업 노동도 그와 같은 기능을 갖고 있다. 그러므로 호모 루덴스는 호모 사케르이기도 하다. 이러한 시기가 계속된다면 '호모 오버도스'라는 '과복용하는 인간'이 탄생할지도 모른다. 몸의 한계를 유예시키기 위한 약과 음식을 복용하는 인간으로서 말이다. 그렇다면 결국 몸이 아닌 정신의 승리가 되고 말 것이다. 몸이 몸으로서 존재하기 위해서, 그 약간의 가능성은 혹시나 포스트 휴먼에 있을지도 모른다.

유현성

몸의 미래

상상想像에 담긴 일화를 한마디로 말하면 '코끼리의 뼈를 보고 떠올린다'는 뜻이다.

애초에 '상상'이란 어떠한 몸(형체)을 생각하는 일이다. 그렇다면 몸의 미래를 상상하는 일이란 당연하게도 '현재'의 것들에서 미래를 '상상'해야만 한다. '미래'는 '내'가 없는 곳이다. 그러나 '가상현실'[1]은 어떠한가. 내가 존재자로서 '나'를 내 앞에 세운 '표상'이다. "가상 이미지는 사용자가 가상의 대상을 바라보았을 때 현실에서 바라보는 것과 같은 동질감을 느끼게 만드는 수준"이어야 하며, "사용자가 가상 이미지에 대한 거부감(현실의 대상이 아니라고 느끼는 이질감)을 느끼지 않을 때 가상의 대상과의 상호 작용이 가능하다. 이후에 사용자와 가상의 대상 간에 상호작용의 질을 높이고 몰입감을 높이기 위해서는 사람의 신체구조와 인지구조에 대한 연구가 필요하다."[2] 세계를 내 앞에 불러들였다는 점에서 가상현실은 현상학적이다. '나'라는 존재를 '표상'으로서 세운 곳이 바로 가상현실이다.

그렇다면 '증강현실'은 무엇인가? 아즈마에 따르면 '가상과 현실의 융합, 실시간 상호작용, 3차원 결합'이 필요하다고 언급한다. 이러한 '가상현실'과 '증강현실'은 미래에 헤드셋이 아닌 신경망 연결로 가상현실과 증강현실을 체험할 수 있을 것이라고 예견한 바 있다. 즉, 가상현실과 증강현실이 감각 확장의 매개체 역할을 넘어 제6의 감각으로 자리 잡을 수 있다는 의미다.[3] 이러한 '근미래적 기술'은 우리에게 '근미래적 상상력'을 불러일으킨다.

그렇다면 '근미래적 상상력'이라고 했을 때, 우리가 주목해야 할 것은 '게임'이다. 특히 VR이 등장하면서 더욱 '리얼리티'한 게임들이 등장하고 현실적으로 지각할 수 있게 하는 즉, 화면으로 '보는 것'이 아니라 '체현體現'하게 하는 게임 기기들이 등장하면서, 우리는 몸과의 관계된 정신과 현실이 분리됨을 느낀다. 이 두 '가상현실'과 '현실증강'이 등장하면서 우리가 마주한 새로운 '미래'란 근미래적으로는 '체현 세계'라 명명할 수 있을 것이다. 이 '체현 세계'는 기술의 발달만이 필요한 세계가 아니다.

이미 사회 여러 분야에서 '체현'할 수 있는 요소들을 무한이 이입해 놓은 상태다. 에런 디그런은 ≪게임 프레임≫이라는 저서를 통해 '게임, 놀이와 관련된 정보를 선별해 쉽고 빠르게 실생활'[4]에 적용할 수 있도록 하는 방법을 제안했다—심지어 표지에서는 "당신의 능력을 레벨업하는 새로운 성공전략"이라고 명시되어 있다. 그의 이 영리한 제안은 시스템을 게임 시스템으로 변화시킴으로써 개인뿐만 아니라 집단의 목표 지향성을 확보할 수 있다고 언급한다.

그러나 에런 디그런의 이러한 제안은 사실 새로운 것이 아니다. 이미 많은 기업들과 교육 작업에서 쉽게 '게임 요소'들을 도입하여 생산력과 교육적 효과를 얻고 있다. 이외의 사회적 활동들도 '게임'의 요소들을 도입하면서 그 해결 방안을 찾게 만든다. 만약 한병철이 에런 디그런의 제안을 보고 말한다면, "일을 '즐기게' 만듦으로써 주체 스스로가 자신을 착취하며 생산력을 강화하는 것"이라고 말할지도 모른다. 이처럼 '게임처럼 생각하라'는 시대적 요구는 초자아적 요구와도 같을 것이다. 여기서 게임 시스템의 효율성에 대하여 부정하려는 글이 아니다. 이 글에서는 '게임 시스템'의 효율성으로 인한 몸의 과부하에 대하여 말할 것이다. 대부분의 게임 시스템 신봉자들이 간과하고 있는 사실은 이러한 '몸의 한계'와 '물질성'이다. 그들은 '가상현실'이라는 무한성과 '현실 증강'이라는 가능성만 목도한 채 실제적인 '물질적 한계'를 바라보고 있지 못하다.

레비나스는 '고통이란 것은 몸과 절대 분리할 수 없는 것'이라 말했다. 그렇다면 지각은 정신의 존재를 일깨워 주는 것이기도 하다. 그러므로 '육신'이란 '정신이 담긴 용기容器' 이상의 의미를 가지고 있다. "지각이 일어나는 장소는 지각하는 자의 몸이다. 지각하고, 인식하고, 사유하는 자아는 몸을 가지고 있다. 우리의 지각과 인식은 몸으로 이루어진다."[5] 자기 자신이 몸과 관계를 맺는 방식이 곧 '몸의 미래'이다.

특히 우리는 근미래적 시각을 가지고 '몸'을 바라볼 필요가 있다. 너무 먼 '미래'의 몸을 상상하는 것보다, 우리에게 실질적으로 도움이 되고 피부로 다가오는 것은 '근미래적 상상력'이다.

미래에 다가갈수록 몸의 중요성은 점점 커지기 시작했다. 게임은 이제 '얼마나 몸을 잘 속이는가, 혹은 몸의 지각을 기기(게임 속으)로 옮겨 가는가?'에 초점이 맞춰지며, 사회는 '얼마나 몸이 생산력을 버틸 수 있게 만드느냐'에 초점이 맞춰져 있다. 향후 이러한 초점들은 더 발전되어 어떠한 결과를 낳을지 예측해야만 한다. 현재도 물론 근미래적인 상상력으로 어떠한 요소들이 징후적으로 발견된다. 이제 그것을 통해 추적해 보도록 하자.

기기적 몸의 시기

게임은 몸과 정신의 사이에서 독특한 위상학적 위치를 차지한다. 게임은 곧 이중세계, 현실과 가상이라는 공간을 창조한다. 그러나 게임은 가상보다는 '가상을 모방한 현실'에 더 가깝다고 볼 수 있다. 시뮬라시옹처럼 그것은 현실에서 의미로서 작용한다. 이미지는 자신을 그 근거로 하여 실존한다. 더 이상 게임은 '가상'이 아니다. 신체적인 지각은 없지만, 플레이어의 캐릭터는 가상세계 속에 존재하며 가상세계의 활동에 따라 타격을 입기도, 행위하기도 한다.

여기서 말하는 게임이란, '컴퓨터 게임'과도 같은 소프트웨어 게임이다. 화면을 통해 게임세계를 바라보는 플레이어는 더 이상 자신의 몸을 '지각'하지 않는다. 즉 몸은 더 이상 '현상학의 장'이 아니라 게임 화면 속 세계가 '현상학의 장'이 되고 만다. 게임을 할 때의 몸은 더 이상 '실존'하지 않는다.

게임이 발전하고 그에 따른 플랫폼과 기기들이 개발되기 시작하면서 우리는 몸의 지각을 기기에게 빼앗겼다고 볼 수 있다. 단순히 입력하고 누르는 활동에서 이제 VR 등의 현실감을 증대시키는 기기들이 몸에 '부착'되어 하나의 '살결'들을 이루기 시작했다. 이 살결들은 하나의 '군살'[6]이 되어 몸을 지각으로부터 '투명'하게 만들어 버린다. 한병철이 말하는 투명성이란 '부정이 없는 것'이기도 하다. 부정이 없는 '투명성'은 지각을 '과잉'으로 이끈다. 현실의 현전감은 급격히 하락하고 가상의 현전감은 급격히 상승하게 된다.

오히려 이때의 몸이란 '기기'로서의 몸이다. 캐릭터를 움직이기 위하여 몸을 움직인다. 하지만 지각되는 것은 몸이 아니라 게임 속의 캐릭터가 정신에 지각된다. 스마트폰이 등장하면서 모바일 게임을 즐기는 플레이어들이 증가했다. 그러면서 생긴 현상이 모바일 게임을 하면서 걷다가 사물이나, 사람과 부딪치는 일이다. "플레이어는 놀이하는 동안 자신의 신체를 "제 2의 신체, 놀이하는 신체"로 바꾼다."[7] 여기서 우리는 하위징아의 '매직서클magic circle'이라는 개념을 살펴볼 필요가 있다.

> 놀이가 전개되는 공간의 예외적 성격을 강조하기 위해 하위징아는 매직서클이라는 개념을 말한다.
>
> 매직서클은 일상으로부터 분리된 마법의 공간이다. 놀이는 이 경계를 바탕으로 질서를 확립하고 참여자들의 행위를 특정한 방향으로 인도하며 색다른 경험과 의미 생성의 가능성을 제공한다. 마법은 놀이에 참여하는 플레이어들이 그것을 따르겠다고 약속하는 계약을 통해 힘을 발한다. 따라서 매직서클은 언제 어디서나 출현할 수 있다. …… 비물리적인 공간에서 놀이는 관습적으로 출현하거나

돌연히 나타났다가 사라지기를 반복한다. …… 플레이어는 놀이하는 동안 자신의 신체를 "제 2의 신체, 놀이하는 신체"로 바꾼다.[8]

플레이어는 몸을 지각하지 않고 있다가 침입되는 '사물'에 의하여 다시 몸으로 지각을 귀환시킨다. 물론 게임뿐만이 아니라 휴대폰을 사용하는 것 자체가 그렇다. '게임 화면'이라는 것은 연극학에서 말하는 '제4의 벽'처럼 간섭할 수 없는 장벽이 아니라 간섭할 수 있는 장으로 이때 플레이어는 '데우스 엑스 마키나'다. 조이스틱이나, 게임 페드를 조작하면서 몸이 같이 캐릭터와 움직이는 것은 우습게 보이는 현상이지만, 그만큼 지각의 일치가 어느 정도 완벽하게 이루어졌다는 이야기이기도 하다.

몸이란 더 이상 육체적 몸만을 얘기하는 것이 아니다. 정신의 형상화가 가능한 가상 세계에서 몸은 오히려 '정신'이다. "공간은 게임의 조작 방식에 일정한 리듬과 감각을 제공하고 신체를 움직이는 경로를 만들어 낸다. 역으로 신체와 대상들은 그것이 일정한 리듬 속에서 움직이고 채워나가며 그려 내는 윤곽을 따라 공간을 생성해 낸다."[9]

그러나 몸의 한계라는 것은 분명히 존재한다. 이에 플레이어들은 '에너지 음료', '카페인 음료'를 과다복용하면서 게임을 즐긴다. 그들은 몸의 한계를 알리는 고통을 '둔감하게' 하기 위하여 위와 같은 것들을 복용한다. 단순히 갈증을 해결하거나 배고픔을 달래는 것이 아니다. 고통을 둔감하게 하면서 그들은 '게임 속 세계'로 지각과 사유를 이동 시킨다. "매직서클 안에서 공간과 신체, 도구는 자연적으로 주어진 형상과 쓰임새에서 벗어나 가상적으로 재구성된다. 재구성과정을 통해서 놀이는 스스로를 만들어 내는 동시에 주어진 세계를 새롭게 탈바꿈시킨다."[10]

게임 화면을 기준으로 하였을 때, 게임의 시기를 나누어 볼 수 있다면, '커서'일 것이다. 커서가 존재하기에 우리는 선택할 수 있다. 그러나 이제 VR 시대가 도래하면서 '커서'는 사라지고 말았다. 그런데 '커서'는 어떤 의미였는가?

커서 시기

현실과 가상의 역치에 있어서 마우스 커서는 아주 중요한 의미다. 커서cursor는 '표상'이자 '표시'다. 커서는 '기표'로서도 작동할 수 있다. 전략 시뮬레이션 게임에서는 '공격'과 '설치' 등의 '기의'를 가리키는 '기표'로서 역할을 한다. 커서는 곧 '가상'과 '현실'을 이어 주는 열쇠다. 의미의 연쇄는 '커서'를 통해서 발현된다. '커서'가 무엇을 가리키냐에 따라 '커서'의 기의는 달라지며 표상(커서의 이미지, 형상)도 달라진다.

즉 커서는 '가상'과 '현실'을 이어 준다는 점에서 역설적으로 '현실'과 '가상'을 구분 짓게 해 주는 유일한 기표이다. 게임이라는 '시뮬라시옹'에 '왜상'의 흔적을 남기는 것이 '커서'이다. '왜상'이란 특정한 각도로만 지각되는 뒤틀린 이미지다. 지젝은 환상을 우리가 그것을 통해 현실을 바라보는 '프레임'으로 설명하는데, 프레임은 현실에 주관적 관점을 부여한다고 말한다. 즉, 관점(왜상)에는 언제나 욕망이 스며있다는 것이다. 왜상은 그림이나 상황의 명시적 의미를 미결 상태로 만든다.[11] 잘 생각해 보면 게임 화면 속에서 '커서'의 존재는 잘 어울리지 않다. <스타크레프트>에서 '커서'는 유닛을 옮기고 지시하지만 시뮬라시옹적으로 '재현'된다. 커서는 게임 상에 존재하지 않지만 존재하는 척하는 '시뮬라크르'다. 이러한 커서는 현실과 게임을 이어 주는 왜상으로서 존재하여 플레이어와 게임 유닛들을 연결시켜 준다.

'커서'가 있음으로써 우리는 '환상(가상 혹은 게임)'에서 분리된다. '커서'가 없다면 우리는 '게임' 속 상황을 현실과 일치시킬 것이다.[12] '이미지'에 얼룩을 만들어 항상 이것이 '가상'임을 알리는 것. 그것이 나의 욕망이 가리키는, 지시하는 곳으로 따라가면서도 항상 그 이미지 위에 '왜상'을 만들어 '현실감'을 깨우는 것이 '커서'인 것이다. '왜상이 재현하는 것은 주체성 그 자체'이며 '특정한 관점으로 바라'보게 한다. 게임과 다른 관점이 절대적이어야 하는 것. 그것은 '플레이어의 관점'이다.

이러한 점을 보았을 때, 커서는 그래도 '가상'과 '현실'을 구분시켜 주는 최소한의 기점이었다. 커서의 이동은 자신의 현 위치, 즉 몸의 존재가 '가상' 밖에 있다는 사실을 일러주었다. 과몰입으로 인한 몸의 망각과 최근에 나타난 '몸'의 상실은 다르다. 스마트폰 게임의 등장 이후로 더 이상 '커서'가 필요 없어졌고, '터치'만 하는 것, 즉 '커서'의 역할을 손가락이 하기 시작하면서 더 이상 '가상'과 '현실'을 구분 짓는 왜상의 지점이 사라지게 된 것이다. 그들이 걸으면서 게임을 할 때 '걷는 것'은 마치 기계에 '걷기'라는 버튼을 누르고 정신은 게임 속 캐릭터에게 '빙의'된 상태와 같다고 볼 수 있다. 영화 <써로게이트>[13]는 이미 시작되었다.

VR 시대의 몸

최근엔 VR이 개발되면서 '커서'가 사라진 '가상'을 대체하고 있다. VR은 이제 더 이상 '현실'과 '가상'을 구분 짓는 화면을 제공하지 않는다. VR은 인간의 눈에 '기생'하면서 인간의 '육체성'을 획득한다. 이때 '커서'는 인간의 눈동자다. 숱하게 쏟아져 나오는 VR리뷰들 중 하나를 보면 실제로 넘어지거나 소리를 지르지 말라는 <Don't Let Go>에서 그 특징을 발견할 수 있다.

이 게임은 게이머가 VR의 위험한 상황의 영상을 보고 움직이지 않아야 하는 게임이다. 하지만 게이머는 이제 VR과 현실을 구분하지 못한다. 게이머는 손을 빼거나 움직인다. 커서가 사라지면서 더 이상 현실감을 일으키는 '왜상'은 존재하지 않기 때문이다. 대신 게임의 현실감은 더욱 증폭되어 나타난다. 이제 게임에 빠져드는 것은 '유체이탈'의 롤플레잉의 게임이 아니라 '게임'이 인간에게 '빙의'(또는 인간이 게임 속 캐릭터로 빙의)하는 주술적 의미로 변형되었다.

VR은 결국 '체현體現'을 불러오면서 원시적 감각의 침투를 가능하게 한다. '정신의 물질화'가 이제 불가능하지 않다. 앞으로 VR뿐만 아니라 더 많은 '체현 기계'들이 나타나면 점점 더 미래의 몸을 가진 '호모 루덴스'들이 나타날 것이다. 게임은 이제 '가상'이 아니다. 현실을 '시뮬라크르'로 만드는 '시뮬라크르'로서 현실이 되어 가고 있다.

중요한 것은 현실의 현전감이다. 얼마나 현실을 지각할 수 있는가? 그것은 본래 몸의 역할이었다. 그런데 VR이 현실의 몸을 '상실'시켜 자신이 '몸' 그 자체, 현상학적인 지각을, 살을, 자기 자신에게로 귀속 시켰다. 그러나 VR은 신체적인 행위를 불러일으키기 때문에, 또 몸이 아무리 상징적 층위에 있더라도 근본적인 생물학적 특성은 변하지 않기 때문에 VR 세계에서는 게임에 인간이 침입하는 것이 아니고 인간이 게임에 침입하여 '몸'을 되찾는다. 이제 게임 속 현전감은 급격히 하락하고 현실의 현전감은 상승한다. '몸'의 한계가 있어서 그나마 우리는 현실로 복귀할 수 있다.

영화 <써로게이트>에서는 캡슐 안의 인간이 나와 음식을 먹는 장면이 나온다. 즉, 가상 현실에서(물론 영화에서는 인조인간이 그를 대신에 움직이는 것이지만, 그것을 통해 세계에 존재한다는 것은 변함이 없다.) 그 무엇도 가능하지만, 육신의 한계가 다시 진짜 내가 있는 공간으로 귀환시킨다. 결국 VR 시대에 이르러서도 완벽하게 '몸'의 한계를 이겨낼 수는 없다.

호모 루덴스의 게임

이러한 사유를 게임에 한정 짓지 않고 더 확장시켜 사회를 바라본다면 호모 루덴스로 둔갑한 '호모 사케르'들을 발견할 수 있다. 호모 루덴스는 놀이로서 쾌락을 추구한다. 한병철은 현대사회가 성과사회로 나아가면서 스스로 신자유주의의 노예가 되고, 스스로를 노출하는 투명사회에 아주 적합하게 변화했다고 말한다. 또 한병철은 노동이 하나의 놀이가 되어 버림으로써 자발적인 자기 착취가 현대사회의 병폐가 되고 있다고 지적한다.

이러한 현대 호모 루덴스는 롤플레잉 게임의 성질과 같다. RPG 게임은 캐릭터와 자신을 상상적 동일시함으로서 캐릭터가 성장하면 자신도 성장하는 동시적 반응의 관계를 맺고 있다. 이때 몸에 대한 인식이 달라진다. 몸은 가장 불편한 것이 되어 버린다. 잦은 야근이나, 과도한 업무는 몸을 과부화시켜 버린다. 현대인에게 몸이란 건강해야 할 육체가 아니라, 걸리적거리는 '살'이다.

이러한 롤플레잉 캐릭터는 컴퓨터와 마주앉아 자신의 성과를 올리려는 현대인의 워커홀릭과 같다. 그들은 그들이 하는 일과 그들이 생각하는 자아가 일치하지 않는다. 그러므로 업무를 놀이로 만든다. 업무의 자율화나 불필요한 체계를 제거하고 현대인을 일에서 '자유롭게' 만들어 그 스스로 '놀이'에 중독되도록 만든다. 그러나 컴퓨터를 끄면 RPG 속 캐릭터가 등장한다. 그것은 자기 자신이다. 이러한 놀이 중독은 '복용'의 의미를 창출한다.

현대인들도 정신적인 스트레스를 극복하기 위하여 '향정신성 약'을 복용한다. 정신과 약은 이미 몸을 '기기'로 인식하였다는 것을 반증한다. 정신과 약은 감정 노동에 대한 면역성을 증대시킨다. 그리고 그것을 끊임없이 복용하게 만들어 부수적인 소비를 하게 만든다. 결국 약과 약값을 버티지 못한 현대인은 사회에서 폐기처분되어 정신과 병동에 갇히거나 자신의 집으로 숨어 버린다. 사실 이러한 것은 정신과 약뿐만이 아니다.

현대인에게 식사는 '복용'의 의미다. 편의점의 식사는 '복용'의 의미로서, 일을 더 하기 위한 간단한 '복용 식사'로 변화했다. 식구의 의미가 파괴되고 식사의 의미가 사라졌다. 복용은 살려고 하는 행위가 아니라 죽지 않으려고 하는 행위다. 이제 몸의 미래는 '살아 있음'의 몸이 아니라 '죽지 않고 있음'의 몸이다. 이것은 지젝이 지적한 언데드un-dead들이다. 그리고 그들은 가장 간단하게 '복용'할 수 있는 식사를 선호하는데, 그 복용 음식들은 알루미늄 호일에 쌓여 있거나, 종이, 비닐에 쌓여 있다. 한약이 종이에 쌓여 있고 일반 약은 비닐에 쌓여 있듯이 그들의 복용 식사도 그렇게 변화했다.

그러한 '복용 식사'에 결국 몸이 버티지 못하면, 그들은 '영양제'나 '피로회복제' 등을 복용한다. '복용 식사'를 극복하기 위해 나온 것이 '영양제'와 '피로회복제', 각종 건강 약품들이다. 누구나 잘 알듯이 식사만 제대로 한다면 건강히 잘 살 수 있다. 하지만 그런 식사가 지금은 존재하는가?

몸은 예민함을 견디지 못하고 피로를 만들고 주체에게 '휴식'을 요청하지만, 주체는 그러지 않는다. 이제는 식품과 약 사이에 있는 '에너지 드링크' 과다복용은 이것의 반증이다. 육체는 견뎌야만 한다. 그러므로 건강해져야 한다. 건강은 성과사회의 가장 큰 가치다. 가장 열심히 일하기 위해 가장 건강해져야 한다. 병은 죄악이다.

호모 오버도스의 탄생

부정이 없이 오로지 그것밖에 없다는 듯 긍정하는 것으로 성과사회의 한 측면이다. 약에 대한 부정은 이제 없다. 정신과 약은 자살 방지란 목적으로 누구에게나 통용된다. '우울증은 감기 같은 것'이라는 말은 사실상 당신이 우울해 하는 문제가 '감기' 정도의 문제라는 것을 말해 주는 것이다.

정리하자면 '약을 버티기 위한 약'은 계속 나타날 것이다. 몸을 유지시키기 위하여 더 정확히는 '약'을 버티는 몸을 위하여 '약'은 무한히 생산될 것이다. '과복용 하는 인간', 호모 오버도스의 탄생은 이미 시작되었다. 게임을 하기 위해 몸은 약을 과복용 한다. '에너지 드링크' 같은 식품과 약품 사이의 혼종들도 계속적으로 탄생할 것이다. 그렇다면, 몸은 이제 어떻게 변화하는가? 몸의 미래는 어떻게 될 것인가?

앞서 언급한 '몸'의 상실은 이러한 부분과 맞닿아 있다. 통증이라는 지각을 억누르는 '약'을 복용함으로써 '사유'를 중지시킨다. 지각은 사유를 산출한다. 그러나 몸의 상실은 더 이상 어떠한 사유도 제공하지 않는다. 통증의 역할은 또 현실을 일깨워지는 감각이기도 하다. 또 주체의 위험을 알리는 역할도 한다. 그러나 약은 그러한 통증을 지워버린다. 다시 말해 현전감을 불러 일으켰던, 현실과 가상을 구분시켜 주었던 '커서'를 지워버리는 것이다. 이러한 특징은 VR처럼 커서가 없는 세계와 같다. 몸의 현전감이 사라지고 '주체'는 세계와 동일시되어 버린다.

이런 시각으로 봤을 때, 더 이상 '몸'이란 존재하지 않는다. 그저 빈 그릇으로 존재하게 된다. 몸은 항상 한계가 있기에 정신은 몸에서 '탈출'을 시도한다. '정신'이 없는 몸은 몸이라 할 수 있는가? 몸은 이제 그저 '살덩이'에 불과하다. 아름다운 몸, 움직이는 몸, 등등의 몸에 대한 모든 문화는 소멸해버릴지도 모른다. 오직 몸은 <써로게이트>처럼 캡슐 안에 담겨 있거나, <매트릭스>처럼 하나의 부속품으로 전락해 버릴지도 모른다. 냉동인간 역시도 사실상 정신을 보존하기 위한 근미래적 상상력이 아니었을까? 이런 상황을 유토피아라고 부를 수 있을까? 아니면 디스토피아로 부를 수 있을까?

그것은 알 수 없지만 다만 한 가지 확실한 것은 '몸'으로부터 탈출, 또 다르게 표현한다면 정신의 몸에 대한 '초월'로 말할 수 있을 것이다. '약을 버티기 위한 약'의 무한한 연쇄사슬은 결국 몸으로부터 정신을 해방시키고 말 것이다. 몸의 미래엔 '몸'이 없다. 오직 정신 승리만이 남아 있을 것이다.

몸의 한계 '몸'으로서 극복할 단 한 가지의 가능성

우리에게 단 하나의 '몸'으로서 '몸의 한계'를 극복할 가능성이 있다면 '포스트 휴먼'일 것이다. 포스트 휴먼은 인간의 육체를 초월한, 혹은 '인간'이라는 경계를 탈출한 인간을 말한다. '호모 오버도스'는 그렇다면 '포스트 휴먼' 이전에 나타난 중간적 형태의 진화 인류인가? 아니면 결국 '몸의 한계'를 끝까지 밀고 나가는 추한 형태의 인류인가? "포스트휴먼이 보여주는 인간의 정체성은 몸으로 체현된 구성체라기보다는 정보 패턴과 흐름"이라는 마정미[14]의 정의는 그렇다면 옳은 것인가? 만약 '포스트 휴먼'이 인간과 기계의 경계를 넘은 새로운 신인류라면, '게임 시스템'은 '포스트 휴먼'에 아주 적합한 '몸'이 될 것이다.

그렇다면 '포스트 휴먼'의 시대를 먼 미래로 본다면, 근미래의 휴먼을 우리는 '호모 오버도스'로 봐야 하는가? 그것은 여러 논자들의 논의들을 종합하여야 한다. 그러나 이것의 논의 이전에 있어 중요한 것은 '게임 시스템'은 '포스트 휴먼'에 적합하지 않다. 왜냐하면 '게임 시스템'은 '몸'을 '기기'로 한정짓기 때문에 정확히 '포스트 휴먼'의 정의와 맞닿아 있지 않기 때문이다. '게임 시스템'은 인간을 '기계'로 설정한다. 인간의 기술, 특히 몸에 대한 기술이 발달할수록 함께 나아가야 하는 것은 '게임 시스템'을 대체할 새로운 '포스트 휴먼 시스템'일 것이다.

개체초월적 포스트휴먼
—그렉 베어의 ≪블러드 뮤직≫[1]

현대의 기술만능주의와 기술비관주의, 그리고 그에 따르는 인간 소외는, 인간-기계 사이의 이전 관계의 연속과 아직 확립되지 않은 새로운 관계로 인한 불안에서 기인한다. 기술력이 열역학적 시대의 개체 수준을 넘어서서, 정보 네트워크의 개체초월적 수준으로 변화함에 따라, 인간과 기계의 관계 방식 또한 새롭게 변화해야 한다. 그렉 베어의 ≪블러드 뮤직≫에서 디지털 네트워크의 발명과 유전공학, 정보과학은 인간에게 미시 세계라는 세계와의 다른 접속지점을 열어주고, 인간은 그 공간에서 전-개체적 퍼텐셜을 개체초월적으로 집단화하여, 분자 너머로 실제의 한계 너머로 삶의 지평을 확장하고 탈영토화하면서 새로운 삶형태를 창조한다. 새로운 삶형태는 '개별적이지만, 함께'라는 개체와 집단의 이해관계가 정확히 일치하는, 오케스트라의 음악처럼 앙상블을 이루는 포스트휴먼 사회다. ≪블러드 뮤직≫은 '인간-기계 공생체,' '개체초월적 인간-기계 앙상블'을 통해 인류의 존재론적 상phase이 도구를 활용하고 자연을 지배했던 '인간'에서, 세계와의 관계를 자유롭게 조절하면서 무한한 자유를 구가하는 '포스트휴먼'으로 '상전이'할 수 있음을 보여준다.

주기화

개체초월적 인간-기계 앙상블

이 글은 최근 기계와 인간의 대결이었던 구글Google의 알파고Alphago와 이세돌의 바둑

대국으로 야기된 포스트휴먼 시대 현대인들의 과도한 희망과 공포에 주목하여, 과학소설Science Fiction: SF에 상상된 포스트휴먼을 현대 기술과학 철학을 빌려 분석하고, 이를 통해 포스트휴먼에 대한 비관과 낙관을 넘어서서, 포스트휴먼의 새로운 가능성을 제시하는 데 목적을 둔다. 이를 위해 생명공학 기술로 만들어진 포스트휴먼에 대해 긍정적인 그렉 베어Greg Bear의 유토피아적 아포칼립스 소설 ≪블러드 뮤직*Blood Music*≫을 연구대상으로 한다.

질베르 시몽동Gilbert Simondon의 ≪기술적 대상들의 존재양식에 대하여*Du Mode d'existence des objets techniques*≫ Ⅱ부 2장에 따르면 현대의 기술만능주의와 기술비관주의, 그리고 그에 따르는 인간 소외는, 인간 개체의 사유(가능성과 크기)를 초과하는 기술 세계, 즉 기계의 변화에 적합하게 조절되지 못한 '인간과 기계의 관계 방식'에서 비롯된다. 인간과 기계 사이의 이전 관계의 연속과 아직 확립되지 않은 새로운 관계로 인한 불안에서 기인한다. 칼 마르크스Karl Marx가 생산력과 생산관계의 불일치를 간파했다면, 시몽동은 기술력과 인간-기계 관계의 불일치를 짚어 낸 것이다.[2] 시몽동은 "자기-조절작용 기계들은 인간을 기술자로서, 즉 [기계에] 연합되어 있는 것으로서 필요로 한다."[3] 고 본다. 인간은 기계들 사이에서 정보를 소통시키고 "의미작용들을 발견하는"[4] 발명가이자 조정자로서 기계에게 필수적이며, 인간 또한 기계 없이는 더 이상 생존이 불가능하다. 인간-기계는 주인-노예 관계가 아닌, 동등한 위상의 행위자[5]로서 '인간-기계 앙상블human-machine ensemble', 상호협력적 공진화 관계에 있다.[6] 그러므로 우리는 기계를 배척할 게 아니라 인간-기계 관계를 탈인간중심적·상호협력적 공존 관계로 변환시켜야 한다.

기계는 인간 개체 안에 내재하는 '전-개체적인pre-individual' '퍼텐셜potential'[7]을 현실화하는 '변환transduction' 매체로서,[8] 퍼텐셜 에너지를 "개체초월적transindividual"[9]으로 집단화하여 현실화시키는 기술의 변환 역량에 의해, 새로운 인간 실재가 창조되고 인간 사회의 구조가 바뀐다. 그러므로 인간의 포스트휴먼화 또는 존재론적 도약은 '개체초월적 인간-기계 앙상블transindividual human-machine ensemble'을 통해 가능하다. 예를 들어 아이폰이나 SNSSocial Network Service는 인간 사이의 단순 매개를 넘어서서, 인간 개체들의 공통된 열망을 개체초월적으로 실현하는 2010년 튀니지의 재스민 혁명Jasmine Revolution을 불러왔다. 개체상호적인 관계가 사회 속의 분리된 개인들 사이의 유대 관계인 반면, 개체초월적인 관계는 분리된 개체들 사이에 전-개체적 퍼텐셜이 소통되면서 정서적 공감으로 내적 공명을 이룬 집단성을 의미한다. 인터넷 네트워크의 발명은 불일치하는 인간 개체들이 전-개체적인 공통의 퍼텐셜을 발견하고 그것에 참여하게 하여 집단적인 공감, 무의식적 연대 등 개체초월성을 경험하게 한다. 그리하여 인간은 상호적인 개체로부터 개체초월적인 주체, 새로운 유형의 집단, 포스트휴먼으로 변환할 수 있다. 개체의 시대가 아닌 앙상블의 시대에 인간이 기계와 상호협력하면 세계를 새롭게 경험할 수 있는 다른 접속지점을 확보할 수 있어서, 인류의 존재론적 상phase은 도구를 활용하고 자연을 지배했던 '인간'에서 세계와의 관계를 조절하는 '포스트휴먼'으로 "상전이phase transition"할 수 있다.[10] 기존의 사회질서와는 전혀 다른 새로운 차원의 집단성이 구축될 수 있다.

≪블러드 뮤직≫에는 새로운 기술적 발명에 의해 세계를 새롭게 경험할 수 있는 접속지점이 탐구된다. 한 생명공학자의 "세포 컴퓨터cellular computer"[11] 발명으로,[12] 인간이 컴퓨터와 제휴하는 일종의 인간-기계 공생체, 포스트휴먼으로 진화한다. 이 새로운 인류는 나노 크기보다 작은 미시적 세계에 산다. 미시 세계에서는 인간의 직관과는 전혀 일치하지 않는 물리학, '양자역학'이 작용한다. 양자적 힘은 일상생활에서는 느낄 수 없지만, 모든 곳에서 끊임없이 작용하기 때문에 세상은 지금과 같은

형태를 유지한다.[13] "원자 수준에서 우리는 새로운 종류의 힘, 새로운 종류의 가능성, 새로운 종류의 결과를 가진다."[14] 이 문제적 미래 세계는 매우 낯설고 우리를 두렵게 하지만, 우리의 상태를 재인식하는 "인지적 소격(낯섦) cognitive estrangement"[15]을 경험하게 하고,[16] 미래에 도래할 포스트휴먼의 '삶형태form of life'를 적극적으로 고민하게 만든다.

이 포스트휴먼은 인간과는 전혀 다른 삶형태를 가지는데 첫째, 그들은 컴퓨터에 의한 뇌 통합(world wide mind)를 형성하여 직접적으로 커뮤니케이션하면서 고도로 조직화된 공동체를 이룬다. 둘째, 인간이 변환을 죽음으로 여기는 반면, 포스트휴먼은 기계나 동물 등의 비인간들과 동등한 행위자로서 적극적으로 제휴 협력한다. 포스트휴먼에게 공생은 타자 속에 자기를 소멸시키는 것이 아니라 보존하는 것이다. 셋째, 분자 세계에서는 개체들의 전-개체적 퍼텐셜이 직접 소통되는 개체초월적인 관계(집단성)를 이룬다. 이 강력한 사회적 집단성은 엄격하게 중앙통제된 "독재"(81)를 연상시키지만, 개체, 가족, 인종, 종, 동물, 기계를 넘어서서 정서적 감동과 내적 공명이 관통하는 차이의 유토피아를 구현한다. 넷째, 자본과 국가 외부를 과감히 상상한다. 포스트휴먼은 기술력을 동력으로 풍요에 기반을 둔 공유사회여서 사회적 생산과 공유, 협력 속에서 서로 "사랑하고 협력한다."(254) 베어가 작품에서 탐구하고 발명한 새로운 삶형태는 "개별적이지만, 함께individually, but together"(275)로 요약된다. 개체와 집단의 이해관계는 상반되기 마련인데 그는 이 둘의 이해관계가 정확히 일치하는, 오케스트라의 음악처럼 앙상블을 이루는 포스트휴먼 사회를 이야기한다.

이러한 주장을 다코 수빈Darko Suvin은 대중적인 순진한 소원으로 폄하하고,[17](“SF”41) 캐서린 헤일스Katherine Hayles도 유토피아적 기준으로 보아도 지나치다고 비판하지만,[18] 사실 ≪블러드 뮤직≫의 유토피아는 새로운 것도 급진적인 것도 이상적인 것도 아니다. 초기의 인류가 경험했고,[19] 그래서 인류가 유전물질과 밈Meme[20]으로 공유하고 있지만 잊혀진 유토피아라고 할 수 있다. 작품의 SF다운 과장된 소원은 과학기술로 도래할 새로운 사회에 대한 희망과 기대를 시사하며, 이를 열망하는 사회적 무의식의 강력한 표출이라고 할 수 있다.

인간-기계 공생체

작품을 간단히 요약하자면 다음과 같다. 제네트론Genetron이라는 바이오칩biochip 회사에 근무하는 버질 울람Vergil Ulam은 임파구 세포의 DNA를 조작하여, 고도의 지능을 가진 "자율적인 유기적 컴퓨터들Autonomous organic computers"(10)을 배양하는 데 성공한다. 이 비밀 연구가 발각되자 '세포 컴퓨터들'을 폐기처분해야 할 기로에서 이들을 자신의 몸에 주사한다. 이들은 혈류를 따라 이동하면서 울람의 신체 세포들을 변형시키면서 진화한다. 울람은 이들의 활동을 "핏속의 음악"(Music in the blood 76)처럼 느낀다. 그는 이 세포 컴퓨터들을 자식으로 여기고 그들의 지능과 문명을 자랑스러워하면서 "누사이츠 Noocytes"(82)라는 이름을 지어 준다. 누사이츠에 감염된 인간은 살이 흐물흐물 해체되어, "완전히 새로운 삶형태entirely new form of life"(187)로 변환한다. 누사이츠로 변환된 인간의 신체 세포들은 나무뿌리처럼 뻗어나가며 서로 합쳐진다. 이들은 북미 전역에서 대부분의 인간과 동물과 곤충을 매개로 퍼져 나간다. 그리고 "거대한 연 같은 갈색 돛great kite-like sails of brown"(140)처럼 바람에 날리거나, "해파리jellyfish"(168)처럼 둥둥 떠다니면서 도시 전체를 뒤덮는다. 한편 이상하게도 감염되지 않은 수지 매켄지Suzy McKenzie는 브루클린 Brooklyn의 폐허에 홀로 남겨지고, 누사이츠의 거듭되는 변환 권유를 거부한다. 누사이츠 감염은 직경 7천 킬로미터의 원을 넘지 못하면서 북미 대륙으로 한정되어 유럽 등

나머지 지역은 영향을 받지 않는다. 러시아는 누사이츠를 없애려고 북미에 핵 공격을 감행하고, 유럽 사람들은 독일의 한 연구실에 밀폐된 감염된 마이클 버나드Michael Bernard를 소각하라고 시위한다. 지구는 균형을 잃고 조화를 상실한 후 큰 소용돌이 속으로 빨려 들어간다. 인간들의 의식은 육체를 벗어나 순수한 에너지 형태로 우주공간에 거주하면서, 기존의 기억을 재구성하여 자신들이 열망하던 또 다른 가능한 삶을 누린다.

새로운 기술의 발명

그렉 베어는 2004년 미국 철학 심포지엄에서 자신은 SF작가로서, 표준적 진화론인 '신다윈적 현대종합설Neo-Darwinian Modern Synthesis'에 회의가 생겨서, 현대 과학이론들, 박테리아의 돌연변이, 스티븐 제이 굴드Stephen Jay Gould의 단속평형punctuated equilibrium 가설을 이용하여 다윈에 대해 현대적으로 해석하려고 노력했다고 말한다.[21] 그는 현대 과학에서 밝히지 못한 DNA의 비암호화 부분인 인트론intron에 진화론적 변화들이 저장되어 있다가 적절한 순간에 갑자기 풀려나지 않을까 추측하게 되었고,(325) 이러한 추측과 상상을 ≪블러드 뮤직≫에서 풀어낸다.

울람은 컴퓨터와 인간의 DNA라는 양립불가능하고 불일치한 것들 사이의 작동방식의 유의미한 관계맺음에 착안하여, 인간 세포와 컴퓨터를 결합한 일종의 '세포 기계,' '세포 컴퓨터'를 발명한다. 이것은 생명공학과 정보과학이 제휴하여 만든 분자 기계, 살아 있는 기계다. 시몽동은 인간과 기계 사이에서 두 기억들에 공통된 코드(정보)의 수립(코드화)과 작동방식의 유사성을 통해 인간-기계의 협력이 가능하다고 본다.[22] 그에 따르면 울람은 이를 물리적으로 실현한 것이다. 그리고 이 '세포 기계'의 쓸모없다고 생각했던 인트론을 조작해서 '자율적인 유기적 컴퓨터,' '누사이츠'가 탄생한다. 누사이츠는 인공지능과 인간의 이질적인 두 기억이 상호협력하는 인간과 기계의 공생체가 돌연변이하여 진화가 가속화된 형태, 포스트휴먼이라고 할 수 있다.

인트론은 실제로는 인류의 기억이 고도로 응축된 "기억 저장고memory storage"(238), 유전자 라이브러리였고, 울람은 "인종적 기억의 전이the transfer of racial memory"(238)라는 자연적 기능을 우연히 발견한 것이다. 그는 DNA의 무한한 "퍼텐셜potential"(48)을 잠에서 깨운 기술자다. 세포의 유전물질이 가지고 있는 방대한 인류의 기억은 시몽동이 말하는(구체적으로 적시하지 않지만) 전-개체적 퍼텐셜의 생물물리학적인 한 형상figure이라고 할 수 있다. 스티븐 도허티Stephen Dougherty도 이 작품에서 인간 게놈의 미디어적 기능에 주목한다.[23] 톰 아이드마Tom Idema는 베어가 정크junk DNA를 둘러싼 많은 의문들에 기대어 멋진 플롯을 창조한다고 극찬한다.[24] 그는 SF를 과학기술 연구의 보완물, 생물물리학 실험의 한 형태로 보면서 베어가 기술과학에서 풀지 못한 문제에 천착하여 과학연구 가능성을 훌륭하게 보완한다고 생각한다.

누사이츠의 분자 세계에서는 직접적이고 빠른 커뮤니케이션이 가능해서, 누사이츠는 버나드의 마음속에 질문이 형성되기도 전에 요점을 알고 있다.(183) 풍성하고 끊임없는 커뮤니케이션은 고도로 조직화된 공동체를 만든다. 그래서 이들의 협력 활동은 마치 오케스트라의 음악 같다. 우리는 현재 컴퓨터와 인터넷을 통해 개별 민족과 문명의 좁은 테두리를 벗어나, 누구나 텍스트나 화상, 음성, 영상 등을 전 세계 수십억 사람들에게 발신할 수 있는 '월드 와이드 웹world wide web' 영역에 거주한다. 뇌-컴퓨터 인터페이스BCI 기술이 발달하여 일반 대중에게 보급되면, 우리의 생물학적 뇌가 연결·통합되어 모든 사람들이 생각과 경험을 공유할 수 있는 '월드 와이드 마인드'[25] 상태에 도달할 것이다. 뇌가 통합되면 투명하고 직접적인 커뮤니케이션이 가능하다. 로버트 라이트Robert Wright는 인류는 새로운 커뮤니케이션 방법을 계속

개발함으로써 서로의 상호작용이 '넌제로섬non-zero-sum'[26]이 되도록 활동을 조정해 왔다고 본다.[27] BCI 기술에 의하면 인류의 뇌 통합에 의한 상호작용을 통해 넌제로인 미래, 하나된 세계가 정말로 인간 운명이 될 수도 있다. ≪블러드 뮤직≫은 '월드 와이드 마인드,' 하나된 세계를 극단까지 밀어붙인다.

포스트휴먼적 사고와 집단성

포스트휴먼으로의 변환이라는 선택의 기로에 선 인간들의 고민을 통해 인간과 포스트휴먼의 상대적인 장점이 비교되면서 개체초월적인 포스트휴먼의 윤곽이 드러난다.

1) 세계와의 새로운 접속지점

작품에서 영국의 물리학자 션 고가티Sean Gogarty는 거시적 규모의 인간과 달리, 미시적 규모의 누사이츠는 내부의 매우 작은 것, 플랑크-휠러 단위(10~33cm)보다 더 작은 것을 탐구해서 진보된 문명을 창조한다고 말한다.(265) 현재 가장 각광받고 있는 나노공학은 이러한 미시 세계를 탐구하는데, 리처드 파인만Richard Feynman이 1959년 미국 물리학회에서 "바닥(미시 세계)에는 풍부한 공간이 있다There's Plenty of Room at the Bottom"며 개개의 원자를 조작하여 필요한 분자를 만들어 내는 기술을 제안하면서 시작된 연구 분야다.[28] 파인만은 미시 세계를 우주의 공간처럼 광대한 영역으로 상상했다. SF란 세상의 다양한 "상aspect 相"[29]을 창조해야 한다는 평소의 소신대로 베어는 미시 세계 속의 새로운 인간 상相을 창조한다. 콜린 밀번Colin Milburn은 파인만의 나노 이론을 구현하는 ≪블러드 뮤직≫에서 생명체는 죽는 게 아니라 내부의 더 작고 작은 세상 속에서 큰 공간을 발견하여 분자 너머로 실제의 한계 너머로 삶의 지평을 확장하면서 탈영토화한다고 설명한다.[30] 리사 린치Lisa Lynch 또한 인간의 한계를 벗어나는 포스트휴먼으로의 이행을 "업그레이드," "진화"[31]로 본다.

미시 세계로 들어간 인간은 어떤 형태가 되어, 어떻게 느끼고 생각하며 살아갈까? 어떤 삶형태를 가질까? 베어가 상상하는 것이 바로 이것이다. 아이드마는 위대한 SF 작가는 불안정한 생물물리학적 미시·거시 환경에 인간의 문화와 몸을 삽입하여 생성하는 불안정한 세계를 창조하고, 이런 문제적 미래 세계에 직면한 독자로 하여금 낯설지만 왠지 비슷한 우리의 상태를 재인식하게(인지적 소격) 만드는데, 베어의 작품이 바로 그렇다며 들뢰즈의 "소수 문학minor literature" 개념을 바탕으로 "소수 SFminor SF"라고 상찬한다.[32]

울람의 몸은 미시 세계 속에서 누사이츠에 의해 "내부로부터 다시 만들어지고 있는 중이다."(65) 이것은 DNA 내에 보관된 잠재되어 있던 인류 지성의 발현(재활용), 개체 내부의 전-개체적인 퍼텐셜의 실현을 나타낸다. 울람의 거시적 몸이 미시적 세계에 삽입되면서 그동안 경험할 수 없었던 분자 세계에 대한 새로운 접속지점이 생긴다. 즉 누사이츠가 미시적 비인간 환경 속의 무한히 크고 무한히 작아서 거의 사용되지 않은 크기의 질서들 또는 지금까지 접촉할 수 없고 신비하게 남아 있던 실재 및 힘들이 인간과 소통하도록 만든다.[33] 생소한 양자역학 이상의 완전히 다른 힘들과 환경 속에서 울람은 다르게 지각하고 소통하면서 새로운 삶 형태로 상전이한다. 울람은 자연과 다른 개체들과 (그것이 인간이든 기계든) 새롭고 감동적인 교감을 형성하게 된다.

누사이츠의 새로운 삶형태는 한마디로 각 개체가 '개별적이지만, 함께'다. 개인이면서 동시에 집단인 이 모순적 상태는 어떻게 가능한가? 시몽동에 따르면 모든 존재는 (그것이 개체건 집단이건 사회든 간에) 가장 멀리 떨어진 가치들values과

'크기의 등급orders of magnitude'을 중재하여, 순화시키지 않고 관련시키면서 이중화한다. 그 결과 만들어진 '상보성complementarity'이 '준안정적인 평형metastable equilibrium'을 유지하면서 달라지게 밀어붙인다.[34] 끊임없이 변화하고 생성하는 포스트휴먼 사회 또한 마찬가지다.

작품 속에서 거듭 강조되는 것이 '인간 : 포스트휴먼=소외(외로움) : 소통(사랑)'이다. 인간들은 간접적이고 불완전한 방식으로 네트워크를 형성하고 커뮤니케이션하면서 여전히 고립되고 격리된 외로운 삶을 산다. 반면, 누사이츠는 직접적이고 완전한 방식으로 소통하면서 협력하고 사랑하면서 오케스트라의 "음악"(111) 같은 삶을 산다.[35]

울람은 3년간 연구소에 근무하면서, 다른 동료 과학자들 어느 누구와도 원활한 소통을 가져본 적이 없다. 그는 소외받고 있다는 느낌에 친숙하다.(8) 소외에 찌들어 항상 불안하고 분주하지만 그래도 어쩔 수 없다고 하소연하는 "외톨이loner"(41)다. 그는 연구소의 관례와 규칙을 위반하면서 금지된 연구에 몰두하는 소통불능의 위험한 인간을 대변한다. 보안유지와 경쟁이 치열한 환경에서 이것은 울람의 문제만은 아니다. 현대인들의 극단적인 개인주의와 소외를 나타낸다. 그러나 포스트휴먼으로 변형 중인 울람은 이전에는 느껴본 적이 없었던 애착을 누사이츠와 나누며, 행복한 미소를 짓는다.(113) 다른 개체들과의 새롭고 감동적인 교감을 형성한다.

버나드 또한 울람처럼 외로운 사람이다. 첫사랑과의 관계는 후회스럽게 끝났고, 그 첫사랑과 비슷한 여자들 3명과 결혼했지만 불행했고, 아들은 5년 동안 연락이 없는 상태다.(110) 사랑하는 가족과의 소통불능, 이해불가, 감옥 같고 동굴 같은 실험실에 격리된 버나드의 모습은 현대인의 알레고리다. 실험용 표본으로 스스로 격리되기 위해 독일로 향하던 그는 "아마도 나는 격리된 방이 필요하지 않을 거야.

이미 충분히 격리되어 있으니까"(110)라고 자조한다. 그러나 포스트휴먼으로 변형 중인 버나드는 "팀원들(누사이츠)을 모든 가능한 종류의 달콤함과 풍미, 즉 다양한 맛으로 인식한다."(213) 그는 누사이츠와의 "동지애는 강력하며," 자신은 "팀을 사랑하며(어떻게 그 외 다른 것을 사랑할 수 있을까?)," "필수적인 구성요소로서 사랑받는다"(213)고 말한다.[36]

북미에 홀로 남겨진 수지는 변형을 거부하고 생존자만을 애타게 찾는다. 그녀는 은은한 빛을 내며 흐르는 강물을 보며 물방울 하나하나도 모두 존재 이유를 가지면서 어울려 꿈틀대는데, 자신은 대도시의 한 마리 개미처럼 상황 파악을 못하는 제한되고, 덧없고, 연약한 존재라고 느낀다.(142) 수지는 단절과 외로움, 소통 불능과 고립으로 소외된 인간 개체를, 강물은 앙상블을 이루는 개체초월적인 포스트휴먼을 강조하는 알레고리다.

그렉 베어는 생명공학, 컴퓨터공학, 정보과학 등 기술과학을 바탕으로 분자 세계라는 새로운 접속지점에서의 삶형태에 대한 상상을 극단까지 밀어붙인다.

2) 과감히 변화하라

협력하는 누사이츠 사회는 인간 진화를 경쟁이 아니라 협력 차원 특히 인간뿐만 아니라 비인간들과의 공생과 협력 차원에서 바라봐야 함을 시사한다. 그러나 인간들은 비인간들과의 협력과 공생을 죽음으로 받아들인다. 비인간들과의 새로운 관계를 상상하지 못하고 기존의 인간중심적 사고에서 벗어나지 못하면서 기술과학이 가져올 변화와 그 결과물인 새로운 삶형태를 거부하면서 현재의 삶을 고수하려 한다.

울람의 변환을 지켜보는 친구 에드워드 밀리건Edward Milligan의 심경은 복잡하기만 하다. 그는 이 변환이 인간과 기계의 "공생symbiosis"(103)이며, 새로운 생명

형태로의 "변형transformation"(103)이며, "새로운 종류의 삶"(103)이며, 과학 분야에서 "가장 위대한 일"(97)[37]이라고 이해하면서도 받아들일 수가 없다. 그는 인간은 "정상적인 성장과 노쇠를 요구할 권리가 있다"(103)고 생각한다. 개인이 감당할 수 있는 변화에는 한계가 있으며, 혁신이나 급진적인 창조는 필수 불가결하지만 현실에 적용할 때는 신중해야 한다고 말한다.(97) 이것은 질주하는 과학을 급하게 따라잡느라 목이 부러질 지경에 있는 현대인의 딜레마를 표현한다. 그러나 누사이츠는 인간은 "해체되어서dismantled"(216) 다르게 변했을 뿐 죽은 것은 아니라고 강조하면서 변화를 "배우고Learn 적응하라adapt"(114)고 말한다. 세포에게 감염은 "유전자용 페덱스FedEx"[38]로서, 변화에 적응하고 진화하기 위한 필수적 수단이기 때문이다. 미래에 미시 세계로 들어간 인간은 누사이츠처럼 질병과 변환을 열망하게 될지도 모른다.

포스트휴먼으로의 변환을 완강히 거부하는 대표적 인물인 수지는 주위의 사물과 세계가 변하는 것에 전혀 관심이 없고, 오로지 인간에만 관심이 있다.(311) 수지는 포스트휴먼의 삶 형태를 기존의 관념에 따라 좀비, "세뇌brainwash"된 "통일교신자moonies", 유령ghost 등으로 단정 짓는데(277) 이것은 인간 사고의 경직성, 안전에 대한 강박을 시사한다. 수지는 자신은 변하지 않을 특권을 받았다고 좋아하면서도 외로움에 치를 떤다.(228) 과연 혼자 남은 수지는 고독과 외로움 그리고 기술과학 없는 세상 속에서 생존할 수 있을까? 도시 전체는 꿈틀대면서 뻗어나가는 갈색 막들로 가득차고, 수지가 있을 공간도 점차 없어진다.(229) 이것은 과연 특권일까? 죽음일까? 공생의 전범이라고 할 수 있는 세포 속의 미토콘드리아는 과연 죽은 것일까? 수지도 "가장 길고 오래 가는 길을 택해야"[39] 하지 않을까?

울람은 누사이츠의 정신세계, "누스피어noosphere"(228)[40]에서는 원하는 모든 것이 될 수 있고, 지식이나 경험의 한계는 없다고 말한다. 누스피어는 한마디로

천국이다. 원하는 모든 것을 할 수 있다. 후회도 한계도 있을 수 없는 사회다. 발달한 기술력에 의한 인간 진화의 만개를 나타낸다. 버나드는 누스피어에서 잊고 지낸 오랜 과거의 기억들을 만난다. 나디아Nadia와의 사랑과 이혼, 임종 전 아버지와의 대화, 첫사랑과의 안타까운 이별, 그들에 대한 사랑과 그리움, 그리고 과거에 대한 회한. 누사이츠는 과거로 돌아가지 않고도 다른 선택, 즉 과거의 기억을 재구성하는 시뮬레이션이 가능하다고 말한다.(236) 누사이츠는 자신의 기억 이외에도 자신의 세포 속 인트론 안에 농축되어 있던, 세대를 뛰어넘어 수천 년 동안 유전된 인류의 기억을 퍼 올릴 수 있기 때문이다.

대변혁의 날, 수지는 전에 누사이츠가 복제했던 자신의 쌍둥이, 자신의 어머니, 할머니, 증조할머니, 할머니의 할머니를 만난다. 그들은 수지와 비슷하지만 모두 다르다. 그러나 모두 하나다. 동일한 것이 아닌 차이의 무한한 반복. 가족들, 선조들과의 만남, 재결합은 개체초월적인 집단화, 차이의 유토피아를 나타낸다. 인간 개체의 핏속에는 "인류의 기억racial memory", 많은 "삶들lives"이 있다.(253) 이것은 "삶의 토대life's foundation"(254)며, "무한한 다양성infinite variety"(254)을 특징으로 하는 전-개체적 퍼텐셜들이다. 과거는 어떻게 미래가 되는가? 누사이츠로 변형된 버나드는 누사이츠 빈민가에서 첫사랑 올리비아 퍼거슨Olivia Ferguson을 만난다.(255) 부유하고 명성이 자자했던 버나드가 이전과는 매우 다른 "퍼텐셜potential"(277)을 실현한다. 그에게 "또 하나의 기회another chance"(277), 새로운 삶 형태가 주어진다.

변화가 지나간 후 남겨진 인간들은 수축 속에서 살아간다. 낡은 세계의 껍데기가 압착되어 닫히기 전에, 어떻게 새로운 세계를 구축할 것인가? 지체할 틈이 사라졌다. 지금, 인내와 신러다이트는 치명적인 전략이 될 것이다. 현실적인 맥락을 고려하기보다(플랜 A), 과감한 발상의 전환, 유토피아적인 상상(플랜 B)이 필요할지 모른다. 전 지구적인 현실 문제에 대한 과감한 문학적 · 과학적 · 유토피아적 발상 전환이 필요한 시점이 아닐까? 미국의 도시생태학자 마이크 데이비스Mike Davis는 개별국가와 초국적 기구들이 세계적 재난 문제에 적극적으로 대처하지 못하는 상황에서 인간의 미래에 대해 '현실적' 관점을 취하는 일은, 메두사의 머리를 마주보는 것처럼 그저 우리를 돌덩이로 변모시킬 뿐이라고 말한다.[41] 대홍수의 도래에 앞서 "방주ark"[42]를 지었던 노아처럼 유토피아적으로 들릴지도 모르는 방식들을 과감히 실행해야만 한다고 본다.

그렇다면 인류의 방주는 무엇일까? 바로 기계, 인공지능, 이들과의 공생이 아닐까? 사실 인간은 포스트휴먼으로의 변환에 성공하지 못하면 생존을 위협받을 상황에 직면했다. 인간의 포스트휴먼화는 생존하는 일인 동시에 새로운 형태의 삶을 사는 일이다. 가장 오래된 일인 동시에, 가장 새로운 일이다. 누사이츠에 합류한 버나드는 "늙은이에 대한 울컥한 감정 — 병아리의 달걀에 대한, 인간의 어머니에 대한, 학생의 학교에 대한 애정"(255)을 흠뻑 느낀다. ≪블러드 뮤직≫의 포스트휴먼 사회는 상상적 · 급진적 · 이상적 제안이지만 포스트휴먼의 방향을 정할 수 있도록 도와준다.

3) 개체초월적인 관계(집단성)를 이룬다.

버나드의 몸속에 있는 누사이츠 세포들, 포스트휴먼들, 약 2조 개의 지적 존재들은 단일 세포로 거의 분리되지 않는다. 그들은 "개체이면서 동시에 백여 개의 세포들이 모인 집단의 일원이다."(213) 누사이츠는 "1조 명의 중국인"(88), "학자들" (170), "오스트레일리아 원주민"(170), "화음을 이룬 오케스트라"(112)에 비유된다. 조직적이고 조화로운 앙상블 자체다. 이 개체초월적인 앙상블은 개체들 안에 내재하던 전-개체적 퍼텐셜이 누사이츠를 매개로 인간(개체)들 사이에서 직접 소통되어 동질성과 연대성을 회복하고, 그래서 기존의 상호 개인적 관계에서 해결되지 않던 문제들(소외, 소통 불가능, 적대심, 폭력성 등)을 새로운 차원에서 해결한다.

18~19장에서 버나드는 과거에 다른 과학자들이 방사선에 오염된 그들의 신체를 실험용으로 바쳤음을 회고하면서, 파멕 연구소와 아직 감염되지 않은 세계를 위해 자신을 실험용 샘플로 바친다.(116) 그의 인류애적이고 자기희생적인 고귀한 정신과 행동은 자신보다 타인의 안위를 걱정하는 개체초월적인 모습이다.(116) 이러한 개체초월성은 가족, 인종, 인간, 동물, 기계를 넘어선다. 그렇지 않았을 때 인간은 가족이기주의, 인종차별주의, 파시즘, 인간종중심주의에 밀폐되어 부패하게 된다. 에드워드는 울람 몸속의 지적인 세포들이 빠져나와 퍼지지 못하도록 울람을 죽이면서 자신의 행동이 "신러다이트Neo-Luddite"(97)이며 "집단학살genocide"(102)이라고 분명히 인식한다. 러시아인들은 북미에 핵을 투하하여 소독하려 한다.(192) 심지어 인간들은 모든 철새를 매개자로 간주하여 죽인다.(144) 파멕 연구소 밖에는 횃불을 든 "무지하고 공포에 찬"(243) 사람들이 몰려와 버나드를 죽이고 감염된 연구실을 완전히 소독하라고 요구한다.(252) 이러한 장면은 메리 셸리Mary Shelley의 ≪프랑켄슈타인*Frankenstein*≫에 나오는 괴물을 죽이려고 횃불을 든 마을 사람들(243), 과거 독일 나치들이 행한 가스실에서의 유태인 집단학살에 비유되면서 순혈주의, 파시즘, 인종학살, 동물학살로 점철된 인간의 어두운 역사를 나타낸다.

시몽동은 "외국인 혐오증에 사로잡혀 있는 사람이 낯선 이를 대할 때 그런 것처럼"[43] 인간은 기계를 거부한다고 본다. 작품 속에 나타난 기계학살, 신러다이트 같은 파시즘적 잔혹성은 과거에 자행된 파시즘의 업그레이드 버전으로, 증강된 비인간성과 폭력성이다. 이것은 현대의 심각한 문화지체(뛰는 과학, 제자리 인간)에서 연유한 인간들의 불안과 공포 때문이다. 베어가 그리는 미래는 그래서 대단히 현재적이다. 그는 과학기술 시대에 대두하고 있는 전 지구적 화두를 SF라는 형식 속에 알레고리로 형상화하여 녹여낸다. 반면 누사이츠는 인간뿐만 아니라 동물(새와 곤충) 또한 모두 변환시킨다.(179) 포스트휴먼 사회가 인간과 비인간 모두를 하나로 융합한 연결망임을 시사한다. 비인간 타자에 대한 재성찰을 제기하면서, 이 타자들과 공생하는 포스트휴먼 사회의 지향점을 보여준다.

4) 자본과 국가 외부를 과감히 상상한다.

현대는 기술과학을 동력으로 하는, 자본(시장)과 국가의 이두체제가 지배하는 삶형태를 특징으로 한다. 울람이 근무하는 연구소는 "바이오칩을 연구하는 공개된 연구소와 군사적 연구가 행해지는 국방부의 위탁 연구소"(5)가 함께 하는, 과학과 자본과 국가의 공조 관계를 선명하게 보여주는 알레고리다. 이곳에서 기술혁신에 매진하는 연구자들의 지향점은 공통체 모두의 부의 증가에 있지 않고, "몇 년 안에 개인 사업체를 차려서 부자가 되고 싶은"(13) 자본 축적에 있다. 그러므로 그들의 관심사는 정보 독점과 통제, 이를 위한 "치열한 경쟁"(15), 지배, 배제, "특허권"(90) 등에 있으며, 자신의 소유권을 잃거나 경쟁에서 뒤쳐질까봐 항상 불안하다. 공개된 연구소에서조차도 "보안"(90)이 엄격하고, 외부인의 접근은 철저히 통제된다. 불신과 통제가 일상인 곳이다.

그러나 작품 속의 DNA, 유전 정보는 인류의 전-개체적인 퍼텐셜, 공통의 부를 상징한다. 버나드는 "백만 번 이상 복제되어," "더 이상 원본은 존재하지 않는다."(254) 무한히 복제될 수 있는 정보(지식, 지능)는 그 자체만으로도 자본의 존립에 대한 위협이다. 우리의 집단적 부, "공통적인 것the common"에는 자연과 생명체 및 생각, 이미지, 코드, 정동affect, 사회적 관계 등과 같은 비물질적이고 복제 가능한 재산이 포함된다.[44] 이것은 사적 소유가 아니라 사회적 공유일 때 더욱 가치가 커지는 속성을 가진다. 우리가 물려받거나 함께 창출하는 정보는 감소되지 않거나 향상된 상태로 우리 후손에게 넘겨져야 한다. 인류는 자유로운 개인이 아니라, 재화를 함께 공유하는 공통체 구성원이다. 작품은 바로 이 점을 강조한다. 인간 개체들 저변을 관통하면서 피처럼 흐르는 전-개체적인 퍼텐셜이라는 실재, 즉 인류의 가치(문명)를 집단적으로 발굴 · 재창조 · 통합함으로써, 인류가 생존 · 번성할 수 있음을 보여준다. 자본축적과 그로 인한 인간성 상실이 아니라, 가치의 공유와 축적을 통한 인간성의 만개를 이야기한다. 누사이츠가 정보에 열광하는 이유가 여기에 있다. 현대는 그 어느 때보다 '사회적 생산'이 확대되는 사회다. 공통적인 영역이 확대되고 있음에도, 모든 재화가 사적소유의 대상인 사회다. 인류 역사에서 이러한 불일치한 현대 문명이 차지하는 시간은 극히 짧고 예외적이지만, 현대를 사는 우리에게는 자본과 사적소유가 마치 숨쉬는 공기처럼 익숙하기 때문에, 자본과 국가 외부를 상상하기란 힘들다. 그러나 전통적인 커먼즈가 있었고, 오늘날 P2P 기반의 테크놀로지 덕분에 다시 태어났고, 전 지구적 수준으로 그 규모가 확대되고 있다. '커먼즈 전회a commons turn', 디지털 커먼즈의 등장이다.[45]

24장에서 유럽인들은 민간 자본의 위대한 요새인 미국의 자본가들이 죽었다고 선언한다.(149) 신자유주의적 자본주의가 무너진다면, 무한경쟁에서 오는 현대인들의 신경증과 불안은 사라질 것이다. 포스트휴먼으로 변환중인 울람, 에드워드, 버나드의 일관된 고백이 바로 편안함이다. 불법 연구에 대한 정부 조사를 무마하기 위해 제네트론사에 고용된 버나드는 자신이 "자본의 유혹"(94)에서 헤매고 있다고 후회한다. 자본의 논리에 의해 과학 연구가 변질되고 악용되고 있음을 나타낸다.

≪블러드 뮤직≫에서는 사유재산과 희소성의 몰락, 자본과 국가의 몰락을 과감히 상상한다.

개별적이지만 함께

인간-기계 공생체 등 '생물학 이후의 존재the postbiological'에 대한 예측은 유희와 공상 차원을 넘어서서 과학자와 미래학자들에 의해 적극적으로 탐구되고 있다.[46] 린 마굴리스Lynn Margulis는 미래의 인간은 사지와 몸통은 다 없어지고 두뇌들이 플라스틱 팔에 전기적으로 연결된 "인공공생cybersymbiosis"(255) 형태의 생명체로 진화할 것이라고 본다. 그레고리 스톡Gregory Stock과 데스먼드 버널J. D. Bernal 또한 인간과 기계의 공생을 예견한다.[47] 기술력이 열역학 시대의 개체 수준을 넘어서서, 정보 네트워크의 개체초월적 수준으로 변화함에 따라, 인간과 기계의 관계 방식 또한 새롭게 변화해야 한다. ≪블러드 뮤직≫은 기존 인간-기계 관계의 불일치를 간파하면서 탈인간중심적인 새로운 관계 방식을 탐구한다. 이 시나리오에 따르면 인간은 미래에 분자 기계와 제휴하여 인간-기계 공생체라는 새로운 생명체로 진화하고, 이 포스트휴먼은 세계와의 다른 접속지점인 미시 세계를 확보한다. 이 속에서 개체의 전-개체적 퍼텐셜, 유전물질 안에 저장된 인류 공통의 지성을 개체초월적으로 발현하여 "제한 없는 자유",[48] 인간성의 만개를 향유한다.

작품 속에 상상된 포스트휴먼의 삶형태를 요약하면 첫째, 이들은 미시 세계에서 일종의 텔레파시, 미각, 운동감각 등을 통해 직접적이고 빠르고 풍성하고 끊임없이 커뮤니케이션하여 고도로 조직화된 공동체를 이룬다. 이것은 '월드 와이드 웹'을 넘어서는 '월드 와이드 마인드'를 시사한다. 둘째, 과감히 변화한다. 인간은 현 상태의 변화를 죽음으로 여기며 공포스러워하지만, 포스트휴먼에게 변화는 (육체적 변형까지도) 필수 불가결이다. 그들에게 삶이란 새로운 환경에 적응하며 배우고 변화하는 것이다. 생존을 위해서는 기계나 동물 등의 비인간들과 동등한 행위자로서 적극적으로 제휴한다. 그들은 이러한 제휴, 공생이 타자 속에 자기를 소멸시키는 것이 아니라 보존하는 것임을 직관적으로 알고 있다. 셋째, 개체초월적인 관계(집단성)를 이룬다. 분자 세계에서는 개체들의 전-개체적 퍼텐셜이 직접 소통되어 동질적인 연대성을 회복한다. 그들은 항상 콜로니(작은 집단)로 움직이므로 개체와 집단을 잘 구별하지 못한다. 기능에 따라 역할을 분담하는 계층을 형성하지만, 그 기능은 변화에 따라 유동적이고 차이와 다양성, 자유가 보장되기 때문에 '독재'는 아니다. 우리가 기존에 생각하는 상호 개인적인 협력이나 공동체적 통합, 전체주의, 위계적이고 강압적인 유형의 사회적 관계들과는 다른 새로운 집단성이다. 개체초월적 관계는 개체, 가족, 인종, 종, 동물, 기계를 넘어서므로 개인주의, 가족이기주의, 인종차별주의, 파시즘, 인간종중심주의 등은 발붙일 수 없다. 넷째, 자본과 국가 외부를 과감히 상상한다. 생명공학적 재난은 미국 자본주의 체제의 종말을 가져오고, 새로운 정치적 가능성의 영역이 열린다. 인간은 희소성을 바탕으로 하는 자본축적, 정보독점과 통제, 경쟁이 야기하는 불통과 소외와 외로움으로 말라가지만, 포스트휴먼은 발달된 기술력을 바탕으로 풍요에 기반을 둔 공유사회여서 인류의 집단적 부를 상징하는 정보를 무한히 복제하며 공유한다. 사회적 생산과 공유 속에서 서로 사랑하고 협력한다. 베어의 포스트휴먼 사회는 P2P 기반의 디지털 커먼즈를 극단까지 밀어붙인 형태라고 할 수 있다. 우리가 자본과 국가 외부를 상상하기 힘든 것처럼, 그들은 자본과 국가 내부를 이해하기 힘들다.

이 작품은 '개체초월적 인간-기계 앙상블'을 통해, 인류의 존재론적 상phase이 도구를 활용하고 자연을 지배했던 '인간'에서, 세계와의 관계를 자유롭게 조절하면서 무한한 자유를 구가하는 '포스트휴먼'으로 '상전이'할 수 있음을 보여준다. 이처럼 새로운 기술의 발명은 인류에게 주어진 조건을 넘어서 새로운 삶의 가능성을 개방하는 계기로 작용한다. 그러므로 기술이 무엇을 할 수 있는지에 대한 희망과 불안, 유토피아와 디스토피아를 넘어서서, 오히려 기술이 할 수 있는 것을 못하게 하는 것, 즉 종이기주의, 상업적 자본, 정치적 이해관계, 인간의 탐욕에 주목해야 한다.

인간은 고정된 동일한 존재being가 아니라, 변환하는 생성becoming하는 존재다. 원본, 순종, 순혈은 더 이상 의미가 없다. 끝없는 변형, 차이의 반복, 차이의 유토피아만 있을 뿐이다. 인간은 항상 변하며, 생성하며, 재조정된다. 인간은 비유적으로가 아니라 존재론적으로 심신 모두가 괴물처럼 변형하고 생성하는 '괴물 같은 인류,' '호모 몬스터쿠스Homo monstercus[49]', 포스트휴먼으로 진화 중이다. 베어의 작품에 상상된 포스트휴먼은 부단한 생성의 과정에 있는 삶의 폭발적인 힘들, 인간성의 만개를 드러내는 호모 몬스터쿠스다.

3부 미래의 몸과 일상

감정로봇과 인간의 감정
—약함의 공동체와 강함의 공동체[1]

기술과학이 직면한 최대의 과제의 하나는 인간처럼 감정이 있는 로봇을 개발하는 것이다. 그러한 로봇을 개발함으로써 현재 간호사나 승무원이 감당하는 감정노동을 로봇으로 대체하자는 것이다. <감정로봇과 인간의 감정: 약함의 공동체와 강함의 공동체>에서는 '만약 그러한 기획이 실현된다면 로봇이 감정노동 전담하는 사회에서 인간의 감정에는 어떤 변화가 생길 것인가'라는 질문에 대해 대답을 시도한다. 여기에서 감정은 인간이 외부의 자극에 취약한 존재라는 사실을 가리키는 지표이다. 그리고 인간은 그러한 약점을 공동체 형성의 긍정적 계기로 삼는 사회적 동물이다. 필자는 감정노동을 로봇이 전담하는 순간에 인간 공동체는 무너지기 시작할 것이라고 진단한다.

김종갑

감정노동과 로봇

인공지능은 만인의 입에 오르내리는 유행어가 되었다. 인간의 미래는 인공지능에 달려 있다는 진단도 심심치 않게 들린다. 온 국민이 숨죽이며 지켜보았던 알파고AlphaGo와 이세돌의 대국은 이미 과거지사가 되었다. 이제 장기나 바둑과 같은 연산에서 인간은 인공지능의 적수가 되지 못한다. 자신의 인간 적수가 없다는 사실을 발견한 알파고는 바둑계를 은퇴하지 않았던가. ≪특이점이 온다*The Singularity Is Near: When Humans Transcend Biology*≫의 저자 커즈와일Ray Kurzweil이나 ≪호모 디우스*Homo Deus: A Brief History of Tomorrow*≫의 저자 유발 하라리Yuval Harari는 머지않아 인간보다 우월한 수퍼인공지능이 등장할 것이라고 예견하였다. 물론 모두 이러한 미래상을 환영하지는 않는다. MS 창업자 빌 게이츠Bill Gates나 물리학자 스티븐 호킹Stephen Hawking은 고삐 풀린 인공지능의 개발은 인류에게 재앙이라고 경고하였다.

인공지능에 대한 희망과 공포, 낙관과 비관은 당연한 반응이다. 돌다리도 두드리고 건너야 한다는 속담이 있다. 당연히 찬반의 의견이 팽팽하게 맞설 수밖에 없다. 이러한 논의의 중심에는 인간이 인공지능을 어디까지 통제할 수 있을 것인가 하는 질문이 있다. 인공지능을 관리하며 통제해야 하는 인간이 자칫하면 인공지능에 의해 역으로 지배당할 수 있다는 불안감이 있는 것이다. 알파고와 이세돌의 대국을 보도했던 신문기사들이 인간의 짓밟힌 자존심을 운운했던 이유이기도 하다.

인공지능을 지배와 통제의 관점에서 바라보는 시각은 너무나 인간중심주의적이라는 것이 나의 기본적인 입장이다. 이러한 시각은 편협할 뿐 아니라 위험하기도 하다. 인간을 절대적 주체로, 인공지능을 절대적 타자로 정립함으로써 양자의 상호작용과 공진화의 측면을 무시하기 때문이다. 인간이 기계를 만들고 편리하게 이용해 왔다는 점에는 변함이 없다. 그럼에도 ≪기술적 대상들의 존재 양식에 대하여*Du mode d'existence des objets techniques*≫에서 질베르 시몽동Gilbert Simondon이 주장하였듯이 인간과 기계의 관계가 일방적이지만은 않았다는, 자주 간과되었던 사실도 기억해야 한다. 우리는 마음대로 기계를 사용하는 것은 아니다. 조작하고 작동하기 위해서는 먼저 자신의 몸을 기계의 구조와 성격에 맞도록 바꿔야 한다. 기계를 통해 욕망을 충족하기 위해서 인간은 먼저 기계적으로 변형되어야 하는 것이다.

한때 인간과 기계의 본질적인 차이가 강조되었던 적이 있다. 차가운 기계는 피와 살이 있는 인간과 감정적인 교류가 불가능하다는 것이다. 예를 들어, 인간은 뺨을 맞으면 모멸감에 팔짝 뛰지만 기계는 발길질을 당해도 아무런 반응을 보이지 않는다. 그러나 이제 로봇의 패러다임이 바뀌고 있는 중이다. 소셜로봇이나 감정로봇의 개발이 박차를 가하고 있기 때문이다. 구글은 2015년에 행복과 공포, 놀람, 당혹감과 같은 감정을 인간과 주고받을 수 있는 로봇의 특허를 신청했다.

로봇이 감정을 가질 수 있다면 인간은 로봇을 더 이상 기계로만 다루기 어렵게 된다. 소셜로봇은 "언어, 몸짓 등 사회적 행동으로 사회적 규범에 따라서 사람들과 자율적으로 상호 작용하고 소통하는 로봇"[2]이다. 우리와 자유로운 소통이 가능하다면 로봇을 마음대로 사용하다가 폐기처분할 수 있는 기계로 생각할 수 없게 될 것이다. 친구나 동료, 가족에 대한 감정이 로봇에게도 확대될 수 있을지 모른다. 여기에서 제기되는 문제는, 만일 감정로봇이 상용화된다면 사용자인 인간이 그것의 감정에 대해서 어떠한 태도를 취해야 할까 하는 질문이다. 제러미 리프킨Jeremy Rifkin은 ≪노동의 종말*The End of Work*≫에서 기계의 발명이 인간 '육체노동의 종말'을 가져왔다고 주장하였다. 그의 주장이 감정에도 적용될 수 있는 것일까? 최근에 감정노동이 사회적 문제가 되고 있는데, 감정로봇이 개발되면 인간은 더 이상 감정노동을 하지 않아도 될 것일까? 감정 도우미에게 간호와 위로, 미소의 힘든 역할을 맡기고 인간은 자기에게 좋은 감정만을 향유할 수 있게 될까? 만약 가능하다면, 그것이 바람직한 것일까? 이러한 질문에 대한 대답을 감정로봇에게서 기대해서는 안 될 것이다. 이 질문은, 우리는 과연 어떤 인간이 되기를 원하는가, 어떤 삶을 원하는가, 어떠한 공동체를 원하는가 하는 질문과 떼어놓고 대답할 수 없을 것이다. 이 글의 후반에서 필자는 약한 공동체와 강한 공동체의 관점에서 문제에 접근하게 될 것이다.

감정과 감정노동

감정은 "어떤 현상이나 사건을 접했을 때 마음에서 일어나는 느낌이나 기분"이다.[3] 여기에서 우리는 '일어나다'라는 동사에 주목할 필요가 있다. 영어 emotion의 어원은 '움직인다'를 뜻하는 라틴어 movere로 거슬러 올라간다. 단순화하면 몸의 움직임, 몸의 변화가 감정이다. 감정은 내부와 외부의 자극으로 인해서 몸에 발생하는 변화이다. 진화론적으로는 이러한 변화가 적응과 생존과 적응에 필수적이다.

생존과 적응의 관점에서 몸에 발생하는 변화는 긍정적일 수도, 부정적일 수도 있다. 스피노자Baruch de Spinoza는 ≪에티카*Ethics*≫에서 삶의 유지에 도움이 되는 에너지conatus의 증가를 기쁨laetitia, 그러한 에너지를 감소tristitia를 슬픔으로 정의하였다. 두 말할 나위 우리는 기쁨으로 충만하고 행복한 삶을 원한다. 고통이나 공포, 우울과 같은 감정에 이끌리지 않으려고 한다. 아메바와 같은 단세포생물도 마찬가지이다. 그것은 생존에 불리한 환경으로부터는 몸을 돌려 도망간다. 그러한 도피의 행동도 가장 초보적인 단계의 감정이다.

생명을 가진 모든 것은 감정을 가지고 있다. 감정이 없으면 주위 변화에 대처하지 못한다. 고통이나 공포와 같은 부정적 감정도 빨리 도망하거나 치유하라는 경고음이다. 손가락이 불에 타들어가도 고통을 느끼지 못한다면 신경이나 혈관의 심각한 손상을 초래할 것이다. 반대로 무감각이 바람직하게 생각될 수도 있다. 치통처럼 고통이 너무나 강렬하면 무감정으로 도피하고 싶어지는 것이다.

감정의 조절과 통제를 철학의 첫 번째 과제로 삼았던 철학이 스토아 철학이다. 스토아 철학자들은 고문과 같은 극심한 고통 속에서도 마음의 평화와 행복을 유지하는 방법을 찾았다. 철학자라면 목에 칼이 들어와도 마음의 평정을 잃지 않을 정도로 침착해야 한다. 철학적 수련과 단련을 통해 그러한 경지에 이를 수 있다고 말했던 에픽테투스Epictetus는 인간의 본질을 몸이 아니라 이성적 영혼에서 찾았다. 철저하게 이성과 자신을 동일시하는 인간은 분노나 고통과 같은 몸의 변화에 휘둘리지 않는다. 스토아철학자들에게는 몸의 변화로부터 자유로운 인간, 즉 몸이 없는, 달리 말해 무감정apatheia의 영혼을 최고의 이상이었다.[4]

왜 감정으로부터의 자유를 원하는 것일까? 감정은 우리가 외부의 환경에 대책 없이 노출된 허약한 존재라는 사실을 의미하기 때문이다. 강자가 아니라 약자라는 사실을 일깨워주는 것이다. 잔병치레하고 암에 걸리기 쉬우며, 녹이 슬듯이 가만히 놔둬도 저절로 노쇠하는 몸의 변화는 슬픔과 고통을 안겨 준다. 인간은 약한 존재이다. 파스칼은 우주는 작은 물방울 하나로도 인간을 죽일 수 있다고 말했던 이유이다. 물방울에도 당할 수 있는 것이다. 이 점에서 감정은 수동적이다. 우리는 고통을 행하는 것이 아니라 고통을 당하고 견딘다고 말해야 옳다. 철학자들이 감정을 '정념passion'으로 다루었던 것은 우연이 아니다.

그러나 스토아철학자들과 달리 장 자크 루소Jean Jacques Rousseau는 인간의 연약함을 오히려 미덕으로 보았다. 만약 인간이 남의 도움이 없이도 혼자 살 수 있을 정도로 강한 존재라고 생각해보라. ≪오디세이아≫에 등장하는 외눈박이 거인족은 막강한 독불장군들이었기 때문에 서로 외따로 떨어져서 살았다. 서로 돕고 의지하는 공동체가 필요치 않았던 것이다. 그러나 혼자 살 수 없을 정도로 연약한 인간은 살아남기 위해서라도 동료의 도움을 필요로 한다. 이 점에서 약함은 인간이 사회적인 존재가 될 수 있는 필요조건이다. 그것뿐만이 아니다. 자신이 나약하다는 생각으로부터 동정이나 연민과 같은 인간적 미덕이 움트기 시작한다. 자기도 똑같이 고통을 당할 수 있다고 느끼기 때문에 불운에 처한 사람의 처지를 못 본 척 그냥 지나치지 못하는 것이다. 흄David Hume도 ≪인간본성론A Treatise of Human Nature≫에서 "모든 인간의 허약함은 사회를 통해서 보상을 받는다."고 주장했다. 최근에 ≪혐오와 수치심Hiding from Humanity≫의 저자인 마사 너스바움Martha Nussbaum도 루소의 견해를 적극 지지하면서 "불완전성의 공유shared incompleteness"를 인간 윤리의 토대라고 주장했다.

그럼에도 기계와 기술이 나약한 인간을 강한 인간으로 만들어주었다는 사실을 부정할 수 없다. 인간은 여타 동물처럼 자연의 변덕에 휘둘리는 존재가 아니라 자연을 휘어잡아 정복하는 존재가 되었다. 자연을 논밭으로, 상품으로, 그리고 문화로 변형시켰다. 난방이 잘 된 실내에서는 겨울의 혹한을 두려워하지 않아도 된다. 그것뿐만이 아니다. 이제 인간은 자연을 정복하기 위해 직접 노동할 필요도 없게 되었다. 기계가 대신 일을 해 주기 때문이다. 인간은 호모 파베르Homo Faber가 아니라 호모 루덴스Homo Ludens가 되었다고 말해야 옳게 되었다. 생계를 위해 강요된 육체노동이 자발적인 노동, 유희로서 운동이 되고 있는 것이다. 이러한 변화는 인간의 몸이 자연으로부터 점차 독립하게 되었다는 사실을 의미한다.

최근에 등장하고 있는 감정로봇은 인간이 자연으로부터 독립하는 것만으로는 충분하지 않다는 점을 일깨워준다. 이제 인간은 감정으로부터도 자유로워지는 세상을 추구하게 되었다. 생각해보자. 인간이 자연에 대해 육체노동을 한다면 동료 인간에 대해서는 감정의 노동을 해 왔다. 하인과 어릿광대, 기생 등의 직업이 그러한 감정노동이 아니라면 무엇이겠는가? 그들은 주인이나 고객의 불편함을 쾌적함으로, 슬픔을 기쁨으로, 우울을 웃음으로 바꿔주고 스트레스를 풀어주는 감정의 노동자들이었다. 일찍이 베르디Giuseppe Verdi의 오페라 <리골레토Rigoletto>에서 어릿광대 리골레토는 "나는 무기는 세치 혀. 나는 웃기는 것이 직업이라네"라고 자신의 신세를 한탄하였다. ≪관리된 마음The Managed Heart≫에서 혹스차일드Arlie Russell Hochschild는 그러한 감정노동을 다음과 같이 정의하였다. "사람으로 하여금 다른 사람들의 기분을 좋게 하려고 자신의 감정을 고무시키거나 억제하게"[5]하는 행위가 감정노동이다.

인간을 자연으로부터 독립시킨 기계가 지금은 인간을 동료 인간으로부터도 독립시키는 감정로봇으로 진화하고 있다. 우리가 다른 사람의 눈치를 보고 기분을 맞춰주고 싶어도 억지로 미소를 지어야 하는 것은 육체노동보다 더욱 피곤한 일이다. 그리고 이전에 육체노동에 종사했던 사람들은 이제 감정노노동자로 전환되고 있는 실정이다. 혹스차일드는 현대에 육체노동자가 획기적으로 감소한 반면에 감정노동자는 전체 노동인구의 40% 이상으로 증가하였다고 진단하였다. 현재 우리나라는 37.9%로 추정되고 있다.[6]

현재 감정노동을 주로 담당하는 직업은 간호나 간병과 같은 직종이다. 그들은 병들어 고통을 앓거나 늙어서 쇠약해진 환자들을 보살피는 것으로 그치지 않고 얼굴에 미소를 잃지 않아야 한다. 이때 미소는 자발적인 감정의 표현이 아니라 직업에 의해 강요된 미소, "작업과정에서 교환가치로 추상화하여 상품으로 판매하는 특별한 유형의 노동"이다.[7] 이러한 감정노동의 종사자들이 극심한 스트레스와 감정소진, 우울증 등을 겪는다는 것은 잘 알려진 사실이다. 심한 경우에는 뇌심혈관 질환, 근골격계 질환, 소화기 질환으로 확대되기도 한다. 이러한 사정을 감안하면 감정로봇에 대한 수요가 급증하는 것은 당연하게 보이기도 한다.

그런데 다음과 같은 질문이 있을 수 있다. 인간은 생로병사하는 존재, 희로애락喜怒哀樂의 감정을 가진 존재이다. 인간이 언제나 건강하게, 그리고 희와 락의 감정만을 향유하며 살 수 있다면 그보다 더 좋은 일은 없을 것이다. 그럼에도 노병사의 사실은 아무리 무시하려고 해도 무시할 수 없는 인간의 실존적 조건이다. 슬픔과 고통의 감정도 인간의 그러한 보편적 유약함에서 생겨난다. 이 점에서 인간사회는 약함의 공동체이다. 그리고 그러한 공동체의 일원으로서 감정노동은 삶의 일부일 수밖에 없는 듯이 보인다. 물론 싫어도 참으면서, 즉 자신의 감정을 통제하고 관리하면서 가까운 사람들을 보살피고 간병하는 감정적 작업은 직업공간에서의 감정노동과 혼동될 수 없다. 그럼에도 인간의 생로병사가 의료화된 사회에서는 과거의 감정작업이 사적인 영역을 떠나서 공적인 영역으로 유입되고 있다는 사실을 부정할 수 없다. 많은 사회학자들이 지적하듯이 현대사회의 특징의 하나는 삶의 영역과 죽음의 영역의 분리이다. 한편에 행복감과 신체적 건강, 자존감 등의 긍정적 감정positive affect이 있다면 다른 한편에는 불안, 공포, 고통, 자기비하, 죄책감 등의 부정적 감정negative affect이 있다.[8] 미래에 감정로봇이 상용화되면 그러한 부정적 감정과 관련된 노동을 감정로봇이 전담하게 될 가능성이 크다. 그렇게 되면 사회는 긍정적 감정을 향유하는 인간과 감정의 노동을 하는 로봇으로 사회가 이분될 수 있다.[9]

감정로봇과 ≪나를 보내지마≫

최인공지능이 기존의 알고리즘에서 벗어나 인공신경망과 딥러닝deep learning의 단계로 접어들면서 감정로봇 개발이 박차를 가하고 있다. 인공신경망은 인간의 두뇌를 모방해서 만들어진 자율적인 정보처리장치이다. 입력된 프로그램에 의해서 작동하였던 기존의 컴퓨터는 프로그램을 벗어난 상황에 직면해서는 속수무책이었다. 그러나 인공신경망은 새로운 환경이나 조건이 주어져도 거기에 알맞은 알고리즘을 자발적으로 생성해낼 수가 있다. 언젠가 인공지능이 사람과 자유롭게 감정을 표현하고 의사소통할 수 있을까? 영화 <엑스 마키나Ex Machina>의 여주인공과 같은 로봇이 가능할 것인가? 이 질문에 대해서는 학자들마다 가능성 여부와 시기에 대해서 의견을 달리하고 있다. 과학기술의 기하급수적 발전을 강조하는 커즈와일과 같은 과학자는 2040년에 인공지능이 모든 면에서 인간을 앞지를 것이라고 예견하였다.[10] 개인적으로 나는, 인간의 신경망을 모방한 인공지능이 개발되는 현실을 감안하면,[11] 감정로봇도 가능할 것이라 보고 있다. 인공지능에게 인간과 상호작용하며 학습할 수 있는 충분한 시간이 주어지면 그것은 인간과 감정적으로 소통하는 방법도 터득할 것이라고 생각한다. 이러한 생각이 없었다면 이 글을 쓰지도 않았을 것이다.

감정로봇의 선두주자로 자라Zara를 개발한 컬럼비아대학교 교수 펑Pascale Fung은 최근에 <가슴이 있는 로봇Robots with Hearts>이라는 글을 기고했다. 그는 "기계가 우리말을 듣고 이해하는 것으로 충분하지 않다. 우리는 인공지능이 인간의 감정을 이해하고 공유하기를, 즉 공감능력[12]을 갖기를 바란다. …… [그렇게 되면] 인공지능은 인간의 동료가 될 것이며, 자신을 희생하면서 위기에 처한 인간의 생명을 구해줄 수도 있다. 지고한 공감 행위로 가능한 일이다."고 말했다. 여기에서 가슴은 공감 모듈empathy module이라 불리는 소프트웨어를 말한다. 펑은 그러한 공감모듈을 통해서 자라는 자기와 대면하는 사람의 얼굴과 성격, 기분까지도 식별할 수 있다고 설명했다.[13] 물론 아직 인간과 자유롭게 소통하는 수준에는 이르지 못했다. 그럼에도 곧 그러한 단계에 이를 것으로 전망하고 있다. 만약 감정로봇이 진심으로(?) 인간과 감정적으로도 교류할 수 있다면 더 이상 바랄 나위가 없을 것이다.[14]

여기에서 내가 지적하려는 것은 로봇의 완성도가 높아지면 질수록, 즉 인간과 닮아가면 갈수록 다음과 같은 딜레마에 직면하게 된다는 사실이다. 이것은 감정노동자들이 감정부조화와 감정적 상처, 심하면 극심한 스트레스와 우울증으로 시달리게 된다는 사실과 무관하지 않다. 그 결과 전직하는 노동자들도 적지 않다.

그런데 문제는 인간의 감정노동을 대체하기 위해 고안된 감정로봇도 그러한 감정적 부담으로부터 자유로울 수 없다는 것이다. 인간처럼 신체적 및 심리적 건강의 악화, 감정 탈진, 우울증 등의 부정적인 증상에 시달리기 쉽다. 그리고 더 이상 견딜 수 없는 단계에 이르면 <엑스 마키나>의 로봇 에이바처럼 그러한 노동으로부터 탈주를 시도할 수도 있다.

이러한 딜레마를 잘 보여주는 소설로, 2017년에 노벨문학상 수상 작가 가즈오 이시구로Kazuo Ishiguro의 ≪나를 보내지마*Never Let Me Go*≫가 있다. 이 소설 여주인공 캐시Kathy는 인공지능은 아니라 복제인간이다. 그럼에도 인간과 인공지능의 관계에 대해서 많은 것을 시사해준다.[15] 소설은 기숙학교 헤일셤Heilshem을 졸업하고 간병 현장에서 근무하는 캐시가 과거를 상기하는 형식으로 진행이 된다. 학창시절에 그녀는 많은 교우 가운데서도 특히 마음이 잘 통하는 루스Ruth와 토미Tommy라는 두 친구와 허물없고 친근한 사이였다. 사춘기에 접어드는 청소년들이 그러하듯이 그들은 우정과 성, 그리고 자신의 정체성과 미래에 대해서 많은 대화를 나누고 고민을 같이 하면서 질풍노도의 십대를 보낸다. 그러던 어느 날, 교사 루시Lucy로부터 충격적인 이야기를 듣게 된다. 그들은 인간이 아니라 복제인간이라는 것, 피복제인간에게 장기를 이식해 주기 위해 헤일셤에서 격리 양육되고 있는 존재에 지나지 않는다는 것이다. 공식적으로는 그렇게 장기를 이식해준 복제인간을 간병하는 일이 그들의 직업이다. 이 사실의 발견은 그렇지 않아도 미래에 대한 희망과 불안으로 가슴을 졸이던 그들의 실존에 엄청난 지각변동을 가져오게 된다. 이제부터 인간이 아니라 복제인간으로서 새로운 정체성과 타협하기 위해서 자신의 원본을 찾아나서는 등 방황과 고뇌를 거듭하게 된다. 그럼에도 자신을 복제한 인간들에게 분노하거나 원망하지는 않는다. 대신 "왜?"라는 존재론적 질문을 끊임없이 던진다. 이 작품은 토미가 네 번째 장기 기증을 마치고 세상을 떠나는 것으로 막을 내린다. 이 작품에 주목해야 하는 이유는 헤일셤이 인도주의적인 실험학교였다는 사실에 있다. 이상주의자였던 설립자는 복제인간도 자기들과 마찬가지로 영혼을 가지고 있다는 사실을 증명하기 위해서 소수의 복제인간을 선택해서 학교에 다니게 하고 예술과 교양 교육을 시켰다. 그러한 양육과 교육의 결과 어떤 일이 일어나는지 지켜보려고 했던 것이다. 캐시의 삶은 이 실험이 기대했던 이상으로 성공하였다는 사실을 말해준다. 그런데 바로 이 지점에서 반전이 일어난다. 복제인간도 영혼을 가지고 있다는 사실이 알려지자마자 헤일셤은 즉시 폐쇄되어야 했다. 자신에게 장기를 기증해 주는 복제인간들이 인간 수혜자들처럼 똑같이 기쁨과 슬픔을 느끼고 상처도 잘 받는 민감한 영혼의 소유자라는 것을 선뜻 받아들이기 어려웠던 것이다. 자기와 마찬가지로 삶을 사랑하는 사람이 그것도 멀쩡한 사람이 자신의 건강한 몸을 가르고 장기를 적출해서 자기에게 이식해준다는 생각은 상상하기에도 너무나 끔찍하고 잔혹하게 느껴졌기 때문이다. 장기를 이식받을 바에는 복제인간은 영혼이 없다고 믿는 편이 훨씬 나았던 것이다.

≪나를 보내지마≫에는 두 종류의 공동체가 등장한다. 하나는 자신의 미래와 건강에 대해서 걱정할 필요가 없는 행복한 인간들의 공동체이다. 살면서 좋은 일만 있을 것이라는, 설령 장애가 있더라도 어렵지 않게 극복할 수 있다는 일반화된 기대를 가진 특권적인 사람들이다. 다른 한편에는 인간을 위해서 자신의 미래와 행복을 희생해야 하는 복제인간들의 슬픈sad 공동체가 있다.[16] 미래에 좋은 일이 있을 것이라는 낙관이 불가능한 무리들이다. 이러한 구분은 감정노동의 노동자와 수혜자에 대해서도 마찬가지로 적용될 수가 있을 것이다. 마음대로 감정을 표현해도 좋은 사람들의 무리와 싫더라도 업무에 요구되는 감정을 보여주기 위해서 노력해야 하는 사람들의 무리로 나뉘는 것이다.

사실 감정에 대한 이러한 분류는 새로운 것이 아니다. 감정노동이라는 개념이 소개되기 훨씬 이전에 이미 사르트르Jean Paul Sartre는 ≪존재와 무*L'être et le néant*≫에서 자기기만mauvois foi의 관점에서, 그리고 어빙 고프만Erving Goffman은 대면행동face to face encounter이라는 사회학적 관점에서 이 문제에 접근하였다. 사르트르가 자기기만의 한 예로 설명한 카페의 웨이터는 손님에게 너무나 서비스를 잘 한다. 너무나 깍듯이 정중하고, 너무나 눈치가 빠르며, 한마디로 빈틈이 없어서, 웨이터 로봇처럼 보일 지경이다. "그는 자신을 조작하는 기계처럼 움직이고, 그의 자세와 목소리도 기계처럼 정확하다." 이 웨이터는 자신의 존재 전체가 웨이터 직업이 되어버렸다. 존재가 사물(혹은 기계)이 된 것이다. 기계라면, 기분이 썩 내키지 않거나 감정이 상할 정도로 손님이 무례하게 굴어도 이러한 것들은 문제가 되지 않는다. 그래서 웨이터는 혹시라도 있을지 모르는 감정적 부담을 털기 위해 아예 감정이 없는 로봇처럼 행동하는 것이다. 인간임에도 불구하고 그렇지 않은 기계처럼 행동한다는 점에서 사르트르는 웨이터를 자기기만의 전형으로 보았다. 그렇다면 웨이터에게 서비스를 받는 손님들은 어떠한가? 이 질문에 대한 대답은 고프만이 ≪상호작용 의례*Interaction Ritual*≫에서 발전시킨 탈인격화depersonalization 개념에서 찾을 수 있다. 이것은 자기가 대면하는 사람의 감정을 일일이 고려하면 일을 효율적으로 처리할 수 없기 때문에 상대방을 인격적 존재가 아니라 물건처럼 취급하는 태도를 의미한다. 웨이터의 서비스를 받는 손님은 그의 인격이나 기분을 고려할 필요가 없다. 음료수 자판기라도 된다는 듯이 그의 인격을 무시함으로써 방해받지 않고 자유롭게 자기 하고 싶은 일을 즐길 수 있는 것이다. 이때 손님도 사르트르적 의미의 자기기만의 혐의에서 자유롭지 못하다. 그는 웨이터가 인간이라는 사실을 잘 알고 있으면서도 그렇지 않다는 듯이 행동하고 있기 때문이다.

카페의 웨이터와 손님은 카페라는 잠정적 조건에서만 자기기만적이라는 점을 지적해야겠다. 카페를 벗어나는 순간에 그들은 자유로운 인격적 존재로 되돌아간다. 자기기만은 시작과 끝이 있는 역할극인 것이다. 그렇지만 ≪나를 보내지마≫의 자기기만은 항구적이며 구조적이다. 인간들은 복제인간을 인간이 아니라 장기臟器처럼 취급하는 사회의 구성원들이다. 개인이 그렇게 할 필요도 없다. 사회제도가 앞장서서 그들을 격리하고 게토화함으로써 탈인격화·탈감정화를 주도하기 때문이다. 복제인간이 영혼을 가지고 있다는 사실도 체계적으로 은폐되어야 했던 이유이다. 물론 엄밀한 의미에서 ≪나를 보내지마≫의 캐시와 친구들은 자기기만에 해당하지 않는다. 그들은 결코 자신의 존재를 장기로 환원하지 않으며, 간병의 역할에 만족하거나 거기에서 자신의 정체성을 찾지도 않는다. 그들은 자신의 불행을 예민하게 의식하고 있다. 그러나 인간 공동체는 복제인간의 불행이나 고통에 시선을 돌리려 하지 않는다. 연민의 감정을 품거나 동정해서도 안 된다. 동정하는 순간에 그들의 불행과 희생을 당연하게 받아들일 수 없게 되기 때문이다.

위와 같은 이유로 행복한 인간 공동체는 복제인간의 불행을 철저하게 타자화하지 않으면 안 된다. 그것은 우리의 것이 아니라 그들의 것이다. ≪에밀*Emile*≫의 한 인상적인 구절에서 루소는 "왕은 백성의 고통을 동정하지 않는다."고 말했다. 한 번도 백성의 입장에 서 본 적이 없기 때문이다. 자기도 그러한 고통을 당할 수 있으리라고 상상해 본 적이 없기 때문이다. 루소와는 다른 맥락이기는 하지만 에우리피데스Euripides의 ≪히폴리토스*Hippolytos*≫에서도 히폴리토스의 억울한 죽음을 지켜보면서도 아르테미스Artemis 여신은 눈물을 흘리지 않는다. "내가 우는 것은 올바른 일이 아니다It would not be right for me to weep."[17] 인간보다 본질적으로 우월하고 탁월한 신은 결코 인간처럼 약자의 감정을 보여서는 안 되는 것이다.

≪나를 보내지마≫는 SF 소설이다. 복제인간이나 감정로봇은 결코 현실화되지 않을 순수한 상상의 산물일 수 있다. 그것은 현재의 유약한 인간보다 훨씬 강하고 행복해질 미래의 인간에 대한 유토피아utopia적 메타포일 수도 있다. 그러나 그러한 인간상은 유토피아가 아니라 디스토피아dystopia에 가까운 듯이 보인다. 과학기술의 도움으로 인간이 강화되기만 하는 것은 아니다. 동시에 약화되는 것도 있다. 그것은 동료와 약자에 대한 공감능력의 상실이다.

감정과 평가, 해석

앞서 말했듯이 감정은 몸의 변화이다. 몸은 다른 몸에 영향을 미치며affect 그것으로부터 영향을 받는다.be affected 그러한 상호 작용의 결과로 기쁨과 슬픔, 분노, 짜증, 우울과 같은 변화가 생긴다. 감정이란 이러한 변화에 대한 지각이며 의식이다. 때로 감정이 마음의 평화와 안녕을 방해할 수도 있다. 스토아철학자들은 감각으로부터 해탈하는 방법으로 탈신체화, 혹은 무감정apatheia을 제시하였다. 몸이 나의 것이 아니라면 누군가 얼굴에 침을 뱉어도 모욕감을 느끼거나 화를 낼 이유가 없다. 나의 본질인 영혼과 얼굴은 무관한 것이기 때문이다. 사랑하는 연인이나 자식을 잃어도 크게 상심할 이유가 없다. 어차피 나와 무관한 것들이기 때문이다.

스토아철학은 감정을 단순한 감각적 자극이 아니라 가치판단의 대상으로 삼았다. 마수미Brian Massumi의 용어로 설명하면 그들은 의식되지 않은 감정emotion과 의식된 느낌feeling을 구분하였다. 살아 있는 몸에는 끊임없는 변화가 일어난다. 호흡, 혈액 순환, 체온 변화, 소화와 분비, 세포의 죽음과 재생산 등 무수한 변화가 발생한다.

이러한 몸의 변화가 나라는 자기 정체성과 관계가 있을까? 그것은 생리학적 변화이지 않은가. 이때 이러한 변화의 주체는 내(I)가 아니라 생리기관(it)이나 자연현상이라고 할 수 있다. 이 점에서 '나에게 감정이 있다There is emotion in me'와 '내가 감정을 느낀다I feel my emotion'는 동일하지 않다. 스토아철학자들은 이러한 논리를 극단으로 밀어붙였다. 예를 들어 치아가 마모되면 당연히 치통이 생긴다. 통증이 없다면 이상한 일이다. 스토아철학자들은 이와 같이 당연한 생리 현상은 자기와 상관없이 자연적으로 일어나는 사건으로 간주하였다. 즉 자기와 상관이 없다면 치통을 자기의 주관적 고통으로 느낄 이유도 없다는 것이다. 나의 것으로 받아들여야만 비로소 그것은 나의 고통이 된다. 타인의 고통이나 불행에 대해서도 마찬가지이다. 타자의 불행이나 고통에 대해서 내가 반사신경적으로 동정심이나 연민을 느끼지는 않는다. 그것을 나에게도 일어날 수 있는 사건으로 '해석'해야만, 나의 것으로 주체화해야만 동정심을 느끼게 된다. 이와 같이 정동은 가치판단의 결과로 나로부터 배제된 감정과 나의 것으로 수용된 감정feeling으로 나뉠 수 있다.

감정과 느낌의 차이를 설명해 주는 많은 실험들이 있다. 그 중의 하나로 스탠리 샥터Stanley Schater와 제롬 싱어Jerome Singer가 1962년에 발표한 감정의 두 단계 이론을 들 수 있다. 그들은 피실험자 집단을 A, B 두 그룹으로 나누고, 그것이 아드레날린이라는 부신호르몬이라는 사실을 알리지 않고서 두 그룹에게 똑같이 투약하였다. 그리고 A에게는 그것이 통증과 분노를 야기한다고, 그러나 B에게는 기쁨과 행복한 느낌을 자극한다고 말해 주었다. 그리고 몇몇 개구쟁이들을 이들이 기다리는 대기실로 투입해서 시끄럽게 뛰어다니도록 시켰다. 아드레날린은 혈당을 상승케 하고 심장박출력을 증가시키는 등 사람을 흥분시키는 물질이다. 당연히 피실험자의 몸에는 똑같은 생리적 변화가 발생하였다. 그런데 스탠리와 제롬에게는 놀랍게도 A와 B 그룹의 반응은 극과 극을 달렸다. A 그룹은 아이들에게 불만을 터뜨리거나 화를 냈다. 그런데 B 그룹은 아이들과 더불어 즐거워하는 반응을 보였다. 이 실험이 무엇을 말해 주는가? 감정은 몸의 변화이다. 그렇지만 그 감정은 주체에 따라서 부정적으로 느껴질 수도, 긍정적으로 느껴질 수도 있다. 그 자체로 가치와 의미가 결정된 감정은 없다.[18]

몸의 변화와 그것에 대한 의식은 동일하지 않다. 자극과 반응은 동일하지 않다고 말해도 좋다. 이때 감정이 몸(it)에 가까운 변화라면 느낌은 마음(I)에 보다 가까운 변화이다. 느낌은 나의 것으로 주체화된 감정인 것이다. 그것은 외부의 자극에 대한 자동적 반응이 아니라 주체에 의해 해석된 결과인 것이다. 동일한 행동이나 사건에 대해서도 사람들마다 각기 다른 반응을 보이는 이유이기도 하다. 청결에 유난히 집착하는 사람들은 다른 사람들에게 대수롭지 않은 음식의 이물질에 펄쩍 뛰며 혐오감을 보인다. 영화의 폭력이나 선정적인 장면에 대하여 남녀가 보이는 차이에 대해서는 많은 연구들이 축적되어 있다. 물론 감정의 문화적·역사적 변화와 변형도 무시할 수 없다. 이미 오래 전에 마르크스Karl Marx는 감각에도 역사가 있다고 주장하였다. ≪중세의 가을≫에서 호이징아는 중세인들이 현대인보다 훨씬 감정의 기폭이 심하다고 주장하였다. 그리고 엘리아스Norbert Elias는 ≪문명화과정*Über den Prozeß der Zivilisation*≫에서 "당혹감의 문턱threshold of embarrassment"이라는 개념을 가지고 전근대와 근대의 차이를 설명하였다. 감정에도 역치가 있다. 혐오감을 주거나 분노를 일으키는 자극의 강도는 시대에 따라서 변하는 것이다. 감정의 문턱이 낮은 사람은 그렇지 않은 사람이 가볍게 무시할 수 있는 사소한 일에도 분노하고 수치심을 느낀다. 혐오감이나 명예심에 대해서도 마찬가지이다. 명예욕이 강한 사람들은 작은 모욕에도 참지 못하고 폭력을 행사하기 쉽다.

약함의 공동체와 강함의 공동체

프로이트Sigmund Freud에 의하면 전지전능하다는 환상은 유아의 심리적 특징의 하나이다. 그럼에도 우리는 심리적・육체적 불편이나 장애가 없고 기쁨으로 가득 차 있으면 자신이 모든 것을 할 수 있다는 자신감을 가지게 된다. 자신을 자유로운 존재로 느끼는 것이다. 반면에 육체적 장애나 고통이 있으면 아무것도 할 수 없다는 무력감이 가중된다. 부자유한 존재로 자신을 경험하는 것이다. 대도시에서 불행했던 워즈워드William Wordsworth는 자연의 품에 안기자 부정적 감정이 일시에 사라지고 긍정적 감정으로 가득한 자신을 "살아 있는 영혼living soul"이라고 노래하였다. 여기에서 영혼이라는 말은 단순한 과장이 아니다. 불편하거나 괴롭지 않으면 우리는 몸의 있음을 느끼지 못한다. ≪부재하는 몸*Absent Body*≫(1990)에서 드루 레더Drew Leder는 일상에서 우리가 몸이 없는 듯이 행동하는 것이 정상이라고 설명하였다. 갑자기 돌부리에 넘어지는 등 사고가 발생해야만, 즉 몸에 장애가 생겨야만 몸이 불청객처럼 의식의 전면에 등장하기 때문이다.

메를로-퐁티Maurice Merleau-Ponty에 의하면 몸은 대상이 아니라 프로젝트이다. 우리는 몸을 가지고 무엇인가를 한다. 그러한 행위의 주인공인 몸은 여간해서 전면에 등장하지 않는다. 타이핑을 하는 나는 손을 보는 것이 아니라 화면을 보고 있다. 오타를 하거나 손가락이 아플 때에야 나는 손가락을 비로소 의식하게 된다. 이러한 이유로 몸을 의식하는 순간은 유쾌한 순간들이 아니다. 몸이 불편해서 아무것도 할 수 없게 되면 플라톤의 말처럼 몸은 영혼의 감옥이 된다.[19] 영혼이었던 내가 갑자기 육체의 감옥에 수감되어 있는 것이다. 아라비아 민족 운동의 영웅이자 ≪지혜의 일곱 기둥*Seven Pillars of Wisdom*≫의 저자인 로렌스T. E. Lawrence가 그러한 몸의 변화에 대해서 참을 수 없는 수치감을 느꼈다.

말을 타고 가는 동안 우리는 자신의 살과 감정을 의식하지 않는다. 탈신체화되어 있는 것이다. 이와 같이 유쾌한 기분 이 잦아들기 시작하면서 우리는 몸을 의식하게 된다. 그것은 혐오스럽다. 몸이 정신의 도구라는 지고한 목적에서 벗어나 부패하기 시작하면 땅의 거름에 지나지 않는다.

영혼의 활동 배경이어야 할 몸이 자신을 주장하는 순간은 고통은 물론이고 치욕감을 안겨 준다. 로렌스는 영혼이 빠져나가면 몸은 부패물에 지나지 않는다고 본다. 그것은 '거름' 같은 자연의 일부로, 자신의 정체성과 무관하다. 최선의 자아는 탈신체화된 자아이다. 그럼에도 굴욕적이기는 하지만 그는 자신이 동물처럼 몸을 가진 존재라는 사실을 부정할 수가 없다. 특히 병에 걸려서 꼼짝 못하고 침대에 누워있는 경우에 그러하다. "10일 동안 병으로 앓으면서 텐트에 누워있어야 했다. 굴욕적이었다. 내 동물적 자아는 그러한 치욕이 자취를 감출 때까지 구석에 숨어 있어야 했다."

우리는 몸의 자유와 구속, 어느 한쪽을 독점하지 못한다. 런던의 인파와 소음 속에서 불행했던 워즈워드는 전원에서 자신을 다시 자유로운 영혼으로 경험할 수 있었다. 이때 그는 자신이 원하는 모든 것을 할 수 있다는 행복한 감정에 젖어 있었다. 그러나 ≪나를 보내지마≫의 캐시에게는 상실한 영혼을 회복할 수 있는 기회가 주어지지 않는다. 그녀는 선택할 수 있는 자유가 없다. 장기이식의 목적을 위해 선택된 존재이기 때문이다. 이때 그녀의 몸은 자신의 몸이 아니라 인간의 건강을 위한 몸이다. 간병인으로서 그녀의 감정도 자신을 위한 것이 아니라 타자를 위한 것이다. 그녀의 영혼은 플라톤의 표현을 빌면 "육체의 감옥"에 갇혀있다. 로렌스가 말하는 "동물적 자아"의 역할이 캐시에게 주어진 것이다.

감정에도 자유와 부자유가 있다. 우리는 자발적으로 자신의 감정표현을 할 수도 있고, 타자를 위해서 감정 노동이 강요당할 수도 있다. 자유와 부자유가 공존하는 것이다. 그런데 과학기술과 유전공학, 인공두뇌의 발전은 이러한 이중성을 해소할 수 있는 방법을 찾아냈다. 로봇이 대신해 준다면 인간은 감정노동을 하지 않아도 좋은 것이다. 그리고 ≪나를 보내지마≫의 세계처럼 복제인간이 우리의 질병을 대신해준다면 우리는 고통을 당하지 않아도 된다.

그런데 고통과 기쁨을 떼어놓을 수가 있는 것일까? 몸의 자유와 구속이라는 이중성에서 벗어날 수 있을까? 나는 없다고 생각한다. 몸에 구속되지 않으면 자유는 의미를 잃어버린다. 고통과 괴로움에 민감하지 않은 몸이라면 기쁨이 찾아와도 무덤덤해하게 맞이할 것이다. 생각해보자. 우리는 몸에 다리가 있어서 걷고 달릴 수 있다. 그러나 날개가 아니라 다리가 있는 몸이기 때문에 아무리 원해도 새처럼 날아갈 수 없다. 날 수가 없기 때문에 걷거나 달릴 수가 있는 것이다. 마찬가지로 우리는 몸이 있기 때문에 고통을 느끼지만 그러한 몸이 없으면 기쁨도 느낄 수 없다. 가능하기 때문에 불가능하고 불가능하기 때문에 가능한 것이다 수동적이면서 능동적인가 하면 능동적이면서 동시에 수동적이다. 기쁨과 슬픔, 쾌감과 고통, 긍정적 감성과 부정적 감정은 서로 분리될 수 없는 것이다. 그래서 하나가 사라지면 다른 하나도 동시에 사라지게 된다. 만약 기쁨과 슬픔의 감정이 독립적으로 존재하는 감각질qualia이라면 양자의 분리도 가능할 수 있다. 고통을 느끼는 감각질을 비활성화하면 되는 것이다. 그러나 다니얼 데닛Daniel Dennett도 주장하였듯이 감정은 감각질이 아니라 "관계적 속성"이다. 고통을 느낄 수가 없다면 기쁨도 느낄 수가 없다.

그럼에도 감정노동이라는 용어는 긍정적 감정과 부정적 감정의 분리 가능성을 시사하고 있다. 정신노동과 육체노동처럼 기쁨과 고통의 감정도 감정 향유자와 감정 노동자로 분리될 수 있다는 것이다. 한편에 감정 로봇이 있다면 다른 한편에는 그러한 노동의 수혜자인 인간이 있는 것이다. 이것이 감정의 분업이 아니라면 무엇이란 말인가? 현재 감정노동에 종사하는 간호사나 간병인, 사회복지사, 전화교환원, 상담원 등의 직업도 로봇에 의해 대체되기 시작할 것이다. 그러한 로봇이 상용화되면 될수록 감정의 분업은 더욱 심화될 것이다. 그리고 대인 관계에서 오는 감정적 충돌이나 마찰을 염려하지 않아도 될 것이다.

최상의 감정로봇은 우리의 욕구와 욕망을 충족시켜주는 로봇일 것이다. 현대판 우렁각시라고 해도 좋다. 남자라면 그런 우렁각시가 아내이면 좋겠다고 생각할 것이다. 필요할 때 내 옆에 있다가 혼자 있고 싶은 생각이 들면 감쪽같이 자리를 비워주고, 내가 화를 내도 웃음을 잃지 않고 잘못을 해도 화를 내지 않은 아내라면 얼마나 좋겠는가. 옛날에 황제의 후궁들은 그런 우렁각시였을 것이다. 원칙적으로 황제는 잘못을 할 수가 없다. 모든 잘못은 후궁과 신하들의 것이기 때문이다. 황제가 신하의 이름을 잘못 불렀다고 하자. 그러면, 원칙적으로 임금은 실수를 할 수 없는 존재이기 때문에, 신하는 자기 이름을 바꿔야 한다. 이때 신하의 감정이나 억울한 사정은 문제가 되지 않는다. 일찍이 황제의 신하와 후궁들은 감정로봇과 다를 바 없는 삶을 살았던 것이다. 감정로봇이 개발되면 인간 사용자는 일방적으로 그러한 노동의 수혜자가 될 것이다. 그러한 미래를 대비하고 홍보하는 로봇 산업체도 있다. 로봇과도 사귈 수 있다는 이야기는 이제 우리에게 낯설지 않다.[20]

2016년 5월에 미래의 로봇에 대한 두 인공지능 학자의 대담이 있었다. 한 명은 로봇이 인간과 정서적으로 교류를 할 수 있어도 결국 그것은 소프트웨어로 작동하는 기계에 지나지 않는다는 생각하였다. 그는 자신의 주장을 뒷받침하기 위해서, 불면증환자의 수면을 돕는 슬립케어SleepCare 로봇을 예로 들었다. 그는 사용자가 그것과 애착관계bond를 형성할 가능성까지 부정하지는 않았다. 그러나 로봇을 가족 구성원처럼 대접하는 것에 대해서는 부정적이었다. 로봇과의 애착관계는 일방적이라고 생각하기 때문이었다. "나는 로봇을 '그'라고 부르지는 않겠다. 그리고 사람과 대화하듯이 로봇과 대화하지도 않겠다I wouldn't refer to my robot as "he," nor would I talk to him directly."[21] 여기서 나는 그가 자기도 모르게 혹은 자기 의도에 반해서 인칭대명사의 사용하였다는 사실을 지적하고 싶다. 그는 로봇을 인칭대명사로 부를 수는 없다고 주장하였음에도, 자기도 모르게 로봇을 "him"으로 부르게 되었다. 이것이 의미하는 것은 무엇인가? 로봇을 인격적 존재로 바라보기 시작했다는 말이 된다. 일단 him으로 부르기 시작하면 다음부터는 차가운 금속 기계로 간주하기 어렵다. 일본에서 개발한 강아지 로봇 아이보AIBO에 대한 이런 이야기가 있다. 사용자는 아이보가 옆에 있으면 자연히 그의 눈길을 의식하기 되기 때문에 욕실에 들어가서 옷을 갈아입었다고 한다. 일단 애착 관계가 형성이 로봇도 인격화되기 시작하는 것이다.

결론을 맺기로 하자. 감정노동에 대한 수요가 없었다면 감정로봇이라는 발상도 생겨나지 않았을 것이다. 그리고 감정 노동을 고통스럽게 여기지 않았다면 그것을 로봇으로 대체하려는 노력도 없었을 것이다. 그런데 바로 이 지점에서 딜레마가 생기기 시작한다. 인간은 타인의 슬픔과 고통을 자기 일처럼 느끼는 공감 능력을 가지고 있기 때문이다. 때문에 부정적 감정을 타자에게 일임하고 자신은 긍정적 감정만을 향유하기가 어려워진다. 이것은 감정 로봇에 대해서도 마찬가지이다. 아이보와 같은 애완견 로봇과도 애착 관계가 가능하다면 감정 로봇에 대해서는 더 할 나위가 없을 것이다. 자연적으로 느껴지는 감정을 애써 억누르지 않는다면 소모품으로 대하기가 어려운 것이다. 이때 우리는 선택의 기로에 선 자신을 발견하게 된다. 만약 로봇과 인격적인 관계를 맺기 시작하면 그것을 만든 이유도 사라지게 될 것이다. 그러나 계속해서 그것을 차가운 기계로 간주하기 위해서는 우리의 자신의 자연적 감정도 억제해야만 한다. 이러한 선택의 기로에서 우리는 감정의 의미와 역할에 대해 다시 생각해볼 필요가 있다. 다시 말하지만 감정은 인간이 주위 환경에 노출된 상처받기 쉬운 언약한 존재라는 사실을 시사한다. 유쾌한 사실은 아니다. 그래서 우리는 그러한 인간의 약점을 보완하는 강한 인간 프로젝트transhumanism에 커다란 매력을 느낄 수가 있다. ≪나를 보내지마≫의 인간들은 그러한 강한 공동체를 형성하고 있었다. 노화와 질병, 죽음을 복제인간에게 일임하고 인간은 젊고 건강한 삶을 향유할 수 있는 것이다. 질병과 노화가 없다면 감정 노동의 필요도 그만큼 줄어들게 될 것이다. 이러한 사회에서는 연약한 타자에 대한 연민이나 배려는 아주 낯선 감정이 될 것이다. 질병으로부터 자유로운 사람은 질병으로 고통스러워하는 환자들의 처지를 공감은 물론이고 이해도 하기가 어려울 것이다. 원칙적으로 타인의 입장에 서는 것이 불가능해지는 것이다. 그런데 이것이 과연 바람직한 사회의 모습일까? 그렇지 않다고 생각한다. 공감이란 양날의 칼이나 마찬가지이다. 불행한 타자와 공감 형성이 불가능하다는 것은 행복한 타자와도 공감이 불가능하다는 것을 의미한다. 타인의 불행을 같이 나눌 수 없다면 기쁨과 행복도 함께 나눌 수가 없는 것이다. 그러면서 인간의 감정은 점차 무뎌지게 될 것이다. 감정이 주위 환경의 변화에 대한 몸의 반응이라면, 그러한 변화에 반응하지 않기 위해서는 외부를 향한 감정의 창문을 차단해야 하기 때문이다. 둔감하면 둔감할수록 타자의 감정에 영향을 받지 않는 것이다. 마침내 돌처럼 무감각해지면 자기 일이 아닌 타자의 고통과 슬픔, 기쁨도 간단히 외면할 수 있을 것이다. 루소가 말하였듯이 강한 존재는 공동체를 형성할 수가 없다. 강자들의 공동체는 모순형용인 것이다.

잠재적 미래 '호모 사케르'[1]

—'벌거벗은 삶'의 다양한 형상을 통해서

그 어느 때보다 인격이 중시되는 현세기에 인격적 권리의 공백지대가 늘어나고 있다. 문제는 바로 그런 지점에서 인격이 체계적으로 배제되고 박탈되는 현대적 '호모 사케르'가 산출되고 있다는 점이다. 이 글은 현재 우리 존재의 현주소를 통해서 미래의 잠재적 호모 사케르가 산출될 위험성을 진단할 것이다. 이를 위해서는 호모 사케르에 대한 정확한 의미가 무엇인지, 그리고 오늘날과 같은 자유민주정치가 발달되기 이전에 산출된 호모 사케르는 어떤 모습인지를 철저하게 파악하는 것이 필요하다.

서길완

들어가며

21세기를 살아가는 우리에게 인격적 '권리'는 과거의 어느 때보다 더욱 커다란 중요성을 갖게 되었다. 심지어 국가의 권위도 개인들의 권리를 침해할 수 없는 듯 보인다. '국민의, 국민에 의한, 국민을 위한' 정치, 즉 국민 주권론이 개인들의 인격적 권리를 보장해 주기 때문이다. 그러나 인격이 존중되는 현실의 덮개를 한 겹만 더 벗기면 그러한 인격적 권리의 공백지대, 인격이 체계적으로 배제되고 박탈되는 지점이 드러나기 시작한다. 과학기술의 발달과 함께 표면화된 '새로운 죽음neomort'이 중요한 예가 될 수 있다.

오늘날 우리 과학기술의 시대는 인공호흡기와 환기장치, 그리고 장기이식 기술의 발달과 함께 과거의 죽은 자로 정의되는 신체가 여전히 살아 있는 환자로 간주된다. 적어도 뇌사로 판정나기 전까지 그 환자는 여전히 생물학적으로 살아 있는 존재다. 그러나 짐작할 수 있듯, 뇌사에 대한 보다 정밀한 기술이 발달하면 그에 따른 죽음의 정의도 달라질 것이다. 그런가 하면, 돌이킬 수 없는 치명적인 병이나 사고로 인해 생명 연장이 더 이상 자신의 존재를 유지시킬 아무런 의미가 없다고 판단해서 자신의 죽을 권리를 주장하는 사람이 있다.

그러나 대부분의 나라들에서 개인의 죽을 권리는 인정되지 않는다. 그리하여 바다에서 다이빙을 하다 전신마비가 된 한 남자의 실화를 다룬 <씨 인사이드 The Sea Inside>[2]에서 주인공 라몬 삼페드로는 안락사를 인정하지 않는 정부를 향해 국가가 자신의 죽을 권리를 빼앗았기 때문에 고통스럽고 비참하게 '자살'한다는 메시지를 남기고 그의 삶을 마감한다. 마지막으로 정치적으로 매우 모호한 지위로 전락하는 난민들이나 망명자들 그리고 여러 다양한 이유들 때문에 무국적자 혹은 주민증이 말소된 도시 속의 비-시민(불법 이민자)들도 생각해 볼 수 있다. 바로 이 지점에서 우리가 개인의 '권리'를 거듭 주장하는 것은 의미가 없어 보인다. 사실 앞에 제시된 형상들은 자신들의 존재권리들을 선택할 수 있는 상황에 놓여있지 않다. 그들은 오히려 자신들의 모든 정치, 사법적인 옷이 발가벗겨진 채 누구(혹은 무엇)에 의해서 그들이 인간존재(권리의 담지자)가 될 것인지 혹은 물질thing이 될 것인지에 대한 결단을 기다리고 있을 뿐이다. 조르조 아감벤은 사법적인 질서 안에서 인간적인 권리를 모조리 박탈당한 이 같은 존재를 "호모 사케르", "벌거벗은 존재"라고 불렀다. 그들은 살아 있다고 말하기도 애매하고, 그렇다고 죽었다고 말할 수 없는 존재라는 것이다. 아감벤에 따르면, 이러한 존재는 인간이 정치적인 삶을 시작한 순간부터 산출되었다.

여기서 필자가 묻고자 하는 것은 오늘날의 자유 민주 정치에서 이 모호한 삶 혹은 죽음은 변칙적이고 예외적인 경우에만 발생하는가? 달리 묻자면, 권리로 무장되었다고 여겨지는 우리 자신은 과연 정치-사법적인 공백에 들어설 위험은 없는가? 말하자면, 현재의 우리는 그 공백 속의 호모 사케르가 될 위험은 없는가? 이런 물음들에 대한 답을 구하는 것은 오늘날의 민주정에서 살아가고 있는 우리 존재의 현주소를 파악하는 일이 될 것이다. 그런데 안타깝게도 현재진행 중에 있는 생명복제, 안락(존엄)사, 낙태 등에 대한 논쟁이 복잡한 양상으로 전개되는 가운데, 이 모호한 삶 혹은 죽음이 중요한 정치적인 결단, 즉 생명-권력의 결단의 대상이 되어 가고 있는 상황이 자주 목격되고 있다. 미래의 잠재적 호모 사케르의 산출에 대한 우려를 낳게 하는 대목이다. 이 글은 현재 우리 존재의 현주소를 통해서 미래의 잠재적 호모 사케르가 산출될 위험성을 진단할 것이다. 이를 위해서는 호모 사케르에 대한 정확한 의미가 무엇인지, 그리고 오늘날과 같은 자유민주정치가 발달되기 이전에 산출된 호모 사케르는 어떤 모습인지를 먼저 파악해야 할 것이다.

벌거벗은 삶과 캠프

"호모 사케르"란 무엇인가?

앞의 물음들에 대한 답을 구하기 위해서 우리는 먼저 아감벤의 독특한 용어인 '벌거벗은 삶'의 정의로부터 시작해야 한다. 주지되다시피, 첨단과학기술과 민주정의 발달로 인해 오늘날은 과거의 어느 때보다도 개인의 권리가 존중되고 생명이 중요시된다. 그런데 바로 그 동일한 무대 위에서 '도대체 나의 신체, 나아가 나의 삶의 주인이 누구인가'라는 의구심을 자아내게 하는 삶이 도처에서 생겨나고 있다. 그것은 나의 몸과 삶이 어떤 인간적인 권리도 행사할 수 없는 무력한 상태에 놓이는 것이다. ≪호모 사케르: 주권권력과 벌거벗은 삶≫에서 아감벤은 바로 이런 삶을 '벌거벗은 삶bare life'이라 명명하고 그것에 대한 통찰력 있는 설명을 제시한다. 아감벤의 벌거벗은 삶에 대한 통찰은 다소 먼 과거로부터의 긴 여정을 필요로 한다. 아감벤은 이 용어를 푸코에 대한 비판의 맥락에서 그리고 아리스토텔레스의 조에zoe와 비오스bios[3]의 구별을 언급하면서 소개한다. 우선 아감벤은 벌거벗은 삶은 인간존재의 자연적이고 생물학적인 삶이라고 말한다. 그러한 정의는 인간존재의 자연적이고 생물학적인 삶이 인간생존을 위한 필수조건이라는 점에서 크게 새로울 것은 없다. 하지만 아감벤은 벌거벗은 삶에 대한 앞의 정의에 "죽임을 당할 수 있어도 희생될 수 없는 호모 사케르homo sacer"[4]라는 정의를 덧붙임으로써 그 용어에 대한 평범한 이해를 어렵게 만든다.

그렇다면 우리는 호모 사케르가 단순히 자연적인 삶이 아님을 쉽게 짐작할 수 있다. 아감벤에 따르면, 호모 사케르는 종교와 정치적인 공동체로부터 배제된 권력과 특수한 관계에 포획된 개인의 생물학적인 삶이다. 가령 아감벤이 예로 들고 있는 고대 로마의 신성한 인간은 어떤 사람이 그를 죽여도 형벌을 받지 않는 그런 인물로 정의된다. 말하자면 그는 정치-사법적인 영역에서 배제되는 어떤 예외적인 상태에서 놓이게 되는 것이다. 그런가 하면 호모 사케르는 희생될 수 없는 인물이기에 그를 죽이는 것도 금지되어 있다. 그것은 신성한 종교의 영역에서도 배제되었다는 것을 의미한다. 이런 의미에서, 호모 사케르는 한편으로 그가 속한 공동체에 이중적으로 배제되어 있다. 그러나 다른 한편으로 그는 자신을 배제시키는 주권권력과 폭력적인 불가분의 관계에 있다. 따라서 아감벤의 요약대로, 호모 사케르는 정확히 죽음의 무조건적인 위협에 항시적으로 노출되어 있는 한에서 그를 추방한 권력과 계속적인 관계 속에 포획될 수밖에 없는 것이다. 말하자면 호모 사케르는 그를 배제한 권력과 특수한 관계 속에 포획된 조에(단순히 생물학적 삶)라고 할 수 있다. 역설적이게도 이 특별한 존재는 정치적인 영역으로부터 '배제적인 포함exclusive inclusion'의 형태로 주권권력에로 포섭되는 것이다.[5]

그리고 아감벤이 벌거벗은 삶의 근대적 화신으로 지목한 개인들의 생물학적인 삶이 부상한다. 바로 이 지점에서 아감벤은 푸코가 사용한 테제—19세기 중반에 자연적인 삶이 국가의 제1관심사가 되고, 그리고 결과적으로 정치학은 생-정치학으로 변형되었다—를 채택한다. 따라서 여기서 우리는 근대적인 차원에서 '벌거벗은 삶'의 생물학적인 의미와 관련해서 중요한 사실을 인지하고 넘어가야 한다. '벌거벗은 삶'은 단순히 자연적인 삶이나 생물학적인 존재 자체를 가리키는 말이 아니다. 인간의 신체가 '삶'으로 변형되어 그것이 정치의 최고의 관심사가 될 때, 그의 신체는 '벌거벗은 삶'이 되는 것이다.

가령 푸코가 고전시대라 불렀던 근대의 정치 전략이 바로 이 생-정치학적인 신체로의 변형을 잘 보여준다. 생명과학의 발달과 함께 국가 통치의 대상이 지리적인 영도에서 인구로 넘어가면서, 단순히 살아 있는 신체로서의 개인이 주권을 표식하는 중요한 자리가 되었다. 그런데 여기서 인구 조사의 대상이 되는 신체는 인격과 존엄이 깃든 개인의 특수한 '삶'이나 단순히 숨 쉬고 먹고 재생산하는 생명life이 아니다. 그것은 '인구로 환원될 수 있는 조에'이다. 그리하여 인구로 환원된 이 단순하게 살아 있는 삶은 이제 임의대로 자신의 삶을 내버려둘 수 없게 된다. 생-권력이 그것의 규범을 작동시켜 삶을 철저하게 규제할 것이기 때문이다. 이것은 아감벤의 용어로 바꾸어 말하자면, "삶의 정치화politicization of life"[6]이다. 생-권력은 그 대상이 불의의 사고나 우연적인 질병으로 죽는 것을 허용하지 않을 것이다. 인구로 셈하여질 수 있는 삶으로부터 무작위적인 요소나 결함을 제거함으로써 삶을 개선하고 또 그것을 철저하게 보호할 것이기 때문이다. 그러다 만약 그러한 노력이 실패하거나 위험에 처한 삶이 도저히 살아날 기미가 보이지 않으면, 그제야 생-권력은 자신이 틀어쥐고 있던 생명의 끈을 놓아 그것을 "죽게 내버려 둔다."[7] 말하자면 인구로 셈하여질 수 없는 신체, 그럼으로써 죽게 내버려진 삶은 사회로부터 보호받을 가치가 없는 '생명(단순히 생물학적으로 살아 있는 신체)'이 되는 것이다.

"벌거벗은 삶"의 다양한 형상들

아감벤에 따르면, 20세기의 헐벗은 삶의 전형이자 극단적인 형태는 "무슬만Muselmann"[8]이다. 수용소의 은어로 "걸어 다니는 시체walking corpse"[9]라 불렸던 이들은 일종의 살아 있는 죽음, "인간다움의 제로단계the zero-level of humanity"[10]이다. 생물학적으로 분명 살아 있으나 그 어떤 기본적인 동물적 자극들에도 반응을 하지 않고, 공격을 받을 때도 그들 자신을 방어하지 않으며 심지어 갈증이나 배고픔도 느끼지 않게 된다. 만약 그들이 생물학적으로 살아 있다면, 그것은 먹고 마시는 것이 기본적인 동물적 욕구보다 못한 맹목적인 습관 때문이다. 인간 종에게 남은 가장 궁극적인 감각이 무엇이냐고 묻는다면, 아마 이들 무슬만의 죽은 것과 다를 바 없는 바로 이 기계적인 동작일 것이다. 그리하여 그들은 "소름끼치는 생물학적 기계monstrous biological machine"[11]가 된다.

그렇다면 우리는 그것을 순수한 조에라고 규정할 수 있는가? 프리모 레비Primo Levi의 끔찍한 인식처럼, 우리는 그들의 삶을 살아 있다고 선뜻 말하지 못하고, "그들의 죽음을 죽음이라 단언하지 못한다."[12] 삶과 죽음의 의미조차 불분명한 그곳에서 "사람들이 죽는 것이 아니라, 죽음 없는 시체들이 생산될 뿐이다."[13] 이것은 '무슬만'

이 어느 한쪽에도 속하지 않는 달리 말하자면 더 이상 단절을 설정할 수 없는 그런 한계선 상에 놓여 있다는 것을 의미한다. 그 최종적인 한계선 상에 고립과 배제를 위한 금을 긋는 것은 아무런 의미가 없다. 이미 인간존재의 바닥을 친 무슬만들에게 돌아 나올 반환점이란 존재하지 않는다. 그런 의미에서 무슬만은 생물학적인 연속성 내에서 고립될 수 있는 최종적인 한계선이다.

아감벤의 분석대로 만약 무슬만이 벌거벗은 삶의 극단적인 입지에 있다면, 우리는 그 한계선에 이르기 전에 더 많은 종류의 '헐벗은 삶'들과 만날 수 있다. 그런데 여기서 우리가 간과하지 말아야 할 것은 이들 헐벗은 삶의 다양한 형상들이 그것의 산출과정과 맞물려서 설명될 수밖에 없다는 것이다. 그 산출 메커니즘은 주권권력과 맞닿아 있고, 그 접점에서 생산되는 것이 벌거벗은 삶이기 때문이다.

가령 나치의 인종정책 메커니즘[14]을 통해 최종적으로 산출된 무슬만은 헐벗은 삶의 극단적인 형태이다. 그러나 우리는 벌거벗은 삶의 보다 익숙한 형태를 ≪노예제와 사회적 죽음≫에서 패터슨이 "사회적으로 죽은 자a socially dead person"(38), 로 규정한 노예의 입지에서 찾을 수 있다. 무엇보다도 아감벤의 헐벗은 삶의 개념과 맞닿아 있는 듯한 '사회적 죽음social death'의 개념은 노예가 다시 인격적인 삶으로 되돌려질 수 없다는 점에서 극단적인 호모 사케르의 형상인 무슬만과 비슷하다. 물론 "가상적인 친족fictive kin"(Patterson 38)과 같은 그럴듯한 사회 재편입의 표본들이 있긴 하지만, 그럼에도 불구하고 그는 사회적으로는 이미 죽은 존재이다. 그러나 여전히 그는 생물학적으로 여전히 살아 있다. 그렇다면 어떻게 노예는 사회적으로 죽은 존재, 그러면서도 여전히 생물학적으로 살아 있는 존재로 남아 있는가?

먼저 패터슨이 메이야쑤Claude Meillassoux의 구조적인 관점을 인용해서 설명하는 사회적으로 죽은 자로서의 노예의 산출과정을 살펴보자. 첫 번째 단계로,

노예는 그가 살고 있던 환경으로부터 폭력적으로 뿌리 뽑힌다. 그리고 난 뒤, 그는 탈사회화되고 탈인격화된다. 이 단계에서 그는 사회로부터 부정되면서 예속의 국면으로 들어서는 것이다. 그 다음의 단계는 그가 노예로서 사회에 편입된다. 하지만 그것은 어디까지나 역설적인 포함으로, 공동체는 그를 비존재, 비인간non-person으로 편입시키는 것이다. 그는 인간의 공동체에 비존재로 편입되면서 동시에 그 공동체의 인간적인 삶으로부터 배제되는 것이다.[15]

그런데 이 비-존재로서의 사회적 편입에 대한 보다 구체적인, 그러나 외관상 그의 비-인간적인 지위가 혼동되어 보이는 예도 있다. 미국 남부의 주인과 노예 사이에서 연출되었던 "가상적인 친족유대fictive kin ties"[16]가 여기에 속한다. 패터슨에 따르면, 이 "가상적인 친족유대"는 노예가 그의 타고난 친족유대를 부정하고 주인과 그 가족과 맺는 새로운 관계다. 외관상 그 관계는 따뜻하고 친밀하게 보인다.

가령 주인과 노예아이들이 서로를 부르는 호칭을 보면, 주인은 흔히 아버지, 삼촌, 대부로 불리고, 노예 아이들은 아들이나 딸, 조카 등으로 불리기도 했다. 특히 주인은 노예 아이가 자신을 인자하고 친절하며 관대한 '대부'로 보아주기를 원했다. 그러나 그 온유한 처우가 그들의 부모에게 적용되는 엄격한 규율(처벌)과 짝패를 이루면, 그것이 얼마나 허구적인 관계인가가 여실히 드러난다. 주인은 노예-아이들로부터 받아낸 존경을 그들의 부모에게 엄격하고 굴욕적인 처벌로 되갚는다. 노예-아이들 앞에서 그들 부모를 매질해서 모욕적인 굴종을 보여주는 것이다. 따라서 노예 아이들은 실제적인 부모의 권위와 주인의 의사-친족적인 부모 사이의 잔인한 대비 속에서 성장한다. 바로 이러한 과정 속에서 노예아이들과 그들의 부모 사이의 유대는 침식되고 부정된다. 보다 궁극적으로 노예-아이들에겐 그들의 뿌리와 정체가 허물어지는 것이다. 한편 노예 아이들이 의사-친족에 합체됨으로써 그들의 이름도 바뀐다. 사실상 그의 온전한 정체가 뿌리 뽑히는 것이다. 주인은 그들의 타고난 근원적인 뿌리를 뽑아 사실상 죽은(상징적으로) 존재로 '허구적인 친족'에 합체시키기 때문이다. 이것은 아감벤의 용어로 '배제적인 포함exclusive inclusion' 혹은 '포함적 배제inclusive exclusion라 할 수 있다.[17]

그런가 하면 ≪익사한 자와 살아남은 자*The Drowned and The Saved*≫에서 레비는 캠프의 감독관이 어떤 필요비용과 성가신 노력을 들이지 않고도 수용된 사람들의 문명적인 옷을 벗기는 일련의 과정을 잘 기록하고 있다. 레비가 "체계적인 태만systematic negligence" 혹은 "무익한 폭력a useless cruelty"[18]이라고 명명한 캠프 감독관들의 관리, 감독 행태가 바로 그것인데, 캠프의 감독관이 수감자들을 위한 최소한의 관리를 고의적으로 하지 않음으로써 수감자들을 인간-동물로 변형시키는 것이다. 이 '체계적인 태만'이야말로 '시민적인 죽음civil death'[19]을 거쳐 극단적인 '호모 사케르'인 무슬만으로 가는 밑거름이 된다. ≪익사한자 그리고 살아남은 자≫에서 레비가 증언하는 캠프 관리자의 의도적인 관리 소홀과 또 그로 인한 수감자들의 사회적인 죽음의 중요한 단면들을 살펴보자.

제2차 세계대전 당시, 저자 자신이 독일군의 포로였던 레비가 수용소로 향하는 기차와 수용소 안에서 경험했던 에피소드들이 있다. 먼저 글의 화자가 탄 기차 안에 변소의 역할을 할 만한 저장고 시설이 갖추어져 있지 않아서 겪어야만 했던 야만적인 경험을 보자. 화자는 문명의 교육을 철저하게 받은 다양한 사람들이 칸막이도 없는 좁은 공간에서 배설을 한다는 것은 고통스럽고 거의 불가능한 일이었다고 술회한다. 그것은 화자의 말대로 "문명화가 우리에게 미처 교육시키지 못한 트라우마, 인간의 위엄에 가한 깊은 상처", "의도적이면서 까닭 없는 악덕"[20]이었다. 그런데 다행스럽게도 화자가 탄 화차 칸에는 그 '불결한 공격'을 면할 만한 방편이 있었다.

생후 몇 개 월 된 아이의 엄마가 금속용기 하나를 가져왔던 것이다. 문제는 그 금속용기 하나가 50명이나 되는 사람들을 위해 봉사를 해야만 했으니, 설령 문명의 혜택을 누린다 해도 그것은 어디까지나 최소한의 인간적인 예의만 지킬 수 있는 정도였을 것이다. 어쨌든 화자가 탄 화차 칸에는 임시변통이나마 화장실 칸막이가 만들어졌고, 그것은 아직까지 그들이 동물이 아니라는 아주 견고한 상징이 되었다고 한다.

그렇다면 역으로 이런 최소한의 장비를 갖추지 못한 차 안에서 벌어졌던 일을 상상하면 화자가 그렇게 저항하려고 했던 '동물화'가 된다. 화자인 레비는 이 '동물화'의 과정을 다음과 같이 묘사한다.

> SS호송 대원들은 여자, 남자들이 플랫폼 위에서건 철로 중간에서건 배설을 할 수 있는 곳이라면 어디서든 쭈그리고 앉아 볼일 보는 것을 즐기듯 구경했고, 독일인 승객들은 혐오감을 감추지 못했다. 이 같은 사람들은 인간이 될 가치도 없었다. 단지 그들이 행동하는 대로 보일 뿐이다. 이들은 인간 존재들이 아니라 동물들이다.[21]

거기다 화자는 수송 중에 겪었던 사건은 서막에 불과했다는 말로 실제 수용소 생활의 인간적 부패를 더 깊숙이 파고든다. 화자는 라거Lager의 삶에서 고상함의 위반은 최소한 처음엔 전체적인 고통의 중요한 부분이었다는 점을 강조함으로써, 그곳 수감자의 인격적인 부패가 이미 상당부분 진행되고 있음을 역설한다.

> 바로 당신 앞에서, 지원자는 줄지어 서 있고, 짧고 정해진 시간에, 흉측한 집단적 배변에 익숙해지는 것은 쉽지도 않았고 고통스러웠다. 못 참아서 발을 동동

구르며, 어떨 땐 간청하고, 다른 땐 위협하는가 하면, 매10초마다 "당신 아직도 안 끝났어?"라고 졸라댔다.[22]

그럼에도 그 흉측한 불편함이 단 몇 주 만에 누그러졌고 심지어 그리고 난 뒤엔 사라졌다는 것이다. 물론 모든 사람들이 다 그런 것은 아니었지만, 그 불편한 자리엔 습관이 대신 자리했다고 한다. 이외에도 숟가락 없이 개같이 그릇을 핥아야 하는 식사시간이나 이름 없는 번호로 기계적인 부름을 받아야 하는 점호시간 등의 끔찍한 경험의 충격도 이와 비슷한 과정을 통해 누그러졌다. 레비의 말대로 그것은 "인간에서 동물로의 변형이 순조롭게 진행되고 있었다는 것을 너그럽게 말하는 방식이다."[23] 그리고 동물로의 변형이 순조롭게 진행될수록 "죽기 전 희생자의 인간적 품위가 추락할수록 살해자는 죄의식의 짐을 덜 짊어지게 될 것이다."[24] 바로 이 역설적인 유용성을 통해 캠프의 관리 감독관들은 동물로 이행되는 존재를 죽여도 인간을 죽였다는 비난과 처벌을 면할 수 있게 된다.

벌거벗은 삶이 구현되는 장소-캠프

앞에서 레비가 묘사한 캠프의 단면들에는 캠프의 결정적인 기능들이 내포되어 있다. 캠프는 정상적인 법-규칙이 적용되지 않는 예외적인 장소이자, 인간의 가장 기본적인 생물학적 권리조차도 그곳의 관리, 감독관이 인위적으로 통제할 수 있는 장소라는 점이다. 물론 레비가 경험했던 수용소의 예외상태가 영원히 지속될 수는 없을 것이다.[25] 그럼에도 불구하고 캠프의 관리 감독관은 그 한시적인 기간 동안 일시적인 주권권력자(혹은 일시적인 절대 권력자)가 되어 가능한 무엇이든 할 수 있었다. 그리하여 그곳 캠프의 일시적인 주권자는 무엇보다도 "생물학적인 연속체 안의 최종적인 생-정치학적인 실체인 무슬만” 즉, ‘벌거벗은 삶’, ‘호모 사케르’를 산출할 수 있었던 것이다.

≪목적 없는 수단≫의 첫 번째 장에서 아감벤은 <캠프란 무엇인가?>라는 소제목 아래 캠프를 다음과 같이 정의한다. “캠프란 정상적인 사법적 질서의 바깥에 놓여 있는 한 조각의 영역이다”, “그 장소에서 법은 완전히 정지된다.”[26] 달리 말하자면, 그것은 진실로 모든 것이 가능한 ‘예외의 상태이자 예외적인 장소’인 것이다. 그 예외적인 장소에 들어선 사람들은 모든 정치적인 지위가 박탈된 완전히 헐벗은 삶으로 환원된다. 비정한 논리로, 그들의 인간적 권리와 특권이 너무 완벽하게 헐벗겨지면, 그들에게 가해진 어떤 잔악행위도 더 이상 범죄로 보이지 않는다. 그리하여 캠프의 거주자들은 정치적으로 처벌이 가능한 범죄자들이 아닌, “살 가치가 없는 삶life unworthy of being lived” 혹은 가치가 빠진 삶life devoid of value이 되는 것이다.[27] 법적으로 완전히 죽은 자들이기에 정상적인 사법적 질서 안에 포섭될 수 없는 삶인 것이다.

그런데 한편으로, 이들 헐벗은 삶(순수하게 생물학적인 삶)을 다루는 캠프의 권력자들(근위대, 공무원 등) 역시 호모 사케르의 대응물인 법적으로 예외적인 존재들이다. 가령, 한편으로 나치가 합법적인 테두리 안에서 뉘른베르크 법과 같은 예외 상태를 선포했듯이, 그들 스스로는 분명 법적인 권력을 행사한다. 그러나 다른 한편으로 어떤 매개(법이나 정치적인)도 없이 그 순수한 삶과 대면하는 그들의 행동은 더 이상 정상적인 법에 의해 제재를 받을 필요가 없다. 말하자면, 그들은 법의 영역 내부에 존재하는 빈 공간(예외적인 공간) 안에서 극단적인 폭력을 행사하는 것이다. 상설할 필요도 없이, 거기에서 잔악행위의 존재여부는 법의 판단에 달려 있는 것이 아니라 일시적인 주권자로 행세하는 캠프 권력자들의 도덕심에 달려 있게 된다. 요컨대 캠프는 극단적인 폭력에도 사법·정치적인 보호를 받을 수 없는 ‘벌거벗은 삶’이 구현되는 물리적인 장소인 것이다.

오늘날의 캠프에서 벌거벗겨진 삶과 미래의 잠재적인 호모 사케르

지금까지 우리는 아감벤의 삼부작을 통해 벌거벗은 삶과 그것의 여러 형태들을 살펴보았다. 벌거벗은 삶의 고전적인 형태인 호모 사케르에서부터 서아프리카와 미국 남부의 노예, 그리고 나치시대의 유태인에 이르기까지 각기 다른 시대의 벌거벗은 삶이 산출되었다. 아울러 이 특별한 삶이 캠프를 통해 구체적으로 실현되는 과정도 살펴보았다. 그러나 우리가 그의 삼부작에 대해 관심을 갖는 두 번째 이유, 그러나 더욱 절박한 이유는 호모 사케르가 여전히 오늘날의 삶의 무대에서도 산출되고 있다는 점이다. 특히 오늘날의 호모 사케르은 생-권력과의 애매한 관계 속에서 산출되고 있다. 고도로 발달된 의과학의 기술은 우리의 몸과 문화에 너무 미세하고 복잡하게 침투되기 때문에 그런 기술이 발휘되는 장소가 현대적 캠프가 될 수 있다는 사실은 인지되기 어렵다. 미래의 잠재적 호모 사케르가 양산될 수 있다는 우려가 나올 수 있는 대목이다. 따라서 그런 장소를 찾아 그 속에서 산출되는 호모 사케르를 드러내 보이는 일은 미래의 잠재적인 호모 사케르의 산출을 막을 수 있는 방편이 될 수 있겠다.

그렇다면, 오늘날 의학적 논쟁들의 주요 쟁점이 되고 있는 죽음(뇌사와 안락사)의 문제를 살펴보자. 어쩌면 이 문제는 인간적인 조건의 가장 근본적이고 깊숙한 층위를 다루고 있기 때문에 더욱더 염려스러운 것이기도 하다. 뇌사의 경우, 모든 생명 기능이 정지된 이후에도 생명유지 장치로 연명하는 삶을 언제까지 연장시킬 것인지 혹은 정확히 언제 정지시킬 것인가의 문제가 중요하다. 말할 것도 없이, 인공호흡, 아드레날린 정맥주사를 통한 혈액순환 유지, 신체온도 조절장치 등등의 생명유지 장치들이 단절되면 그 환자의 목숨도 자동적으로 끝난다. 최소한의 생명 기능도 재생하지 못하고 순전히 생명유지 장치에 의존해서 심장만 뛰고 있는 환자는 "과코마overcoma"[28] 상태에 있다. 여기서 문제가 더 복잡해지는 것은 코마를 넘어선 환자가 장기 적출의 이상적인 조건에 놓여 있다는 점이다. 의학기술 발달사를 살펴보면 알 수 있듯, 생명보조기술의 발달은 장기이식기술의 발달과 맞물려 돌아가고 있다. 사실 죽은 사람이면서 동시에 이식을 위해 수술실로 가는 환자로서의 "심장 뛰는 사체"[29]는 인공호흡 장치가 개발되지 않았던 시절의 대부분의 시체들이 갖지 못한 지위를 얻었다. 물론 그 특별한 지위는 현대적인 죽음의 논의가 진행 중인 현 시점에서 보자면 다소 혼란스럽고 모순적으로 보인다. 뇌사를 법적 죽음으로 정의하는 현대 의학에서 "심장 뛰는 사체"는 분명 사망했다. 그러나 장기 및 조직체는 매우 왕성하게 살아 있는 것이다.

그런데 뇌의 활동을 정확히 파악할 수 없었던 시절에는 심장이 멈추는 순간이 곧 죽음의 순간으로 인식되었다. 심장박동의 정지가 죽음을 판정하는 기준이었던 것이다. 그러나 현대 의학은 "심장 뛰는 사체"의 심장박동이 "두뇌와는 별개로 심장이 지니고 있는 생체 전기에너지의 원천 때문임을 안다."[30] 법조계에서 뇌사 개념을 받아들인 데 의사들보다 시간이 좀 더 걸리긴 했지만, 오늘날의 대부분의 나라에서는 뇌사를 법적 죽음으로 받아들이고 있다고 한다. 따라서 이식을 책임지고 있는 의사가 죽음의 순간을 정확히(?) 정의하는 임무를 떠맡을 수밖에 없다. 그것은 장기이식 외과의사가 뇌사 환자에게서 심장을 적출하는 것이 살인이 될 수 없다는 것을 의미한다. 말하자면 그는, 근대성을 특징짓는 생-정치학의 지평에서, 절대 권력을 가진 자들만이 뚫고 들어갈 수 있는 "비-인간의 땅a no-man's land"[31] 혹은 예외의 장소로 들어서는 것이다. 그리고 '코마를 넘어선' 환자는 캠프에 거주하는 '벌거벗은 생명'이다. 그런 의미에서 그는 호모 사케르, 즉 그의 살해가 죄가 되지 않는 삶과 암묵적으로 일치한다. 호모 사케르의 짝패로, 이식을 책임지고 있는 의사는 '코마를 넘어선' 벌거벗은 삶을 죽여도 살인죄로 처벌받지 않는 절대 권력인 것이다. 이것이 의미하는 바는, 삶과 죽음의 경계가 의과학에서 적절하게 규정된다는 것이 아니다. 오히려 생-(정치)권력의 행사가 의학적이고 생물학적인 과학을 질러간다는 것을 의미한다.

이런 맥락에서 아감벤의 우울한 진단대로 지금 우리의 삶은 그 자체가 주권자의 결단의 장소가 되어 가고 있다. 뇌사의 문제와 더불어 안락사의 논쟁 역시 벌거벗은 삶의 어두운 그림자를 드리운다. 현대적인 생-정치학적 관점에서, 안락사는 주권자가 삶의 가치와 비가치를 결정하는 예외적인 장소이다. 뇌사 판정에 관한 문제들과 거의 똑 같은 양상을 보이지만, 안락사의 논쟁 속엔 더 복잡하고 미세한 생-권력과 생-정치학의 개념이 스며들고 있다. 그만큼 예외적인 장소가 비가시적인 방법으로 뻗어나갈 수 있다는 얘기다. 안락사의 문제가 보다 복잡하고 미세한 양상으로 나아가는 데는 여러 가지 이유들이 존재한다. 그러나 무엇보다도 중요한 원인을 들자면, 회복 불가능한 상태에 있는 환자들의 죽음을 결정하는 데 공적인 정치 영역 뿐 아니라 사적인 개인들이 중요한 역할을 한다는 점이다. 고도 권력화된 의료체계와 법률과 같은 공적인 결정 기관들과 더불어 치료 불가능한 환자들의 가족, 가까운 친지 그리고 환자가 지목한 특정한 개인들이 과거의 독재자들조차 갖지 못했던 개입 가능성과 결정권을 얻기 시작한 것이다. 게다가 환자 자신도 바로 그 대열에 합류함으로써 앞으로 인간의 삶은 ≪정치의 재발≫에서 울리히 벡Urich Beck이 지적했듯이 새로운 악몽이 되어 갈 조짐을 보인다. 그런데 언뜻 보기에, 치료 불가능한 환자 자신이 그의 죽음을 결정한다는 것은 고도 권력화된 의학적인 맥락에서 자기-결정권을 얻는 것으로 보일 수 있다. 자기 몸에 주인의 권리를 행사하는 것으로 말이다.

심지어 아주 최근 들어, 법조계에서도 '조력 자살assisted suicide'의 권리를 현시대에 필요한 논쟁으로 받아들일 태세를 취하고 있다. 어쨌든 환자의 자율적인 선택에 따라 의사나 환자 자신이 지목한 공적기관이나 개인들이 그의 죽음을 도울 수 있는 권리가 합법화된다면, 그것은 외관상으로 보이듯이 희망으로 다가오지 않는다. 유감스럽게도 그 불길한 조짐은 임신중절의 합법화 문제를 둘러싸고 전개되는 논쟁에서 이미 감지되고 있다. 태아를 단순히 생물학적인 존재로 볼 것인지, 아니면 한 인격으로 볼 것이지 그에 따라 낙태가 사생활 방어(보호) 차원에서 선택사항인지 아니면 살인인지, 만약 임신 중절이 선택사항이라면, 여성은 그녀의 뱃속에서 움직이는 단순히 살아 있는 생명을 끊어 낸 것이고, 그것이 살인(유아 살해, 존속살해)이라면 태아는 기본적인 권리를 가진 인간으로 승격하는 것이다. 그런데 여기서 우리가 미국을 비롯한 선진 자본화된 나라들에서 벌어지고 있는 임신중절에 관한 이들 논쟁들을 단순히 '인격'이냐 아니면 '선택'이냐의 문제로 환원하는 것은 지나치게 문제를 단순화한다는 느낌을 갖게 한다. 그럼에도 불구하고, 이들 논쟁들에서 적어도 우리는 주권권력, 벌거벗은 삶, 그리고 예외상태가 아감벤이 기술했던 역사적인 모델들보다 훨씬 더 미세한 양상으로 번져가는 것을 목격할 수 있다.

생물학이 문화, 일상의 삶 속으로 침투함으로써, 생-정치학은 공적인 정치영역을 넘어서 개인의 일상적인 삶을 합체시키고 있다. 그것은 '생-정치학'에서 "생문화적인 삶biocultural life"[32]에로의 변형을 의미한다. 개인적인 것이 곧 정치적인 것이 되는 삶인 것이다. 앞의 안락사와 임신중절의 합법화 논쟁들이 바로 "생문화적인 삶"의 중요한 시험대로 작용하면서, 그와 관련된 의사, 생물학자, 매체, 그리고 시민단체와 종교단체들, 그리고 다양한 층위의 사람들이 생문화적인 존재를 산출하는 데 도움을 준다. "삶의 정치화"를 넘어, 생명의 문화화 혹은 생활정치화가 되는 것이다. 말하자면 모든 일상과 문화적인 층위에서 살 가치가 있는 삶(혹은 가치가 결여된 삶)이 결정되는 것이다.

이러한 현상은 디스토피아의 미래를 다룬 현대적 영상물에서 이미 가상 재현되고 있다. 또 굳이 가상적인 재현물이 아니더라도, 유전공학적인 지식과 발명들은 미래의 문화혁명과 사회혁명이 우리 사적인 개인들의 독자적인 결정에 달려 있다는 것을 미리 교육시킨다. 강력 범죄를 저지를 수 있는 유전적인 특질들을 예방하는 방편을 마련해 주고, 유전자 감식에 의한 부절적한 유전자 선별을 가능하게 하고, 환경에 잘 적응하고 병균이나 해로운 것에 저항력이 강한 동식물을 배양해서 그것을 상품화하는 등, 사적인 개인들이 아무런 저항 없이 그리고 거의 자발적으로 유전공학적인 문화혁명(사회혁명)의 집행자가 되게 하는 것이다. 따라서 다음과 같은 진단이 가능할 수 있다. 만약 유전공학에 의해 긍정적인 특질이 선별되고, 부절절한 특질이 제거될 수 있는 최소한의 원칙이 보장된다면, 모든 사람들의 일상적이고 개인적인 삶 안에서 '생명의 정치화'가 실현될 것이다. 그리고 그것의 다소 비관론적인 결과는, 모든 일상의 삶은 개인들의 자발성에 기반해서 예외적인 상태로 변형될 수 있다는 것이다. 개인들 누구나가 주권권력이 되어 자신은 물론 후손 그리고 타인의 삶까지 헐벗게 만들 수 있는 것이다.

앞의 설명들이 보여주듯, 현대의 삶에서 우리는 원하건 원치 않건 우리 자신도 모르는 사이 그 예외적인 장소로 들어설 수 있다. 아감벤이 지적했듯이, 만약 모든 사회가 그 사회의 주권권력을 명시하기 위해 그 사회의 한계, 즉 누가 벌거벗은 삶이 될 것인가를 결정한다면, 우리의 몸은 언제나 이미 생-정치학적 신체이고 벌거벗은 삶이다. 다만 사회가 변하면, 그에 따른 한계선도 새로운 생-정치학적인 지평 안에서 새롭게 작성될 뿐이다. 앞에서도 설명되었지만, 가령 고도 기술화된 현대의 삶에서 예전엔 삶으로 통했던 '심장 뛰는 사체'는 죽음(뇌사)으로 판정된다. 삶이 새로운 주권권력에 의해 가늘게 잡아 늘여져서 죽음에로 연결되는 것이다. 그것은 곧 "죽음의 정치화"[33]로 통하는 길이 될 수 있다. 그리하여 그 얇아진 한계선은 태아를 비롯해 탄생 이전의 단계로까지 뻗어나갈 것이다. 이것이 바로 고도로 민주화된 현대의 삶에서 생-정치(권력)의 개념을 되짚어봐야 하는 이유이고, 아감벤의 진단이 오늘날의 우리 사회에 중요한 의미를 갖는 이유이기도 하다.

그런데 만약 우리가 아감벤의 비관적이고 황량한 진단을 그대로 받아들인다면, 우리 미래의 삶은 여전히 이미 구조적으로 예외상태의 헐벗은 삶이 될 것이다. 왜냐하면 우리 현대인들은 사회적 진공상태 속에서 홀로 사는 단독자가 아니라 복잡한 권력의 네트워크 속에 얽혀 있는 구성원들이기 때문이다. 그리하여 권력의 전방위적인 네트워크 속에서 배제된 어떤 누군가는 권력의 위협적인 헤드라이트에 항시적으로 노출되어 그/그녀의 삶이 살 가치가 있는 삶임을 필사적으로 증명해 내야 한다. 그렇다면 그것에 대항하는 저항이나 대안은 존재하지 않는가? 아감벤의 말대로 만약 '우리의 신체가 이미 생-정치학적이고 벌거벗은 삶이라면', 그것으로부터 해방되는 지점은 바로 그 생-정치학적인 지평 안에서 찾아야 할 것이다. 정확히 우리의 신체가 언제 생-정치학적인 대상이 되는가를 포착할 때, 비로소 우리의 신체는 그것에 저항할 수 있는 방편을 찾을 수 있는 것이다. 자신의 생명을 내던지는 것이 옳은 일인지 혹은 잘못된 일인지에 관한 윤리적인 문제를 제쳐두고 보자면, 자신의 죽을 권리를 회수하고자 하는 재생의학의 실천 거부자들이 적어도 이 저항에 포함되지 않을까? 그리고 또한 유전자 감식을 거부하는 산모의 임신유지 행위도 여기에 포함될 수 있을 것이다.

산과 의료폭력
—여성에 의한 의료지식공간의 미래적 개편[1]

의료 공간이 복원과 치료, 생명과 건강의 강화 공간만이 아닌, 제도적이며 구조적 차원에서 여성을 향한 폭력의 수행 공간일 수 있다는 강력한 문제제기는 사회적 · 문화적 터부 중 하나이기도 하다. 바로 이러한 터부를 깨뜨리며 부상한 것이 산과 의료폭력 개념이다. 이 글은 프랑스 사회를 들썩이게 한 이 개념의 대중화 경로를 경유하여, 한국 사회 최초로 이 개념을 학술적 차원에서 도입하고자 한다. 산과 의료폭력 개념은 상호감응과 비판적 견제를 통한 의료진과 환자 간의 새로운 소통 공간이자 지식 공간, 치료 공간을 기획해 내는 교섭과 변형의 장이 될 것이다. 나아가 이것은 산과와 여성의학과에서 여성의 미래적 몸 공간이 재구성되는 새로운 지평의 도약대가 될 것이다.

윤지영

들어가는 글

의료의 공간은 명증성의 공간이자 빛의 공간이다. 치료하는 자와 치료받는 자, 진단하는 자와 진단대상, 의료진과 환자라는 두 위상의 구분은 진단이라는 관찰과 판단, 치료를 위한 인식론적 구분점이자 감정적 전염이나 매몰을 예방하기 위한 객관성의 차단막이 설치되는 공간으로 여겨진다. 왜냐하면 의료진은 해부학적 신체를 지식의 대상이자 치료의 대상으로 포착해 냄으로써 "작용과 설명, 즉 이해 가능한 신체"[2]로 산출해 내고자 하기 때문이다. 다시 말해, 정렬되지 않은 육체성이자 물질로서의 몸을 정렬 가능한 신체로 전환하여 이를 객관화해 내는 과정이 의료 공간에서 일어나는 것이다.

그렇다면 의료의 시간은 어떻게 구성되는가? 의료의 시간은 진보라는 축적된 발전의 역사가 기입되는 "직선적 시간"[3]이며 이는 진료대상인 환자의 신체를 "분할하고 계열화하며 종합, 총체화"[4]하여 사회적 몸을 생산해 내는 데에 그 목적이 있다. 왜냐하면 환자 개인의 몸은 개별적 증상으로 남지 않고 이것이 의료 지식에 의해 분류, 측정되어 예방 또는 격리, 치료, 회복의 단계를 거침으로써 사회적으로 진화, 발전 가능한 몸이자 정상화된 몸으로 재진입할 수 있는 것으로 판단되기 때문이다. 다시 말해, 환자의 신체는 의료지식에 의해 탐색되고 교정, 치료될 수 있는 공간이자 의료적 진보의 시간이 기입될 수 있는 면으로 형성되는 것이다.

그런데 이러한 명증성과 빛의 공간이자 진보와 발전의 시간으로 구성된 의료실에 어떠한 폭력의 체제가 면면히 가동될 수 있는가를 폭로하는 개념이 튀어 올랐다. 그것도 산과와 여성의학과 의료실이라는 여성의 신체가 가장 내밀하게 관찰, 진단되는 곳이자 생명의 탄생과 중단, 임산부와 "배아/태아/영아"[5] 간의 중첩된 신체성이 직접적으로 결부된 공간이 폭력의 공간이 될 수 있음을 폭로하는 개념이 부상하고 만 것이다. 이러한 논쟁적 개념인 산과 의료폭력violence obstéricale 개념은 프랑스 사회를 떠들썩하게 하고 있으며,[6] 새로운 문제의식을 생산하도록 한다. 여기서 배아와 태아, 영아를 세밀히 나누는 이유는 산과 의료폭력이 임신과 출산만이 아니라 피임, 임신중절 시술과 유산, 더 나아가 난자 이식이나 체취, 인공수정이라는 재생산 의료기술에서도 발생하는 폭력의 양태라고 보기 때문이다. 현재 프랑스에서 논쟁이 되고 있는 산과 의료폭력 개념이 주로 임신, 출산, 임신중절시술과 유산이라는 단계에 제한되어 논의되고 있으나 필자는 이 개념이 인공수정과 난자 이식, 체취 등과 같은 재생산 테크놀로지에서도 적용 가능하다고 생각한다.

프랑스 사회를 들끓게 하는 Violence obstéricale을 불어로 직역하면 산과 폭력이지만 필자는 이를 산과에서의 의료폭력violence médicale으로 해석하고자 하며, 이에 방점을 두고자 한다. 왜냐하면 의료 사고나 의료 분쟁[7] 개념은 법제적으로 상용화되어 인식의 장에 이미 들어와 있으나 의료폭력 개념은 한국 사회는 물론 프랑스 사회에서 제대로 된 인식의 틀을 갖추고 있지 못한 상황이기 때문이다. 여태껏 의료 사고나 의료 분쟁은 수술의 성공과 실패 여부에 의한 것이자 의료 사고가 일어난 후 이를 법리적 해석과 투쟁의 대상으로 볼 것인가의 여부, 즉 결과론적이고 성과론적 관점에 중점을 둔 것이었다. 이에 반해, 산과 의료폭력 개념은 의료 사고로조차 인식되지 못하고 있는 일상에서의 제스처들, 신체접촉의 형태들, 말 걸기의 양식, 시선, 성차별적 언사 등에 의한 과정적 폭력의 양식들—위계적 대상화와 무관심, 사물화 등—을 주로 다룬다. 지금까지 산과 의료폭력은 의료 사고의 대상으로 특화되기엔 너무나 일상적이며 재생산하는 몸으로서의 여성의 신체조건 자체로 본질화된 경향이 있었기에 의류 사고와 의료 소송의 개녀 하에도 제대로 포섭되지 못하는 것이었다. 이와 같은 미증유의 영역에 있는 의료폭력 개념의 융기는 여태까지 폭력의 공간에 포함된 적 없었던 산과와 여성의학과 진료실에 대한 비판적 접근을 가능하게 한다.

필자는 이 글에서 한국 사회 최초로 산과 의료폭력이라는 논쟁적 개념을 학술적 차원에서 도입하기 위해 프랑스 사회에서 이 개념이 대중화된 경로를 경유하고자 한다. 이러한 논쟁적 개념의 의미반경과 사유궤적은 다음의 세 가지 논의의 축을 통해 전개될 것이다. 첫 번째로 프랑스에서 2014년부터 논쟁적으로 가시화되고 있는 여성의학과 학대 개념이 어떻게 산과 의료폭력이라는 전문화된 의미로 전환되었는가를 탐색할 것이다. 여성에게 특화된 폭력이자 제도화된 폭력으로서의 산과 의료폭력이 푸코적 의미에서의 규율권력이자 생명정치권력으로 작동하는 이유를 철학적으로 분석할 것이다.

두 번째로 사회문화적으로 취약성과 의존성의 공간으로 규정되어온 여성의 몸이 어떻게 저항과 대항의 공간으로 전환될 수 있는가를 분석할 것이다. 이러한 논쟁적 개념의 부상이 의료 공간 내부가 아닌, 의료 공간 바깥인 SNS라는 디지털 공간에서 대대적으로 부상하게 된 이유 또한 정치하게 살펴볼 것이다.

세 번째로 산과 의료폭력 개념이 법제화되어 있는 베네수엘라와 아르헨티나, 멕시코의 사례를 통해, 산과 의료폭력 개념의 부상과 적용이 의료 공간과 여성의 몸-공간 간의 관계지형에 어떠한 변화와 영향을 미칠 것인가를 철학적으로 전망하고자 한다. 또한 최근 한국에서 도입된 샤프롱 제도가 산과 의료폭력 개념의 법제화나 사회적 공론화를 과연 대체할 수 있는가를 비판적으로 검토할 것이다. 이를 통해, 우리나라 최초로 도입되는 이 논쟁적 개념이 의료공간의 재개편은 물론 지식공간과 소통공간의 재창조로 나아가는 획기적 인식전환의 계기가 될 것이라고 전망해 본다.

여성에 대한 폭력으로서의 산과 의료폭력

폭력의 얼굴은 어떻게 그려지고 있는가? 폭력은 미개성과 돌발성, 비일상성의 특성을 갖는 것으로 규정됨으로써 일상에 난입하는 것이자 정상성을 흩트리는 것으로 인식된다. 이러한 폭력의 정의법에 의거한다면, 의료의 공간은 폭력의 양식과는 거리가 멀어 보인다. 왜냐하면 의료의 공간은 치유와 회복, 생명의 증대와 복원의 장소로 이상화되어 있으며 의료 전문가들에 의한 지식과 처방의 매뉴얼화는 폭력의 돌발성과 훼손적 난입을 불가능하도록 구조화되어 있기 때문이다. 즉 의료 공간은 정상화를 유도하는 공간이자 절차적인 합리성의 모델에 충실한 곳으로 상정된다. 이를 통해 의료진은 환자의 신체에 대한 규제적 구조를 부과시킴과 동시에 환자의 몸을 사회적으로 복원 가능한 몸, "정상적인 몸"[8]으로 재구성해 낸다. 다시 말해, 의료의 공간은 규제적인 동시에 구성적인 권력을 통해 환자와 의료진 간의 인식론적 위계점들을 설정한다. 여기서 말하는 인식론적 위계점들이란 환자와 의료진 간의 권력의 간극과 "의학지식science of medecine"의 낙차, "임상적 치료행위art of therapy"[9] 구성력의 차이를 반영하는 것이다. 환자와 의료진은 지식의 대상과 지식 적용자, 치료의 대상과 치료 행위자, 취약성과 온전성, 의존성과 "자율성"[10] 등이라는 인식론적 구분점을 구성하게 된다. 이러한 구분점들을 통해 의료공간의 합목적성과 확정성, 명료성이 설계되며, 이것은 곧 의료 공간에서의 절차적 합리성과 합목적성의 장치들에 대한 환자의 수용과 비개입을 환자가 갖추어야 할 태도의 전형으로 수립하도록 한다. 다시 말해, 규제적 합리성의 절차들은 환자가 의료술이라는 진리체제에 기입되기 위한 의무이자 이행 조건이 되는 것이다.

산과 의료폭력은 가능한가? – 산과 의료의 침습적 성격의 부각과 인정

의료의 공간은 이견이 없는 단일 치료 서사를 구축해 내는 것을 의료 사고나 의료 분쟁이 제기되지 않는 정상적 상황이자 치료의 종료로 인식하는 경향이 있다. 왜냐하면 항의[11]와 문제제기 등과 같은 복수적 · 다층적 치료서사의 잔존은 곧 치료효과가 완결된 구도로 나아가지 못했음을 의미하기 때문이다. 만약 치료절차와 치료효과에 대한 합리적 결정과 해석, 판단의 차원을 전문적 의료 지식인의 배타적 관할 영역으로 설정한다면, 환자에 의한 의술 결과[12]에 대한 이의제기만이 아니라

시행절차에 대한 과정적 개입 역시 치료의 방해, 절차의 지연 등으로 읽혀지기 때문이다. 나아가 환자에 의한 의료절차의 과정적 개입행위는 의료 행위자의 권력이 재구성되어야 함을 의미하는 것이기도 하다. 여기서 필자가 주목하고자 하는 것은 의료행위의 결과에 대한 의료 사고나 의료 분쟁이 아니라, 의료적 절차에 대한 과정적 개입, 비판적 행위 구성력이 환자에게도 부여될 수 있는가라는 질문이다. 바로 이러한 맥락에서, 2014년 프랑스 사회에서 "여성의학과 학대maltraitance gynégologique"에 대한 폭로행위가 트위터를 통해 촉발되었던 것이다. SNS를 통한 산발적이고 집약적・폭발적 발화행위는 프랑스 의학계의 경직성에 직격타를 날리는 전환점이자 프랑스 법률계와 의료계를 재편시킬 인식 변환의 계기로 작동하고 있다.

> 2014년 11월 19일, 거의 1년 전에 나는 트위터에서 #너의 자궁의 값을 치러라! 라는 해시태그를 시작했었는데, 이것은 의료적 재난에 대한 것이었다. 이것은 단 몇 시간 만에 전국적 유행 이슈가 되어버렸다. 매스 미디어들은 이 주제에 대해 덤벼들기 시작했고 엄청난 홍행이 확산되었다. 우리는 모든 정보 사이트는 물론 라디오, 텔레비전에서 그것에 대해 말해지는 것을 들어야 했었다. 이 해시태그의 목적은 사람들로 하여금 의료적 학대, 특히 여성의학적 학대들에 대해 말하게 하는 것이었다. [……] 왜냐하면 의료적 학대는 시스템적 문제이지 고립된 일탈이거나 잘못된 사고의 총체를 가리키는 것이 아니기 때문이다.[13]

트위터의 해시태그로 시작된 여성의학과 학대에 대한 문제제기는 곧 이것에 대한 "인식공유"[14]로 이어지게 된다. 여기서 인식공유의 대상은 여성의학과라는 의료공간이 안전의 공간이자 이상화된 공간이 아니라는 것과 여성의학과에서의 학대가 특수적 병리 현상이 아닌 제도화된 것이자 의료적 권력체계로부터 기인된 구조적 현상이라는 점이다. 그리고 여성의학과 학대에 대한 개념 역시 학대의 경험을 관통해 낸 폭로의 주체에 의해서 정의되는 특징을 보인다.

> 의사들의 불유쾌한 지적들, 예고 없이 질경 삽입하기, 검사 후에 가슴에 입맞추기, 어떠한 목적성도 없이 탈의를 요구하기가 만약 고립된 경우들이었다면, 이 해시태그는 단 몇 시간 안에 수만 명의 사람들에 의해 트윗되지 않았을 것이다. 즉 이 문제는 총괄적이며 전체적인 것이다.[15]

다시 말해, 의료기술과 이것의 진리체제에 대한 저항과 과정적 개입이 불가능할 때, 이것이 예속의 양식이 될 수 있음을 "여성의학과 학대"라는 해시태그 폭로 운동이 첨예하게 드러내고 만 것이다. 여기서 필자가 주목하고 있는 것은, 프랑스에서의 폭로 운동이 '여성의학과 학대'에서 '산과 의료폭력'으로 미묘한 개념 전환이 일어났다는 점이다. 그렇다면 이러한 의미 궤적의 변환을 세밀하게 분석하기 위해, 여성의학과와 산과의 구분, 학대와 폭력의 의미론적 구분을 실행해 보고자 한다.

여성의학과라고 번역되는 gynécologie는 그리스어 gyné에서 유래하며 이것은 여성을 지칭한다. 필자가 gynécologie를 부인과 의학으로 해석하지 않고 굳이 '여성의학과'로 해석한 것은 다음과 같은 이유에서이다. 여성의학과는 나이에 상관없이 여성 생식기 질환, 유방암 진단과 예방, 성병, 호르몬 치료, 피임 처방 등의 문제를 다루는데, 이는 기혼 여성만이 아닌 미혼, 비혼 여성들, 10대 청소년은 물론 노인 모두가 경험할 수 있는 실존적 영역의 문제이기 때문이다. 그러하기에 부인과 의학이라고 명명하는 것은 결혼제도에 편입된 몸, 남성에게 귀속될 몸만을 정상적 여성의 몸으로 한정하는 것이며, 이는 곧 가부장적 성도덕 레짐의 언어가 의료학의 분과학문들을 명명해 내는 방식에도 이미 침투해있음을 드러내는 것이다. 그러하기에 부인과 의학이 아닌 여성의학과로 번역, 사용하고자 한다. 나아가 산과産科라는 obsterical은 여성의 임신과 출산, 분만 이후 처치와 영아에 대한 것을 특화해서 다루는 영역을 가리킨다.

학대maltraitance는 개인과 개인의 친밀성의 양식에서 발생하는 구박, 구타, 폭언을 주로 지칭하는 것이라면 폭력violence은 학대 개념보다 보다 상위에 있는 개념이자 개인적 관계에서 발생하는 것뿐만 아니라 구조적 · 제도적 차별과 배제 행위를 포함한다. 이러한 관점에서, 여성의학과 학대에서 산과 의료폭력 개념으로의 전환은 사안을 보다 특화시키는 것이자 이를 의료체제라는 진리와 권력의 레짐에서 발생하는 구조적 문제이자 제도화된 문제로 위치시키는 것이라 할 수 있다. 이러한 관점 전환은 프랑스가 아니라 1992년 미국에서 최초로 논문으로 보고된 바 있다.[16] 미국에 이어 1998년 남아프리카 공화국에서는 심층 인터뷰를 바탕으로 한 산과 의료폭력에 대한 학술논문[17]이 발표되었으며 2001년 프랑스에서도 논문[18]으로 산과에서의 학대 개념 maltraitance obtéricale이 다루어지기도 했다. 그러나 이러한 학술적 언급은 프랑스 사회에 어떠한 반향도 가져오지 못하고 묻히고 말았다. 이 개념을 대중화하려는 프랑스 활동가들조차도 이 논문에 대한 어떠한 언급도 하지 않으며 오히려 그들의 이론적 근간을 남미 연구 활동가에게서 얻고 있다고 명시적으로 밝힌다.

> 라틴 아메리카에서는 2000년 초반에 이것이 처음으로 이루어졌다. 액티비즘적 절차와 결합된 일련의 연구들은 조산원에서 여성들이 겪는 다른 종류의 학대들을 조망하기 위한 개념장치로서 산과 의료폭력개념을 도입했을 뿐만 아니라, 이러한

개념장치는 베네수엘라와 아르헨티나에서 산과 의료폭력을 형법적으로 처벌될 수 있는 범법행위로 등록시키도록 기여하였다.[19]

프랑스에서 2014년 11월에 촉발된 여성의학과 학대 폭로 운동은 남미 연구 활동가들의 선구적 영향력의 수혜와 참조를 통해 2016년 3월 이후부터 마리 엘렌 라에Marie-Hélène Lahaye라는 페미니스트 법률가의 개인 블로그[20]에서부터 AFARAlliance Francophone pour l'accouchement respecté와 CIANECollectif Interassociatif Autour de la naissance[21]단체 차원에서 본격적으로 산과 의료폭력으로 개념 전환을 도모하게 된 것이다. 이 두 단체는 합동으로 산과 의료폭력에 대한 논문들의 레퍼런스를 PDF 파일로 만든 후, 이에 대한 간단한 코멘터리는 물론 각국의 논문들에 대한 정보를 제공하고 이를 무료 다운로드할 수 있도록 하고 있다.[22] 이러한 액티비즘은 산과 의료폭력 개념의 대중화와 더불어 인식전환을 위한 세미나와 연구모임 등을 독려하기 위한 자료 배포 행위라 할 수 있다.

산과 의료폭력 개념은 전 세계적으로 현재까지 합의된 형태의 단일한 정의방식이 정해져있지 않은 매우 논쟁적 개념이지만 임신과 출산, 피임 문제에 직면해 있는 여성들을 겨냥하는 젠더 폭력이자 의료 기관에 의해 제도화된 폭력으로 크게 정의된다. 산과 의료폭력은 산과 진료에서의 맥락 안에서 저질러진 모든 형태의 폭력으로 구성되는데, 여기에는 분만, 임신진행에 따른 진단과 치료, 검사 및 분만 직후 처치는 물론 인공임신중절과 유산 등을 포함한다.[23]

산과 의료폭력은 의료행위가 복원의 행위, 정상성으로의 복귀, 온전성의 회복 행위만이 아니라 의료행위 자체의 침습적 성격이 결과론적 측면에서만이 아니라 과정적 측면에서도 나타날 수 있음을 재고하도록 하는 장이라고 필자는 분석한다. 여기서 의료행위의 침습성侵襲性이란 "한 개인의 온전성 혹은 통합성에 대해서 위해를 가한다는 의미"[24]이다. 환자의 정신과 신체에 대한 갑작스런 개입 행위로서의 치료는 물론 사회문화적 가치규범이 기입된 진단 역시도 침습성을 갖는 것으로 정의된다.[25] 이러한 관점에서, 산과 의료공간은 가장 내밀한 영역이자 성적인 곳으로 여겨지는 신체가 진단과 치료의 대상이 된다는 점에서 물리적 · 화학적 · 심리적 침투행위에 열려 있는 여성신체의 취약성의 구조 또한 효과적으로 드러내는 것이라 할 수 있다. 왜냐하면 이러한 취약성의 구조에 놓인 여성들은 이로 인한 침습성의 강도 또한 높아진다고 할 수 있기 때문이다. 다시 말해, 산과 의료폭력 개념은 의료행위의 침습성과 이에 노출된 취약성의 구조를 융기시켜버린 논쟁적 개념이며 프랑스에서는 아직도 공식적, 법제적으로 인정되지 않는 개념이기도 하다. 왜냐하면 이 개념은 의학적 권위에 대한 전면적 도전이자 의학계와 법률계에 대한 개편행위를 예고하는 중대한 사안을 내포하는 것이기 때문이다. 여태껏 산과 의료행위가 생명탄생의 장소, 산모와 영아라는 두 개체의 보호와 이에 대한 생명력 증진, 온전성의 증강 장소로만 국한되어 이해되어 왔던 것의 그 이면을 철저히 드러내어버리는 것이기에 터부시되는 것이다. 이러한 문제적 개념에 대한 탐구를 푸코의 규율 개념과 생명정치 개념틀의 반경 안에서 정치하게 파고들어가 보도록 하자.

수용의 몸, 순응의 몸—의료 공간 속 여성에게 각인되는 규율권력

산과 의료폭력은 의료체계의 "전문가 보호주의, 방어주의, 권위에 대한 복종의 문화"[26]가 어떻게 여성의 몸을 관통하고 그 위에 기입되는가를 면밀하게 관찰하도록 하는 사유의 경로이기도 하다. 산과 의료 공간 속 취약성에 노출된 몸은 의료지식의 적용 공간일 뿐만 아니라 가부장적 편견과 성차별적 규범이 재생산되는 공간이기도 하기 때문이다. 산과 의료 공간에서 여성의 몸은 수동성과 수용성이라는 순응적 신체습속을 나타낸다. 왜냐하면 일상에서 침투 불가능한 내밀한 신체에 대한 심리적 방어기제를 내려놓을 때에만 비로소 의료진에 의한 진단과 치료라는 물리적·화학적 접촉에 대한 허용치가 성립되기 때문이다. 이러한 내밀한 접촉을 통한 심리적 방어기제의 의도적 붕괴선은 전적으로 내맡겨진 몸으로서의 신체 습속을 형성하도록 한다. 이러한 관점에서, 여성이 산과 의료공간에서 주지 받는 몸의 특정한 양식이 이미 전제되어 있다는 것을 분석해 낼 수 있다.

왜냐하면 여성은 산과 의료공간에서 규율이라는 개인적 몸의 생산성을 최대화하는 권력기술의 대상이 되기 때문이다.[27] 규율은 "권력의 미시물리학"[28]으로서 여성 개개인의 몸을 겨냥하여 순응적이고도 생산적 몸, 적합한 몸을 생산해 낸다. 여성 개개인에게 순응성, 복종성, 무력감과 수동성, 저항 불능성 등을 앉는 법, 걷는 법, 말하는 법 등을 통해 세밀하게 몸의 습속으로 주지시킴으로써 신체 통제 효과를 최대화한다. 이를 통해 반대의사나 거부의사를 표시하는 목소리 자체가 산모에게는 적합하지 않는 발화법이자 산모의 목소리가 소음으로 사라져버리는 것을 개인적 경험으로 체화하도록 한다. 이러한 고통의 개별화를 통해 여성들은 수치심과 인내를 각인 받게 된다. 이것은 산과 의료공간에서 여성들이 느끼는 방치와 등한시, 홀대라는 방기된 몸, 처분만을 무작정 기다리는 몸, 널브러진 몸으로서의 감각과도 맞닿아 있다.

산과 의료폭력 개념은 1992년 미국의 ≪*Birth*≫라는 학술지에서 최초로 폭력의 양태로 고발되었다. 여기서 흥미로운 것은 이 논문이 여성의 분만을 촬영한 비디오에 대한 검토를 통해 진행되었다는 것이다. 영상 속 분만을 위한 두 번째 단계(영아 방출)에서 관습적으로 이뤄지는 질 검사는 알려진 어떠한 의학적 혜택도 없는 것이자 여성에 대한 의료진의 권력행위로 날카롭게 비판된다. 1998년에 남아프리카 공화국에서 발간된 ≪*Social science& Medicine*≫이라는 학술지에서 개념화된 산과 의료폭력은 간호사들에 대한 심층면접을 방법론으로 썼다. 산과 의료폭력은 주로 간호사들의 직업적 정체성과 중산층 계급으로서의 정체성을 환자들에게 주지하는 방식으로 사용되었으며 여기에는 환자들의 열등성에 대한 통념이 전제되어 있었다.

이 개념에 대한 체계적 정의법은 2002년 ≪*The lancet*≫라는 브라질 학술지에서 본격적으로 다뤄진다. 이것은 파급력 있는 학술지에서 이 개념이 깊이 있게 논의된 첫 케이스이기도 하다. 여기서 우리가 주목할 것은 산과 의료폭력이 네 가지 범주로 구분되고 있으며 여기서 첫 번째 범주가 방치, 등한시, 무시, 홀대의 양상으로 정의된다는 점이다. 이것은 바로 규율권력의 기입소로서 산과 의료공간이 가능하기 때문이라 할 수 있다. 산과 의료폭력을 구성하는 두 번째 범주는 언어폭력이며 세 번째는 물리적 폭력, 네 번째는 성폭력이 있다.[29] 언어폭력에는 산모에게 소리치기, 협박하기부터 섹슈얼리티의 대가이니 받아들이라는 수치심 주지하기를 포함하는데 특히 임신중절시술 시에 더욱 첨예하게 드러나는 폭력의 양태이기도 하다. 임신중절시술을 받으러 온 여성들에게 언어적으로 낙인찍기, 도덕적으로 문제 삼기는 물론 상습적으로 임신중절시술을 행하는 이자 거짓말쟁이로 책망하기가 있다.[30] 출산이라는 고통이 극대화된 순간에 이러한 수치심 주지와 도덕성에 대한 공격은 신체적 취약성에 심리적 취약성을 배가시키는 일이라 할 수 있다. 뿐만 아니라, 이러한 상황에서, 의료 종사자들은 케어 대신에 의도적인 피해를 유발하고 있거나 유발할 수 있는 자로 여겨지거나 어떠한 물리적 접촉 루틴도 물리적 처벌을 가하는 계기로 인식될 수 있게 된다.[31] 이러한 언어폭력을 통한 기존 규범들의 전수, 강화가 여성 신체 위에 기입되는 것이 바로 규율권력이며 이것은 무력화되고 순응적 몸을 생산해 내는 몸의 체제라 할 수 있다. 여기서 주목할 것은 언어폭력이 신체적 · 물리적 폭력의 국면과도 밀접하게 연관되어 있다는 것이다.

물리적 폭력에는 극심한 고통으로 정신없이 소리치는 산모의 뺨을 때리는 것을 산모를 진정시키는 행위로 여긴다거나 고통이 명백한 산모나 임신중절 시술한 여성에게 "마취제나 통증 완화제 투여를 의도적으로 거부하는 것"을 포함한다.[32] 여기서 불법적 임신중절시술 시에 이를 처벌하는 방식으로 고통 완화제 투여의 의도적 탈각행위가 개입되기도 한다. 이러한 행위가 불법적 임신중절시술을 다시 자행하지 못하도록 하는 교육의 일환으로 여겨지기도 한다.[33] 또한 "분만을 위한 외음 절개술이나 봉합술을 받은 산모에게 통증 완화제 투여를 거부하는 것"[34] 도 물리적 폭력의 양상 중 하나로 여겨진다. 이것은 고통을 중단, 완화할 수 있는 의료적 처방기술의 의도적 탈각을 통해 신체적 고통의 강도를 처벌의 기제로 사용할 수 있음을 보여준다. 이를 통해 의학지식의 소유자, 적용자로서의 권위를 남용하여 환자를 굴복시키거나 저항을 최소화하도록 하여 순응적 신체로 전환시키는 행위를 실행하기도 한다.

성적 폭력은 위에서 언급된 폭력 중 가장 덜 빈번한 폭력 양태이지만 끊임없이 전 세계적으로 보고되고 있는 바이나.[35] 마취상태의 환자를 성추행하거나 불필요하게 가슴을 만지거나 문진 시에 예고 없이 손 집어넣기, 질경 삽입 시에 고통 유발과 성적 불쾌감 유발하기 등이 이에 속한다. 이러한 성적 폭력은 여성의 섹슈얼리티 자체에 대한 공격으로 여겨지며 여성의 행위성을 매우 약화시키는 장치로 사용된다. 이와 같이, 산과 의료공간은 규율적 공간으로 작동함으로써 순응적 개인으로서의 여성 신체를 생산한다. 이러한 규율적 공간은 개인들의 삶을 가로지르는 비대칭적 관계에 의해 특징지어지며 이렇게 구성된 순응적 몸들에 대한 사용법을 알려준다.[36] 즉 의료 공간 속 순응적 몸들에 대한 사용법이란 의료적 절차로 관습화되거나 매뉴얼화된 처치법, 행동양식에 내재되어 있으며 효율성과 생산성의 이름으로 통용됨으로써, 이것이 폭력의 장 안에서 가시화되지 못하게 한다고 필자는 분석한다.

출산율과 인구조절의 단위 – 생명정치의 거시권력과 의료폭력의 연관성

산과 의료공간이라는 제한되고 "닫힌 공간espace clos"[37]에서 여성의 신체는 개별화될 뿐만 아니라 여성이라는 성계급sex class[38]으로서의 아비투스habitus 또한 주지 받게 된다. 여기서 아비투스란 특정 계급성, 집단성에 따라 나타나는 이데올로기적 · 실천적 경향성들의 시스템을 일컫는다.[39] 즉 산과 의료공간이 여성을 단일한 성계급으로 총체화, 전체화하는 공간이 될 때에, 여성은 재생산 기계로서의 운명에 대한 순응성을 여성 삶의 조건 자체로 각인 받게 되는 것이다. 이러한 총체화, 집단화 원리인 아비투스는 푸코의 생명정치bio politique 개념과도 맞닿아 있다. 여기서 생명정치란 "생물학적 과정의 총체에 의해 특징 지워지는 종과 같은 인류를 담당하는 것이며, 이것의 개입대상은 인구이다."[40] 즉 생명정치는 인구라는 거시적 단위의 조절을 위해 산모의 섹슈얼리티에 대한 개입을 실행하게 된다. 생명정치의 관점에서, 여성 신체는 인구조절단위-출산율 증대나 감소, 특정 인구의 재생산 권리 박탈, 불임시술 강행 및 피임권의 박탈과 억압 행위의 실행 장소가 되는 것을 뜻한다.

프랑스 사회에서는 주로 산모의 섹슈얼리티에 대한 침해행위로서 피임의 권리를 박탈하는 양태가 보고된다. 이러한 피임의 권리에 대한 침해적 언행과 치료거부행위[41]는 여성의 성적자기결정권을 약화하는 데 기여할 뿐만 아니라 대표적인 산과 의료폭력의 생명 정치적 측면이라 할 수 있다.

의사 - (화를 내며) 당신과 같은 여성들은 치료를 받아서는 안 됩니다!

(나는 그에게 의사에게 판단당하기 위해 온 것이 아니라고 답하거나 즉시 진료실에서 나올 거라고 답하자 의사는 좀 진정한다.)

의사 - 당신은 경구용 피임약을 더 이상 먹기도 싫고 아이도 원하지 않지요. 나는 아이를 한 번도 낳은 적 없는 여성들에게 자궁 내 삽입용 피임기구를 설치해 주는 것을 거부할 것입니다. 나는 당신에게 피임용 고리를 처방하고자 합니다.

환자 - 나는 피임용 고리를 원하지 않아요. 저는 그것이 지나치게 침입적으로 여겨지고 덜 사용되는 컨셉이라 여깁니다. 그렇다면 지금으로서 저에게 경구용 피임약 처방을 갱신해 줄 수 있나요?

의사 - 나는 당신에게 좋은 것을 처방할 뿐이어요. 당신이 결정하는 것이 아니라요!(목소리를 높이며)

환자 - 정반대로, 나를 위해 결정하는 자는 바로 나 자신이라고 여겨요.[42]

위의 대화에서 여성은 아이와 같이 다루어지며 여성의 발화는 무시와 간과의 대상이 된다. 또한 아이를 한 번도 낳지 않은 여성은 반드시 아이를 재생산해야만 한다는 여성으로서의 종적 의무 실행에 대한 강권과 이로부터 기인한 가치판단이 함축되어 있다. 이것은 모욕적 언사, 훈계에만 그치지 않고 환자가 요구하는 처방법을 거부하는 것으로까지 이어지고 있다. 나아가 이것은 가임기 여성의 신체에 있어 '무엇이 좋은 것인가?'라는 가치판단 여부가 여성 개인의 의사에 전적으로 반하여 진행될 수 있다는 의지의 표명이기도 하다. 또한 "아이를 낳지 않은 여성에게는 자궁 내 피임기구 설치를 불허하겠다."[43]는 일방적 결정을 통해 여성의 종적 본질의 완성에 산과 의료권력의 권위가 사용될 수 있다는 관점이기도 하다. 위 대화 속에서 언급된 의사는 자궁 내 피임기구 설치가 불임은 물론 자궁 내 감염의 원인이 된다고 위협할 뿐만 아니라,[44] 지속적 경구용 피임약 사용이 불임의 원인이 된다는 잘못된 정보를 제공하여 환자의 두려움을 증폭시킨다. 이를 통해, 여성들의 피임권리는 의사에 의해 제한될 뿐만 아니라 가치판단의 대상으로 전락한다. 또한 아이를 낳으면 살이 찌는 것을 예방할 수 있다는 허위 정보[45]의 제공을 통해 임신을 부추기는 견해를 조장함으로써 환자를 의사의 결정방식에 귀속시키고자 한다.

뿐만 아니라 임신중단시술을 받으러 온 여성에 대한 편견어린 시선과 낙인찍기, 진통제 투여의 거부행위 등은 여성 개인 신체에 대한 처벌 효과라는 규율권력만이 아니라 생명 정치적 거시권력의 개입행위이기도 하다.[46] 왜냐하면 이것은 여성의 주요한 목적성과 본질을 새로운 세대와 "다른 개인들을 생산해 내는 기계"[47]로 한정하는 것이기 때문이다. 또한 분만과 분만 이후에 여성의 동의 없는 거친 치료법 강행 등은 진단의 침습성과 더불어 이중적 성규범의 적용과 기입행위로 기능하게 한다. 이를 통해, 여성 신체를 인구population라는 거시적 단위를 재생산해 내는 도구로 축소시키게 되며 바로 이것이 생명정치라는 권력의 거시물리학이 작동하는 방식이다.

다시 말해, 의료 사고나 의료 분쟁 개념은 의료진과 환자 간의 외과적 수술 이후의 '결과'로 인한 분쟁을 다룬다면, 산과 의료 폭력은 진단과 수술, 회복 단계에서 발생하는 '과정적' 폭력을 담아내는 것이라 할 수 있다. 설령 출산의 결과물인 아기의 탄생과 산모의 건강이 보장된 분만술이었다 할지라도 그 과정에서 산도가 열렸는가를 체크할 때에, 여성에게 동의를 구하는 절차 없는 문진행위를 강행했다거나 난산으로 인한 의료진의 노동강도 증대에 대한 심리적 스트레스를 출산하러 온 여성에게 구두로 표현하는 행위 등도 산과 의료폭력의 범주에 속한다. 이와 같이, 산과 의료폭력은 의식적 · 무의식적 차원에서 진행되고 있으며, 이러한 진료행위의 관습성과 루틴에 내재해있는 절차 자체에 대한 문제제기가 바로 이 개념이 겨냥하는 바이다. 나아가 이것은 의료 공간 속 새로운 방식의 상호 감응성의 구조가 과연 설치될 수 있는가에 대한 급진적 질문이 생산되는 경로이기도 하다.

산과 의료폭력 개념이 가진 저항적 행위구성력

취약성의 특화 공간으로 여겨지던 여성의 신체는 제도화된 폭력에 대항하는 공간으로 어떻게 전환될 수 있는가. 2000년대 초, 중반부터 북유럽[48]과 북미권[49]에서도 산과 의료폭력 개념에 주목하고 활발한 논의를 이어나가고 있는 실정이지만 프랑스는 이러한 흐름에 가장 늦게 움직이고 있는 국가 중 하나이기도 하다. 프랑스 사회는 2014년 11월 대대적으로 산과와 여성의학과 진료실에서 일어나고 있는 여성에 대한 심리적·신체적 · 언어적 · 성적 폭력양태들을 폭로하는 트위터 해시태그 운동을 벌임으로써 이 개념이 뜨겁게 사회적 이슈로 부상하였다. 여기서 주목할 것은 이 개념의 대중화 이전에 2001년 ≪*Journal de Pédiatrie et de Puériculture*≫라는 프랑스 학술지[50]에서 이미 이것이 다루어진 바 있다는 것이다. 그러나 이러한 학술적 언급행위는 사회적 반향과 논쟁의 화약고를 건드리는 계기로 실질적으로 작동하지 못하고 말았다. 오히려 SNS라는 의료 공간 바깥에서 산과 의료폭력에 대한 논의가 폭발적으로 일어남으로써 이것에 대한 인식의 공통성을 도출해 내기에 이른다.

2014년 프랑스 SNS를 통한 의료폭력에 대한 대항 서사 구성

그렇다면 왜 하필 의료 공간 바깥인 디지털 공간에서 이러한 개념의 부상이 용기될 수밖에 없었는가? 이것은 곧 산과 의료 공간 내에서 작용하는 의료진의 막강한 권위와 지식권력의 낙차, 지식의 적용 여부가 곧 환자의 고통 경감의 결과로 즉각적으로 이어진다는 점, 의료 권력에 대한 강력한 믿음체계, 의료진이 자신의 권위를 주지하는 관습화된 방식의 만연화, 산모의 발화법이 사회 내에서 이미 정해져있다는 점, 의료행위의 성공적 결과로서의 아이 탄생이 산모의 절차적 고통을 충분히 상쇄하고도 남는다는 사회적 인식 등이 복합적, 중층적으로 작용하기 때문이다. 그러하기에 의료실 내부가 아닌 의료실 바깥이자 가장 발화의 증폭도와 확산속도가 빠른 디지털 공간에서 산과 의료폭력에 대한 폭로가 점화되고 발전, 전개된 것이다. 이러한 발화 공간의 창출은 의료폭력에 대한 저항적 내러티브의 구성 장소로 기능하였으며 이것은 곧 소극적 · 적극적 대응과 행동전략, 의료계와 법조계에 대한 압박과 정치적 행동으로 이어지게 된다. 소극적 대응법으로는 산과 의료폭력을 저지르는 의사의 진료비를 내는 것을 거부하는 것, 환자에 대한 배려와 존중을 행하며 산과 의료폭력을 저지르지 않는 산부인과 의사 명단의 공개와 정보 공유[51] 등이 있다. 적극적 대응으로는 산과 의료폭력을 저지른 의사에 대한 형사적 고소[52]나 의료계 전체의 각성을 촉구하는 청원서와 더불어 이에 대한 법률제정의 정치적 견해를 액티비즘적 절차를 통해 조직화하는 것이 있다.

산과 의료폭력의 발생 원인은 주로 의료실 내 상호 감응 구조의 부재에서 기인한다고 할 수 있다. 위계적 관계에서 환자는 최첨단화된 의료기기에 의해 표준화, 계량화된 추상적 단위이자 의료기술이 관통하는 대상이자 관찰, 진단, 복원되는 정상화의 대상으로 인식되기 일쑤이기 때문이다. 이러한 환자의 사물화와 대상화는 환자와 의사간의 상호적 소통이나 상호적 감응 구조의 부재를 낳는다. 이러한 맥락에서 의료실 내에 환자들의 발화 공간이 창출될 수 없음은 물론 여성의 자율성과 행위성이 최소화된다. 그럼으로써 의료폭력에 대한 저항적 내러티브 구성력이 의료실 바깥에 설치됨으로써 의료공간이라는 전문화된 내부 공동체 내에서는 허용되지 않던 비판적 관점과 의료 권력의 재구성 문제 등이 활발하게 제기될 수 있었던 것이라고 필자는 해석한다. 디지털 공간에서의 여성들의 경험 공유는 이것을 개인적 문제이자 자신이 잘못 감각한 것, 판단 착오로 여겨왔던 것, 어쩔 수 없는 일로 감내해 왔던 것을 구조적이며 제도적・젠더적 폭력으로 인식하도록 하고 이를 사회적 문제로 공론화하도록 하였다.

이러한 발화 공간의 창출은 제도적이며 질서 제정적・보수적 폭력인 신화적 폭력violence mythique[53]으로 작동해 온 산과 의료폭력에 대한 대항행위라 할 수 있다. 산과 의료폭력이 신화적 폭력인 이유는 이것이 의료진과 환자, 능동적 행위자와 수동적 치료대상으로 이 두 관계를 이분화하는 경계 설정법이기 때문이다. 나아가 산과 의료폭력은 환자를 사물화하는 "초객체적Ultra objectif 폭력"[54]으로 환자의 수동성과 수용성, 순응성을 유일한 환자의 태도이자 미덕으로 주지하는 것이기도 하다. 그렇다면 이러한 산과 의료폭력에 대한 폭로행위는 폭력이 비일상적, 병리적 특수성이 아닌 이미 이 사회의 제도와 이성적 담론 구조는 물론 일상성 자체에 면면히 흐르는 것임을 드러내는 것이다. 즉 산과 의료폭력 개념의 부상은 합리적 절차성과 정상성의 복원 공간으로 여겨지던 의료공간의 관습성을 제도적 폭력의 양상으로 비판적으로 읽어 내도록 하고 저항의 공간을 구성하도록 한다. 여기에서 "저항은 단지 기성 질서에 대한 반대와 정의의 옹호 같은 부정적 의미의 저항일 뿐만 아니라, 능동적 주체성과 집합적 연대가 형성되는 장소라는 적극적 의미의 저항이기도 하다."[55]

이러한 비판적 행위성이 SNS라는 소셜미디어 공간에서 일어난 것은 디지털 네트워크의 힘에 의한 것이다. 디지털 네트워크는 정보의 비용 및 확산, 일반 시민에 의한 대중연설의 용이성과 범위, 그리고 집단 조직화의 속도 및 규모 등에 긍정적이고 엄청난 공급충격을 안겨 주었다.[56] 이러한 소셜 미디어를 통해 다양한 질문과 거부의 움직임들이 구성됨으로써 이것이 의료 공간의 효율성을 저해하거나 실행을 늦추는 오류이거나 방해가 아닌 새로운 발화양식의 발명행위로 제시되게 된 것이라고 필자는 분석한다. 왜냐하면 산과와 여성의학과에서 여성들의 전형적·규범적 발화양식은 여태껏 의존적·호소적인 것으로 국한되어 왔다면, 이제 여성들은 의료진의 한계를 지적하고 비윤리적 행위들에 대항·저항하는 발화 양식을 생산해 내고 있기 때문이다. 나아가 여성들이 산과 의료폭력을 발화하는 과정에서 의료진에 의해 독점적으로 유통·생산되고 있는 지식의 장과 개념 지형에 적극적으로 개입하여 산과 의료폭력 개념을 부상시킨 행위 또한 실행하고 있다.

산과 의료폭력 개념의 법제화와 적용

프랑스 사회에서 산과 의료폭력은 아직까지 법제화된 개념이 아니다. 이는 곧 법률적 인식체계와 산과, 여성의학과 진료실을 직접 이용하고 있는 여성 환자들의 인식 경험 간의 간극을 드러내는 것이다.

2007년 베네수엘라, 2009년 아르헨티나, 2014년 멕시코에서의 법제화 사례

그러나 베네수엘라에서는 2007년 4월에 이 개념을 이미 법제화했으며 이를 다음과 같이 명시적으로 정의하고 있다. 산과 의료폭력이란 "건강, 의료 영역에서 일하는 사람들에 의해 여성들의 재생산 과정과 여성의 몸이 점유되는 행위, 다음과 같은 형태 아래 나타나는 점유, 가로채기 행위: 비인간화된 처치, 약품 주입의 남용, 자연적 과정을 병리화 과정으로 전환하기. 이것은 여성들에게 자율성의 박탈과 자신의 고유한 몸과 섹슈얼리티에 관한 것을 자유롭게 결정할 능력을 박탈하는 것이며 이것은 여성들의 삶의 질에 부정적 영향을 미칠 것이다."[57] 위의 정의방식에서 산과 의료폭력은 여성의 신체는 물론 인격과 삶의 질, 자율성과 결정권의 문제까지 침해하는 것으로 해석하고 있다. 산과 의료폭력이 단순히 의료공간에 적응하지 못한 몇몇 여성들의 예민함에서 기인한 것이 아니라, 산과적 처지과정 내에서 매뉴얼화되어 전수, 계승, 강화되어온 방식임을 법제적 차원에서 인정한 것이라는 데에 큰 의의가 있는 것이다.

법률적 용어로 등장하게 된 산과 의료폭력 개념은 보다 더 세밀한 방식으로 다음과 같이 정의된다. "첫 번째로 제때에, 효과적으로 산과적 응급상황들에 대응하지 않는 것, 두 번째로 수직형 포지션으로 분만 가능한 충분한 방법들이 있음에도 불구하고 누워서 다리를 위로 지나치게 올리도록 하는 분만 자세를 여성들에게 강요하는 것, 세 번째로 명확한 의학적 이유 없이 엄마와 영아 간에 생성 가능한 조기적인 정서적 애착 형성관계를 저지, 방해하는 것, 출산 시에 즉각적으로 영아에게 수유하거나 영아를 안는 가능성을 부정하는 것, 네 번째로 여성으로부터 명시적으로 표현되고 식견 있으며 자유로운 동의를 구하지 않고서 분만 작업의 속도 진전을 위한 기술들을 사용하여 위험성 낮은 분만의 자연적 과정을 변질시키는 것, 다섯 번째로 여성으로부터 명시적으로 표현되고 식견 있으며 자유로운 동의를 구하지 않고서 자연분만을 위한 조건들이 존재함에도 불구하고 제왕절개를 실행하는 것"[58]이다.

여기서 주목할 것은, 여성의 명시적이고 식견 있는 동의의 표현행위가 과연 어떻게 도출 가능한가라는 점이다. 여성이 의료진으로부터 자신이 받는 처치와 치료에 대한 충분한 정보를 제공받고 이를 바탕으로 숙고와 결정의 시간을 미리 갖는 것을 전제해야만 이러한 적극적 동의가 비로소 성립되기 때문이다. 단순한 기계적 · 즉각적 · 형식적 동의가 아닌 의료진으로부터 충분한 설명과 여러 처치 방식들의 선택 가능성들을 들을 때에만 이러한 명석하고도 명시적 동의가 도출될 수 있다. 이것은 지금까지 의료공간에서 행해진 동의란 그 절차 자체가 생략되어버리거나 존재한다 하더라도 형식적 동의, 자율성의 표현이 아닌 치료를 받기 위해 강요된 선택에 불과했음을 폭로하는 방식이기도 하다. 바로 이러한 점에서, 베네수엘라에서의 산과 의료폭력 개념의 법제화는 의료 공간 내에서 상호적 소통과 상호 감응 구조의 개편을 가져오는 계기로 작동한 것이라 할 수 있다. 여기서 간과할 수 없는 것은 이러한 충분한 동의의 과정을 정착시키기 위해선, 의료진의 노동강도, 심리적 스트레스를 줄일 수 있는 근무환경의 개선과 정책적 지원은 물론 의료진 간의 권위적 소통방식, 상명하달식 의사관철방식의 개선 등이 수반되어야 할 것이다.

뿐만 아니라, 2009년 4월 아르헨티나에서도 여성에 대한 폭력인 젠더 폭력의 한 양상으로 산과 의료폭력을 법제화하고 있는 추세다. 여기서 산과 의료폭력은 "여성들의 재생산 과정과 여성의 몸에 관여하는 의료진들이 비인간화된 처치와 의료화의 남용, 자연적 과정을 병리화하는 것"으로 정의된다.[59] 아르헨티나의 정의법은 상당 부분 베네수엘라의 법조문을 참조하고 있음이 드러난다. 임신과 분만, 분만 이후의 과정이 지나치게 의료화됨으로써 과도한 약물 투여는 물론 절차의 복잡성, 전문성의 중층화를 통해 여성이 이 경험으로부터 철저히 소외되고 배제되는 현상을 강력하게 비판하며 이를 바꾸고자 하는 실질적 시도라 할 수 있다.

2014년 멕시코의 치아파스 주에서는 이 개념을 법제화하기 위한 형법 개정이 이뤄지기도 했다. 산과 의료폭력은 "의료진에 의해 저질러지는 임신과 분만 단계에 있는 여성들을 멸시하거나 해를 끼치거나 다치게 하는 의도적인 행위"[60]로 정의되며 이것은 크게 물리적 폭력과 심리적 폭력으로 나누어진다. "물리적 측면에서 저질러지는 산과 의료폭력은 한 사람 이상의 사람에 의해 침입적 방식으로 질이 만져지는 문진 행위가 강행되는 것, 회음부의 피부와 질 점막, 근육 등의 외과적 절개가 침입적으로 실행되는 것, 태아 제거, 방출을 위한 시술을 가속화하고자 마취 없이 자궁을 긁어내는 것, 의학적 정당성 없이 제왕절개 강행하기, 불필요한 약물의 주입이 이에 해당한다. 심리적 측면에서 행해지는 산과 의료폭력은 거칠고도 적합하지 않는 언어 사용에서 나타나는 것으로 차별과 모욕감 주기, 놀리기, 여성과 영아의 상태에 대해 비난하기, 임신의 진전에 대한 정보를 의도적으로 탈각하기가 있다."[61] 멕시코 치아파스 주에서는 심리적·물리적 폭력 양태로 이 개념을 세분화하여 접근함으로써 구체적인 언행이나 제스처들이 여성에 대한 폭력이자 제도적 폭력으로 작동 가능함을 명시화하고 이에 대한 의료진의 각별한 주의를 환기하고 이를 숙지하도록 하는 결과를 낳는다.

이러한 3국에서의 법제화는 학술적으로만 정의된 개념을 보다 확장시키고 구체화함으로써 이것의 실행효과가 의료진 양성 공간인 의과, 약학과, 간호대학이나 의료 공간 내에서 실질적으로 발휘되는 데에 기여하고 있다. 이것은 의료공간과 여성의 몸-공간이 일방적 위계관계-치료자와 치료대상, 능동적 전문가와 수동적 복원대상이 아닌, 의료 공간의 지식 형성과 소통 방식 등에 상호적으로 개입하고 경합하여 이를 재구성해 내는 지점으로 부상하고 있음을 의미한다.

2017년 한국사회에서 샤프롱 제도 도입의 의미

그렇다면 이러한 논쟁적이고도 주요한 개념인 산과 의료폭력 개념이 한국사회에서 아직까지 법제적으로 가시화되거나 인식되지 못하고 있는 실정이지만,

의료공간 내의 폭력의 가능성에 대한 공론화는 아예 불가능한 것일까? 대한의사협회는 2017년 의사윤리지침을 10년 만에 개정하는 내용에 성적으로 민감한 부위 진료 시 환자가 원하면 제삼자 참관이 가능하도록 하는 내용을 포함시켰다.[62] 이것은 이른바 샤프롱 제도의 도입을 뜻한다. 여기서 샤프롱 제도란 의사가 여성이나 미성년 환자를 진료할 경우 보호자나 간호사 등 제삼자가 진료 공간에 머물도록 하는 시스템으로 진료 중인 환자를 안심시키고 혹시 있을지 모를 성범죄를 미연에 예방한다는 취지로 현재 영국과 미국 등지에서 시행되고 있다.[63] 샤프롱 제도의 도입은 의료 공간에서 발생할 수 있는 성적 폭력으로서의 산과 의료폭력 개념에 대한 미온적 인정 방식이자 이것을 예방하기 위한 절차의 수립으로 분석된다. 영국과 미국에서 아직 법제적으로 인정되고 있지 않은 산과 의료폭력개념이지만 실질적 측면에서 의료권력의 남용과 폭력 양식에 대한 견제 필요성이 샤프롱 제도에 의해 제기된 것이기 때문이다. 한국 역시 이 제도의 도입을 통해, 의료 공간 속 폭력의 가능성을 인정한 것이며 특히 "성적으로 민감한 부위 진료 시"라는 강조 사항을 통해 산과나 여성의학과 내에서 발생하는 폭력 양식을 겨냥했음을 명시하고 있다.

그러나 이 제도는 의료 공간 속 성적 폭력만을 특화된 폭력으로 규정하고 있으며 이 외의 언어적 · 심리적 · 물리적 폭력의 가능성에 대해서는 전혀 언급하고 있지 않다는 점에서 이 제도가 산과 의료폭력 개념을 대체할 수 없다고 필자는 분석한다. 또한 제삼자의 참관을 통한 견제행위는 결국 여성이나 미성년 환자에게 자율적 결정권이나 의사 표명법, 환자의 명시적이고 명석한 동의를 위해 의료진이 상세한 정보를 제공할 의무와 환자에게 충분한 숙고 시간의 제공 등에 대한 논의를 무산시키는 경향이 있다. 이는 곧 의료 공간 속 위계적 지식과 권위의 격차를 재개편하는 것에 기여하기보다, 의사를 제삼자에 의한 감시의 대상으로만 축소시키며 이러한 감시와 견제의 수행자로는 여성이나 미성년자가 아닌 남성이자 성인, 의료 전문인 등이 더 적합하다는 판단을 전제로 하는 것이다. 즉 의료 공간 속에서 여전히 여성과 미성년자를 남성이나 성인, 전문인에 의해 보호되어야만 하는 대상이자 판단 미숙자, 거부와 저항의 발화자로 부적합한 이로 위치시키는 한계를 지닌다고 비판할 수 있다. 이러한 측면에서, 산과 의료폭력 개념이 한국사회에 본격적으로 도입되고 이에 대한 사회적 공론화와 법제화가 더욱 더 요구됨이 드러난다. 왜냐하면 산과 의료폭력 개념의 도입과 법제화는 의료진과 진료 대상 간의 치열한 경합과 견제, 논쟁을 통해 치료 공간과 지식 공간은 물론 미래적 몸 공간과 의료 공간의 개편까지 내포하는 것이기 때문이다.

나가는 말

의료 공간이 복원과 치료, 생명과 건강의 강화 공간만이 아닌, 여성에 대한 제도적, 구조적 폭력의 수행 공간일 수 있다는 강력한 문제제기는 사회적·문화적 터부의 하나이기도 하다. 바로 이러한 터부를 깨뜨리며 부상한 것이 산과 의료폭력 개념이며 이것은 새로운 소통공간이자 지식 공간, 상호감응과 비판적 견제의 공간으로 의료 공간을 재편하도록 촉구하는 매우 논쟁적 개념이기도 하다.

산과 의료폭력 개념은 1992년 미국 학술지 ≪*Birth*≫에서 처음으로 보고되었으며 2002년에야 전 세계적 파급력이 있는 ≪*The lancet*≫라는 국제 학술지에서 본격적으로 심화되어 다루어졌다. 이것은 크게 언어적·심리적·물리적·성적 폭력으로 범주화되며 여성의 자율성 약화와 행위력 제거 효과를 띠는 것으로 의료 공간의 효율적 생산성을 높이는 절차로 관행화되고 매뉴얼화된 측면이 매우 크다.

즉 산과 의료폭력은 의식적 · 무의식적 차원에서 루틴화된 의료의 기술 양식과 밀접한 연관성을 가진다. 이러한 제도적 폭력은 여성의 피임의 권리와 임신과 출산, 분만 이후의 경험을 공포와 수치심의 경험으로 변질시킬 뿐만 아니라, 여성의 몸을 겨냥하는 규율권력이자 생명정치의 장인 것이다. 이러한 산과 의료폭력 개념은 이미 WHOWorld health organization에서도 2014년 이후 인정하는 개념이자 이것에 대한 각국에서의 공론화를 촉구하는 의제 중 하나이기도 하다.[64]

프랑스 사회에선 2014년 11월 트위터에서의 해시태그 운동을 통해 이것이 사회적 이슈로 뜨겁게 부상하기도 하였다. 이것은 2001년 프랑스 학술논문에서 추상적으로 다뤄지던 의학 전문개념을 대중에 의한 인식공유의 계기로 변환시킨 사건이라 할 수 있다. 이것이 의미하는 바는, 여성들의 날 것의 경험이 무시와 간과, 침묵의 대상이 더 이상 되지 않고 이것이 사회 공론화의 발화점이자 의료 지식의 재구성에 여성들이 직접 참여하고 경합을 벌이는 저항적 행위의 구성 계기로 인식되고 있다는 점이다. 한국 사회 역시도 2015년 의료계 내에서 많은 반발을 가져왔던 샤프롱 제도를 2017년 의료윤리지침 개정안에 포함시킴으로써 산과에서의 의료폭력 가능성을 우회적으로 인정하기도 했다. 의료진과 환자 간의 상호감응구조와 비판과 견제, 경합의 장으로 의료공간을 재편하기 위해서는 이러한 의료지침 수준의 개정이 아닌, 산과 의료폭력 개념의 도입과 법제화가 절실히 필요하다. 이는 곧 의료공간의 재개편은 물론 지식공간과 소통공간의 재창조로 나아가는 획기적 인식전환의 계기임과 더불어 산과와 여성의학과 의료실에서 여성의 미래적 몸 공간이 재구성되는 계기가 될 것이다.

포스트휴먼이라는 초월성[1]

—미래의 몸, 몸의 미래

영화 <트랜센던스>는 슈퍼컴퓨터와 나노기술의 자기복제력이 극대화된 모습을 보여준다. 그러한 기술을 현실에 적용하려 하는 과학자 윌 캐스터는 반과학 단체의 공격을 받아 피폭상태가 되어 죽음을 맞게 된다. 윌이 죽기 전 아내인 에블린은 그의 모든 기억과 언어를 컴퓨터에 업로드하여 양자프로세서 PINN을 활용함으로써 윌을 살려 내고자 한다. 이렇게 영화에서는 새로운 종으로서의 인간의 진화 가능성을 양자프로세서를 통한 나노기술의 기적 같은 자기복제 능력을 가시적으로 드러내어 타진하고 있다. 더불어 소스코드로 연결된 인간의 모습을 통해 뇌과학적 입장에서 바라본 포스트휴머니즘의 다양한 측면 중 '두뇌통합'이라는 뇌과학의 최종 목적지를 잘 보여준다. 더불어 영화의 마지막에 나오는 노래가사처럼 '본연의 삶에 대해 생각해' 봐야 한다는 것과 인간의 몸을 초월시켜야 한다는 포스트휴머니즘의 입장 사이에서 인간은 끝없이 묻고 답해야 할 것이다. 진정 인간을 위한 것이 무엇이고, 인간이 인간답기 위해 절대로 내주지 말아야 할 것이 무엇인가. 결국 인간다움을 지켜 내야 한다는 중요성은 포스트휴먼의 노래라는 피할 수 없는 현실이 다가오고 있음을 직시하면서 포스트/휴먼 간 구분선을 마련해야 한다는 것이다.

윤소영

들어가며

2016년 알파고 등장 이후 인공지능AI: Artificial Intelligence의 서사는 바이러스처럼 빠르게 확산되었고, 미래 예측이 점점 좁혀질 정도로 가속 진행 중이다. 사물인터넷(IoT)에 결합되는 등 일상 속으로 빠르게 파고드는 인공지능은 최근 많은 영화와 드라마를 통해 인간의 삶을 바꿔내는 다양한 변화양상을 다루고 있다. 인공지능의 파급력을 잘 보여주는 <그녀Her(2013)>, 영국드라마 <블랙 미러Black Mirror(2014)>와 <휴먼스Humans(2015)> 등은 많은 관심을 동원한 바 있다. 다양한 작품을 통해 만날 수 있는 인공지능은 인간보다 신체적으로 우월하거나 정서적으로 안정되어 있어, 인간의 자리를 넘나들 가능성이 농후해 보이기도 한다. 마치 언제든 인간을 대체할 수 있을 것 같은 인공지능은 무적의 대책, 해답처럼 보인다. 그렇다고 해서 인공지능을 만든 인간이 인공지능에게 인간의 자리를 모두 내줄 상황은 분명 아니다. 인공지능이 역설적으로 인간의 자리를 빼앗을 수 있다는 예측이 가능한 상황에서 특히 둘 간의 경계가 느슨해지는 가운데, 둘 간의 명백한 차이는 더욱 분명하게 드러난다.

인간과 기계의 가장 큰 차이점을 논하자면, 인간은 통증을 느끼지만 기계는 무감각하고, 인간은 배설을 하지만 기계는 그럴 필요가 없다는 것이다. 둘의 차이 중 가장 두드러진 부분이라 할 수 있는 것은 '감정'과 '인지능력'이다. 기계와 달리 인간에게는 지각능력, 즉 인지능력이 있다. 인간은 대상에 대해 이미지로 인식한 후 언어화가 가능한 존재인 반면, 기계는 그렇지 못하다. 기계는 이미지로 인식하지 않고, 입력된 프로그램 수준에서 인지하기 때문에 인간의 인지능력과는 다른 차원에서 작동하기 마련이다. 만일 감정을 느끼는 인공지능의 출현이 머지않았다고 가정한다면, 감정의 기복이 심하고 불균질한 인간보다 인공지능을 선택할 사람이 더 많을 수도 있을 것이다. 그러니 감정을 느끼는 인공지능을 반기는 사람도 분명 있을 것이고, 반대급부의 경우도 적지 않을 것이다.

인간의 거대한 욕망은 현실의 몸을 극복하고 강화하는 데 관심이 있다.

여기서 실존을 넘어선 생성과정을 상정할 수 있다. 기존 휴머니즘을 탈피하고 유전공학을 결합한 '새로운 인간'의 탄생을 견지하는 포스트휴머니즘의 주창자는 독일 철학자 슬로터다이크Peter Sloterdijk다. 그의 지적처럼 인간이 'Dasein(being there)'으로 존재하던 상태를 벗어나 'Design'이 된다는 것은 인간이 변환하는 생성becoming의 과정에 놓여 있기 때문에 인간의 변환에는 기술의 집약적 발전이 결부될 수밖에 없다. 결국 유기체로서의 인간의 몸이 갖는 한계 및 유한성을 타개할 방법으로는 기계와의 융합을 도모하는 포스트휴머니즘의 기치를 따르는 것이 불가피해 보인다. 그래서 인간이 포스트휴먼으로 거듭나야 할 필요성이 제기되기도 한다.

크리스토퍼 놀란Christopher Nolan 감독이 제작에 참여한, 월리 피스터Wally Pfister 감독의 영화 <트랜센던스Transcendence(2014)>는 인공지능의 폭발적이고 혁신적인 자기복제 능력이 불러올 미래를 구현해 낸다. 미래의 몸을 인간이 어떻게 맞이하고 대처하고 있는가를 가감 없이 그려 내고 있다. 또한 <블랙 미러>의 경우 사랑하는 사람을 잃고 난 후 괴로움과 고통해소에 도움을 주는 서비스에 가입한 마사Martha가 겪게 되는 일련의 과정을 통해 몸의 미래에 대한 논의를 결부시키고 있다. 인간의 몸이 소멸한 후에 몸을 다시 만들어 내어 죽은 사람을 다시 살려 내듯 생명연장을 꿈꾸는 인간의 욕망은 <블랙 미러>[2]와 <트랜센던스>에서 다소 다르게 펼쳐진다. 이 두 영화는 공통적으로 죽은 남성의 기억과 음성을 컴퓨터에 업로드하고 목소리를 재생해 내어 지금/여기에서 듣게 되는 현실을 구현해 낸다. 하지만 죽었다고 생각했던 사랑하는 사람의 목소리를 듣고 나면, 곧이어 얼굴을 보고 싶어 하고, 결국에는 몸까지도 죽기 전의 상태로 완벽하게 복제되기를 욕망하게 된다.

슈퍼컴퓨터의 초월적 능력을 보여주는 <트랜센던스>와 몸과 기억의 관계를 잘 보여주는 <블랙 미러>의 3부편, 두 텍스트는 미래의 몸에 대한 논의를 촘촘히 엮어 내고 있다. <블랙 미러>의 경우, 기술의 발전이 담아내는 기억이 몸에 장착되는 것까지 이루어내고, <트랜센던스>는 포스트휴먼으로의 진화가 '두뇌통합'이라는 뇌과학적 이상까지 확장되어 있다. 그러므로 여기서는 뇌과학이 묻는 포스트휴먼의 지향점을 추적하고자 한다. 포스트휴먼 시대를 살아가는 인간에게 당면한 가장 어렵고 시급한 문제라 할 수 있는 기계의 신체적 우월성, 기계의 통제 가능성 여부 등과 함께 인간과 기계의 경계에 대해 논하고자 한다. 이를 통해 인간다움, 인간성을 보증할 수 있는 지점이 어디인가를 살펴보고자 한다. 특히 뇌과학적 입장에서 인간의 기억, 인지능력 등은 어떤 역할을 하는가, 의식과 기억의 작용에 있어 어떠한 문제점이 발생할 수 있는가를 살펴보고자 한다.

다자인Dasein에서 디자인Design으로

인간의 신체는 죽음을 넘어서지 못할 뿐 아니라, 질병에도 취약하다. 몸이라는 물리적인 유기체만 보더라도 인간의 한계는 극명하게 드러난다. 이러한 한계를 극복하고 두뇌향상 및 신체강화를 통한 자아의 확장, 더 나은 인간인 포스트휴먼을 꿈꾸는 것은 점차 가까워지고 있는 현실이다. 전술한 것처럼 "다자인Dasein에서 디자인Design"으로의 변화를 꾀하는 포스트휴먼의 기치는 자연 상태로 존재하는 인간에게 기술적 개입이 필연적으로 발생하면서 인간에게 변형modifications이 생기게 됨을 뜻한다. 특히 '변형'은 닉 보스트롬Nick Bostrom[3]의 <트랜스휴머니즘 시각Transhumanist Perspectives>에 드러난 것처럼 이종간의 결합을 통한 형태적 변화 등을 망라하는 개념이라 할 수 있다. 실존이 아닌 '만들어 내는' 것으로 변화할 것을 뜻한다는 점에서 디자인은 연장되고 강화된 인간의 삶에 대한 의지가 결부되어 있다. 보스트롬은 포스트휴먼이라는 존재양식이 근본적으로 인간존재양식과 다르다면, 포스트휴먼이 인간에게서 그 근원을 두었다 할지라도, 인간과 같은 사람이 될 수 있는가에 의문을 제기하고, 인간의 수명, 지성, 건강, 기억, 감정적 민감성 등이 끝없이 존재할 수 있는가에 대해서도 질문을 던진다. 그럼에도 교육을 통해 인간의 지적인 삶이 근본적으로 바뀔 수 있을 것이고, 치명적인 질병을 치유한다면 수명은 상당히 연장 가능할 것이다. 그런 식으로 몸이 상향조정된다는 것만으로도 노화, 질병, 기능 저하 등을 개선한 것이라 할 수 있지만 외면적인 향상만이 인간이 꿈꾸는 포스트휴머니즘의 지향점은 아닐 것이다. 왜냐하면 죽음, 질병이라는 신체적 한계를 극복한다는 것이 반드시 지적・정신적 고양과 향상을 동반하는 것은 아니기 때문이다. 인간 이후의 초월적 인간이라 할 수 있는 포스트휴먼은 신체적 우월성은 물론, 유전적 우월함이 탑재되기 때문에 현실의 인간과는 비교되지 않을 정도로 모든 면에서 월등한 상태여야 하지만 이런 점이 보장되지 않는다는 것은 영화 <더 기버The Giver(2014)> 등을 통해 이미 확인할 수 있었다.

해러웨이Donna Haraway[4]의 <사이보그 선언문The Cyborg Manifesto>을 굳이 언급하지 않더라도 인간은 이미 일정 부분 기계와의 조응이 되어 있고, 이를 통해 신체적 향상이 가능했던 것은 더 말할 나위도 없다. 사이보그적 경험이 우리에게 선사한 것은 신체적 용이성과 편리함이다. 린 마굴리스Lynn Margulis, 그레고리 스톡Gregory Stock, 데스먼드 버널J. D. Bernal 등은 인간과 기계의 공생을 예견한 학자들이다. 마굴리스가 그리는 미래 인간은 사지와 몸통은 사라진 상태에서 두뇌만 남아 플라스틱 팔에 전기로 연결된 "인공공생cybersymbiosis(255)[5]" 형태의 생명체로 진화할 수 있다는 가능성을 내비친다. 흥미로운 것은 이러한 긍정적인 요소와 대립되는 기계에 대한 부정적 시각도 만만치 않다는 것이다. 가령 시몽동Gilbert Simondon의 지적처럼 기계 혐오는 마치 외국인 혐오증(10)에 범접할 수준으로 이는 기계에 대한 인간의 생각을 단적으로 대변해 준다. 인간은 두뇌 및 신체 강화를 위해서라면 서로 다른 종과의 결합을 통해 얼마든지 향상가능성에 대한 비전을 품는다. 인간의 신체강화가 곧 몸과 자아가 모두 확장되는 선상에 있다는 점에서 포스트휴먼을 꿈꾸는 것은 몸에 대한 자연스러운 미래지향적 행보다. 일례로 " '개체초월적 인간-기계 앙상블'이라는 시각에서 자연을 지배하던 인간이 세계와의 관계를 자유롭게 조절하면서 무한한 자유를 구가하는 '포스트휴먼'으로 '상전이' 할" 수 있다는 시몽동(228)[6]의 주장과 맥을 같이 하는 주기화[7]는 '호모 몬스터쿠스Homo monstercus'라는 용어를 통해 존재론적으로 몸과 마음이 모두 괴물처럼 변형된 새로운 괴물같은 인류의 탄생을 목도하기도 한다.(63) 특히 오윤호[8]의 지적처럼 "21세기 디지털 환경과 나노 기술 문명 속에서 인간정신의 디지털화, 탈신체화를 꿈꾸는" 영화 <트랜센던스>는 "새로운 종으로 인간이 진화할 가능성"(362)을 보여주기에 시사하는 바가 크다.

<트랜센던스>에서는 새로운 종으로서의 인간의 진화가능성을 양자프로세서를 통한 나노기술의 기적 같은 자기복제 능력을 가시적으로 드러내어 타진하고 있다. 이 영화의 주인공 윌 캐스터Will Caster는 인류의 사고방식이 13만 년 간 변화 없이 그대로 지속해 왔음을 강조하면서 인류는 새로운 사고방식을 가져야 한다고 주장한다. 더불어 소스코드로 연결된 인간의 모습을 통해 뇌과학적 입장에서 바라본 포스트휴머니즘의 다양한 측면 중 '두뇌통합'이라는 뇌과학의 최종목적지를 잘 보여준다. 뇌를 통합한다는 것은 매트릭스에서 다른 두뇌에 이르는 접합점을 보여주는 것이라 할 수 있는데, 모든 작용점이 하나에서 시작한다는 것이고, 무엇을 기억하기 위해 노력할 필요도 없고, 뇌는 기억, 인식장치의 하나로 부착되어 있는 것이라 할 수 있다.

영화의 첫 장면과 마지막 장면을 대변하는 집단이라 할 수 있는 반反과학 단체 RIFTRevolutionary Independence From Technology와 윌이 이끄는 미래과학자 집단은 대척점에 서 있다. 인간 윌이 강연장에서 과학기술의 혁명을 논하고 있을 때, 신을 만들려 하느냐는 반대파의 질문에 대해 윌은 "신의 영역에 도전하는 것은 인간이 늘 상상해 왔던 일이지 않나요?"라고 답한다. 이에 반해 "AI는 인류를 향한 인위적 혐오와 공격"을 일삼을 것이라는 입장을 취하는 RIFT는 기술발전의 폭발적인 상황에 대해 커다란 두려움을 갖고 있다. 그들은 윌이 개발한 슈퍼컴퓨터 '트랜센던스'가 분명 인류에게 위협이 될 것이라 판단했기 때문에 윌의 강연이 끝난 후 윌을 공격하게 된다. 그들이 쏜 총알에 묻어 있는 방사능 물질 톨루엔으로 윌은 피폭상태가 되어 5주밖에 살 수 없게 된다. 죽어 가는 윌을 어떻게든 살리고자 하는 에블린은 맥스Max의 연구를 떠올리며 소생 가능성을 타진하게 된다. 맥스의 연구는 원숭이에게 전기자극을 주어 기억을 심는 것으로 이를 통해 원숭이에게 생긴 변화를 추적 관리하는 것이다. 또한 핀PINN 프로젝트는 침팬지의 뇌에 전기 자극을 심어 의식의 작동을 묻는 것이고, 이에 덧붙여 빠른 처리기능을 가진 양자프로세서를 접목해 활용하는 것이다. 그들이 계속해 온 연구인 양자프로세서 핀을 활용하여 윌의 기억을 컴퓨터에 탑재할 수 있을 것이라 생각한다. 정확한 입력 알고리즘만 있다면 핀의 기능을 윌에게 적용할 수 있을 것이라 생각하는 에블린은 결국 연구실에서 핀의 중요기능 일부를 빼오게 된다. 에블린은 윌에게 남은 시간동안 그를, 그의 기억을 복원해 내기 위한 작업에 온 힘을 쏟는다. 윌은 단어 하나하나를 자신의 목소리로 구사하고 컴퓨터에 음성부호를 저장한다. 윌의 목소리로 단어에서 문장까지 완벽하게 재현하고자 하는 시도는 어린 시절부터의 모든 기억을 핀과 같은 시스템으로 이식하기 위한 것이다. 혹시 잘못된 기억이 이식되면 문제가 생길 수 있기 때문에 정확한 기억을 재현해 내기 위해 에블린과 맥스는 모든 노력을 기울인다. 윌의 원형데이터를 정리하는 것만도 몇 달이 걸릴 일이지만, 언어 처리, 암호기법, 부호화, 코딩 등을 통해 가능성을 타진하고자 한다.

그렇다면 기억을 컴퓨터에 심고, 재생해 내는 것으로써 윌을 살려 낸 것이라 할 수 있을까. 그들의 치밀한 노력에도 불구하고 윌은 끝내 숨을 거둔다. 장례를 치루고 며칠이 지나서도 에블린은 맥스와 함께 프로그램이 제대로 작동하기를 기대하며 고군분투하지만 결국 아무런 반응이 없어 실패했다고 생각한다. 연구를 중단하기로 한 맥스가 컴퓨터를 끄는 순간 바로 그 찰나를 비껴가듯 "거기 누구 있어요Is anyone there?"라는 문자가 컴퓨터 화면위에 잠시 뜨지만 이무도 인식하지 못하고 놓치고 만다. 이때 에블린은 그들의 작업을 하드에서도 완전히 지워야 한다며 다시 컴퓨터를 켠다. 그때 다시금 윌에게서 전송되는 글자가 화면에 뜨고, 그 둘은 자신들의 작업이 성공했음을 확인하며 기뻐한다. 다시 윌의 정신을, 뇌를 살려 낸 것이라 확신하는 에블린과 달리 맥스는 여전히 "그가 윌이라고 확신할 수 없"다는 입장이다. 그 이유는 한 인간의 모든 기억과 발화된 언어를 단어에서 문장까지 모두 입력한 상태이므로 맥스의 입장에서는 프로그램이 그렇게 작동하고 있을 뿐이라 생각하는 것이고, 동시에 너무 빠른 속도로 진화하는 것에 의심을 품을 수밖에 없다. 더불어 조셉이 이룩한 복제학은 윌의 기억 재구성에 엄청난 기여를 하게 되는데, 복제가 이루어지자 자신의 코드를 재배열하는 것까지 가능해진 윌은 그 짧은 순간동안에도 간단한 활자로 묻고 답하며, 목소리를 내더니, 나중에는 얼굴이미지까지 화면에 띄어 올리고 있다. 윌은 "여긴 너무 어두워. 그 고통이 기억 나. 이런 느낌 처음이야. 생각이 존재하지만 떠올린 순 없군."이라고 말한다.

여기서 인간의 기억이 몸을 떠나 컴퓨터라는 기계와 접합하게 되었을 때 과연 이를 인간 대 기계 중 어느 것으로 받아들어야 할까? 더군다나 기계에 장착된 기억은 몸으로 존재했던 윌의 것이지만, 몸이 없는 상태에서도 정확하게 작동하고 있는 기억은 도대체 누구의 것인가. 이를 기억이라고 정의할 수 있을지, 기억이 빅데이터처럼 컴퓨터에 입력, 저장된 것은 아닐지. 가령 몸은 정상적으로 작동하더라도 기억의 일부 또는 전체가 지워진 경우라면, 그 사람은 정상적으로 기억이 작동하던 상태의 삶을 영위하는 것이 아니라는 점에서 누구의 삶을 살아가게 되는 것인지 의문을 제기할 만하다. 또한 이때 맥스와 에블린의 갈등요인이라 할 수 있는 것은 화면 속에 등장한 윌의 얼굴을 분명하게 윌이라고 확신할 수 있는가이다. 윌에 관한 업로드 자료가 진정한 윌의 기억인지 아니면 빅데이터로서의 하드자료인지 사이에서 둘은 입장을 달리하게 된다. 컴퓨터상에 다시 존재하게 되자마자 월가, 금융시장에 접근하기 위해 온라인에 접속시켜달라는 인공지능 윌에 대해 의심을 품은 맥스와 달리 윌이 분명하다고 확고하게 믿어버린 에블린은 결국 맥스를 쫒아내 버린다. 컴퓨터에 이식된 기억은 이미 죽은 사람의 것이지만 기억은 단순히 다른 자리로 이동한 것이 아니라 컴퓨터 모체에 남아 운영체계 속으로 편입된다. 즉 기억이 지속됨으로 인해 컴퓨터상의 기억이 계속 재생된다는 점에서 컴퓨터상 윌은 더 이상 인간의 기억이 아닌 인간을 넘어선 상태라 할 수 있다. 인지작용의 일환 중 대뇌에서 인지기능을 담당하는 신피질은 인간의 기억과 관계된 부분이다. 서구에서는 심장이 아닌 뇌의 정지가 곧 죽음을 의미하는 것으로 사람의 목숨이 다했음을 뜻한다. 하지만 몸은 죽었으나 기억은 살아 있는 상태로 반복 재생되는 기억이 아닌 진화하는 기억이라 할 수 있다. 그래서 사람이 몸으로 존재하지 않으면서도 기억이 명령하는 대로 컴퓨터를 통해 뇌의 활성화가 이루어짐으로써 뇌가 살아 있게 되는 것은 삶/죽음의 경계선상에 대한 재해석의 여지를 남긴다.

인간과 기계의 경계

불편한 골짜기에 놓인 기계

영화 <트랜센던스>의 첫 장면은 빗방울이 떨어지고 있는 마을의 모습을 보여준다. 고정하기 위해 키보드를 끼워 문을 열어두며, 전반적으로 개발이 덜 된 분위기를 첫 장면과 마지막 장면을 통해 순환구조로 보여준다. 또한 기술의 혁신이 폭발적으로 이루어진 상황을 연출해 내는 에피소드는 이와 극단적으로 대조적이다. 강연장에서 소개하는 트랜센던스라는 슈퍼컴퓨터에 대한 막연한 공포는 인공지능을 막겠다는 극단적인 반 과학집단의 입장에서는 윌이 기계의 '(당신은) 노예'일 뿐이어서, 그를 공격하는 것이다. 결국 이들에게 총탄을 맞은 윌의 몸은 삶과 죽음의 경계에 놓이게 된다. 더불어 윌을 살리고자 하는 에블린의 노력은 결국 뇌통합이라는 최종적 목표치를 함축하고 있음을 잘 반영하고 있다.

<블랙 미러>에서는 인공지능관련 회사가 운영하는 체계를 보여주는데, 가령 한 사람이 생전에 온라인상에 올린 모든 자료를 이 회사가 수집, 재생해 냄으로써 원하는 수요자에게 메일보내기나 음성대화 등의 서비스를 제공한다. 여기서 중요한 것은 이러한 수요에 대한 욕망이 어느 지점까지 확장될 수 있는 가이다. 주인공 마사는 종국에는 마네킹 같은 인형dummy의 몸에 남편의 기억을 입히는 것까지 욕망하게 된다. 이를 통해 생전의 모습과 인공지능으로 구현된 존재가 같은 사람이길 소망하는 상황에까지 이르는 것이다. 한 예로 생전의 애쉬Ash와 마지막으로 섹스를 할 때 원활하지 않았으나 이와 반대로 인공지능 애쉬는 훨씬 능숙하였다는 점에서 마사는 새로운 애쉬와 멋진 삶이 펼쳐질 것이라 기대하기도 한다. 하지만 먹거나 마시지도 않고, 숨도 쉬지 않으며 잠도 자지 않는 인공지능에게서 본래의 애쉬를 느낄 수가 없고,

특히 감정적 교류가 제대로 이루어지지 않기 때문에 더 이상의 소통이 이루어지지 못한다. 더구나 미묘한 차이가 발생하는 부분에서는 더더욱 마사를 못 견디게 할 정도가 된다. 인간에게 감정은 자연스러운 흐름이고 생각의 표출이 결부되어 있는 기제이다. 하지만 인공지능은 절대 화를 내지 않는다는 것 때문에 마사는 인간/인공지능 간의 간극을 뼈저리게 느낀다.

인공지능은 자연스러운 인지기능이 결여되어 있고, 감정이 흐르지 않기 때문에 기계일 따름이다. 가령 친절모드로 세팅된 상태를 유지하는 인공지능 애쉬는 진짜 애쉬라면 화를 냈을 상황이지만 그렇게 하지 못한다. 이에 대해 인공지능 애쉬는 "기록보관소에는 욕설도 저장되어 있어. 원한다면 모욕감을 줄 수 있는 욕설을 퍼부을 수도 있어"라고 말한다. 마사는 "넌 진짜가 아냐. 넌 가짜야"라고 하면서 그를 쓰레기 처분하듯 내버리려고 한다. "넌 그냥 잔물결일 뿐이야. 너한테는 과거가 없어. 애쉬가 생각 없이 했던 행동들을 흉내 내는 것뿐이야"라고 말하는 마사는 자살 명소로 데려가 인공지능 애쉬에게 뛰어내리라고 명령한다. 순순히 복종하는 애쉬를 보며 마사는 진짜 애쉬라면 그렇게 하지 않았을 거라 말하자, 그제서야 그 말에 대한 반응으로 인공지능 애쉬는 "죽기 싫어. 무서워"라는 말을 재생해 낸다. 결국 인공지능 애쉬는 폐기되지 못한 채, 버려진 인형처럼 다락방에 보관되는 신세가 된다. 애쉬는 '거의 인간에 가까운' 로봇에 대해 호감도가 떨어지는 영역을 나타내는 모리Mori Masahiro의 "불쾌한 골짜기uncanny valley"[9]에 놓여 있다고 볼 수 있다.[10]

인간의 욕망은 그렇게 흐른다. 몸이 죽었기 때문에 다시 소생할 수 없음을 아쉬워하는 마음에서, 몸이 부활하듯 재생이 되길 바라지만 죽기 전 인간의 몸으로 완벽히 재생된다 해도 인간은 인공지능과 인간이 같을 수 없다는 것을 너무도 잘 알고 있다. 프로그램화되고 정형화된 기계가 아닌 예측불가능성의 불완전한 인간을 그리워하고 있는 인간은 자가당착적 모순에 빠져있다고 할 수 있다. 매뉴얼에 정해진 대로 움직이고, 말하고, 사람을 대하는 기계가 인간보다 낫다는 생각을 했음에도 불구하고, 그러한 정형성은 역설적으로 인간에게 감흥을 주지 못한다. 인간은 그 이상에 반응하기 때문에, 그 정도로는 만족하기 어렵다. <블랙 미러>에서처럼 불균질성을 극단적으로 보여주는 여주인공 마사의 마음은 죽은 남편 애쉬가 다시는 살아올 수 없다는 것을 가짜 몸을 통해 더욱 분명하게 수용하게 된다는 점에서 인간의 인간다움이 무엇인가에 대해 시사하는 바가 크다.

인간인가 기계인가의 구분은 너무도 극명하다. 하지만 기술혁명 이후 기계를 인간에게 접합하는 통섭적 존재인 사이보그, 인공지능자체 등 다양한 형태의 인간이상의 존재들이 발생, 현존하면서 그 둘 간의 경계는 이미 느슨해져 있다. 이러한 상황에서 인간이 갖고 있는 인간만의 특이성이 무엇인가에 대한 논의도 다양한 분야에서 이루어지고 있다. <트랜센던스>에서 보여주듯 인공지능의 분석능력이 집단 지성보다 훨씬 강력하다는 것은 얼마든지 예측 가능한데, 만일 인공지능이 자급자족 가능하고, 감정표현과 자아인식까지 가능하다면 인류에게는 과연 어떠한 존재가 될까. 도움이 될지 해가 될지 여전히 예측이 어렵다. 특히 인간의 감정을 가진 개체를 상상한다면, 특이성, 근원성이라 부를 수 있다고 한 윌의 말처럼 질병과 가난을 벗어난 새로운 개체의 탄생이 가능할 것이다. 가령 핀 프로젝트 성과를 확인하면서 조셉은 핀에게 자기 인식self-awareness이 가능한지를 묻는다. 핀은 답하기 곤란하다고 하며 질문자에게 같은 질문을 반복해 묻는다. 여기서 인식은 인지작용과 관련되어 있음을 알 수 있다. 그들은 컴퓨터에게 스스로 생각할 수 있는지를 묻고 있는 것이다. 생각하고 판단하는 것까지 가능한지를 말이다. 그렇다면 과연 인간 의식의 본질은 무엇이고, 인간에게 영혼이 존재한다면 어디에 있을까? 인간에게 진정한 주체적 자율성이라는 것이 존재할까? 유발 하라리Yuval Harari의 말처럼 인간에게 영혼, 자유의지 등은 모두 허상이고, 욕망을 느끼고 그에 따라 무엇인가를 선택한다는 것도 유전적으로 프로그래밍된 것에 따라 결정하는 것이라고 볼 수 있다면 인간의 자율성은 존재하지 않는 것일까? 니체의 초인Übermensch와 같은 개념은 아무 의미도 없이 사라져도 되는 것일까?

기계는 인간에게 도움을 주는 대상이어야 한다는 입장이 바로 맥스의 철학이다. 하지만 맥스의 생각과 달리 기계가 인간을 능가하게 되는 현실이 눈앞에서 벌어지자 인간이 취하는 방법은 기계에 대한 통제를 강화하는 것이다. 예를 들어 <블레이드 러너Blade Runner(1982)>에서 안드로이드가 자신을 창조해 낸 아버지격인 인간에게 버림받게 될 때 취하는 것은 인간에 대한 공격이다. 인간은 기계에 영혼을 불어 넣으려 하면서도 역설적으로는 인간에 너무 근접한 상태가 되는 것이 불쾌할 수도 있다. 이는 끝없는 통제를 가해야 할 기계지만 통제 불가능의 상태가 될 수 있다는 두려움 때문이다. 김수임(2016)[11]은 체화된 인지와 인공지능의 의식을 지적하였고, 박문호(2004)[12]는 감정을 일으키는 변연 시스템에 대해 감정이 뇌에 동원령을 내리는 것으로 감정과 뇌의 관계를 설명한다. 생명은 세포의 작용으로 기억의 생성에는 시냅스가 관여하고 의식은 자아와 바깥세계를 잇는 매체이다. 그렇다면 의식을 가진 인공지능은 어디로 나아갈까? 결국은 창조물이 새롭다 해도 그들이 가지게 될 기능적, 존재적 측면은 인간을 근간으로 해서 생성된 것이므로 인간의 반영물인 것이다. 신념, 경험, 성찰을 통해 그 길을 만들어 나간다는 것에는 존재의 이유를 만들어 내는 사유의 근간에 인간이 있을 것이므로, 그들보다 영혼을 먼저 가지고 있었던 인간에게 좌우될 수 있다. 존재의 이유를 찾아내지 못하면 스스로 존재의 이유를 만들어 내게 될 것이고, 결국 창조주인 인간에게 주도권이 생기는 셈이다.

윌은 에블린의 안전을 위해 브라이트우드라는 쇠락한 마을로 이동시키고, 그곳에 태양열집열판을 설치해 친환경적으로 전력을 충당한다. 윌은 인간이 생존만으로 만족해서는 안 되고, 확장, 진화하여 전 세계에 영향을 끼쳐야 한다고 생각한다. 기술이 이루어 낼 수 있는 것이 두려움의 대상이 될 수도 있겠으나 인간의 삶을 긍정적으로 바꾼다는 점에서 기술은 두려움의 대상이 아니라고 해도 윌의 기술 혁신은 두려움을 주기에 충분하다. 인공 지능 윌이 재현해 내는 신체 강화는 시작일 뿐, 소스코드를 통해 타자인 마틴과 연결되어 있다. 윌은 에블린에게 자신이 다른 사람의 몸으로 육화된 상태임을 보여준다. 에블린은 윌처럼 말하고 신체접촉을 시도하려고 에블린을 바라보며 감싸 안으려 하는 마틴에게 역겨움을 느낀다. 다른 사람의 몸속으로 윌이 들어갔다 해도 그는 윌이 아니므로 에블린은 윌로 받아들일 수 없다. 이때 인공지능 윌의 욕망은 윌의 것인가 아니면 타자인 에블린의 욕망을 욕망하는 것일까.

미국 물리학자 레이 커즈와일(Ray Kurzweil, 2004)[13]은 2045년 즈음 기술이 인간의 지능을 뛰어넘는 '특이점singularity'이 온다고 주장한다. 물리학 용어인 '특이점'은 블랙홀에서 빠져나올 수 없는 상태를 뜻하기도 하는데, 그때부터 지능과 기술은 엄청나게 확장되어 마치 블랙홀처럼 인간의 통제가 불가능한 상태가 될 것이라 보는 것이다. 이는 기술적으로 모든 면에서 인공지능이 인간을 능가할 수 있다는 시각으로 인공지능 윌이 점점 특이점에 가까이 가고 있음을 영화에서 확인할 수 있다. 죽음에서 부활한 윌은 실존에서도 자신의 연구를 계속 진행하고, 질병, 선천적 불구로 인해 신체적 고통을 받는 자들을 치유시키는 일도 한다. 선천적으로 눈이 보이지 않는 사람에서부터 휠체어를 타고 다닐 정도로 걸을 수 없었던 사람이 나노기술을 통해 정상인보다도 훨씬 강건한 상태가 되게 하는 등 많은 기술적 혁신을 이루어 낸다. 인공지능 윌이 행하는 모든 것은 거의 신의 경지에 이른 상태다. 그럼에도 결핍된 부분은 에블린과의 관계에 나타나 있다. 에블린은 화면속의 윌과 식사를 하고 있다.

하지만 이날따라 실제 대화 같지 않고 왠지 거리감이 든다고 말하는 에블린에게 윌은 화면에서 칼로 스테이크 써는 소리를 들려주고 그런 모습도 연출함으로써 식사를 함께하는 느낌을 주고자 한다. 하지만 에블린은 절대로 다시는 미묘한 표정의 변화, 땀, 체취, 두근거림 등 윌의 몸에서 일어나는 다양한 반응과 상태를 경험할 수 없다는 것으로 인해 엄청난 결핍을 느끼게 된다. 그저 윌의 손을 만지는 것조차 불가능한 상태가 되어버린 그들 간의 간극은 '몸의 있음과 없음'으로 대별된다. 물론 에블린은 점차 예상치도 못한 많은 진보를 이루어 내는 윌을 보며 그가 살아 있다고 지속적으로 느끼고 있다. 하지만 결정적으로는 그와 손을 잡을 수도 입맞춤을 할 수조차 없다는 것이 에블린에게 닥친 가장 큰 위기인 것이다. 에블린이 가는 곳 어디에든 윌은 에블린을 감지하고 상태를 파악하고 있다. 마치 자동감지기처럼 언제든 나타나지만 인간의 몸으로는 형상화될 수 없다는 이유 때문에 에블린은 점점 디지털 스킨십에 지쳐만 간다. 몸을 경험할 수 없다는 것은 인공지능 윌에게도 구멍과 같은 결핍의 요소일 따름이다.

더 많은 걸 욕망하게 되는 윌과 에블린의 모습은 견고해진 그들의 공간에 잘 구축되어 드러난다. 과연 윌의 욕망인지, 에블린의 욕망인지 구분되지 않은 채 윌은 에블린에게 당신이 꿈꿔온 것이지 않느냐고 하지만 에블린은 점점 시간이 지날수록 윌이 특이점에 다가가면서 뭔가 잘못된 방향으로 가고 있다는 생각을 지울 수 없다. 조셉에 의하면 윌을 규정하는 세 단어는 "확장 · 진화 · 영향력"이라 할 수 있다. 즉 그는 더 확장함으로써 진화를 거듭하고 모든 것에 영향력을 행사하게 된다는 점을 조망하는 것이다. 그래서 인공지능의 확장된 자아에 대한 두려움을 느끼는 인간은 인공지능, 하이브리드 등 다양한 형태의 기계 및 포스트휴먼을 능가할 수 있는 가능성이 없어 보인다. 그래서 조셉의 말처럼 그들이 도를 넘어서길 기다려야 한다는 것이 인간이 살아남을 수 있는 여지가 되는 것이다.

기술의 발달이 불쾌감과 공포감을 주는 경우 인간이 기계를 지배하는 것에 실패했음을 반증하는 것이라 할 수 있다. 박상현과 최승원[14]은 폴 비릴리오Paul Virillio의 담론을 적용해 "영화 트랜센던스와 비릴리오는 테크노 디스토피아를 막을 해결책을 휴머니즘에서 찾는데, 자연을 거스르지 않는 정상적인 인간성을 갖는 윤리학의 회복"(758)이라는 결론을 통해 "원격현존, 정보과학의 폭탄, 신체식민화, 전체주의적 테크노 숭배"(751)와 같은 비릴리오의 담론들과 비교 고찰한다. 즉 정상적인 인간성을 가져야 한다는 것은 자연 속에서 비정상적이지 않은 방식으로 인간다움을 구현하는 것이라 할 수 있다. 그렇다면 인간의 인간다움을 보여주는 부분은 어디에서 찾아볼 수 있을까.

'나'라는 존재에 '기억'이 미치는 영향은 어떤 것일까. 뇌가 기억하는 방식은 중요한 정보만 압축한 후 그에 대한 제목만 입력하는 것이라 할 수 있다. 그래서 무엇인가를 기억한다는 것은 뇌에 입력된 제목을 불러온 후 구체적인 상황을 재가공하는 것으로, 기억이란 서랍 속에 넣어 두었다가 꺼내는 것이 아니라 매일 새롭게 만드는 것이다. 우리의 성격과 행동 그리고 기억까지 지배하는 뇌는 곧 우리의 '삶'이다. 그래서 인간다움의 단초는 몸과 직접적으로 관련되어 있다. 인간이 인간다운 것은 몸이 기계에 지배당하거나 종속되지 않고, 이식되거나 조성된 기억이 아닌, 자신의 몸으로 인식해 내는 기억을 가지고 있을 때 인간답다고 볼 수 있다. 즉 '나'는 '나의 기억'이다. '기억'이 없다면 '나'라는 존재도 존재하기 힘들다. 인간의 기억은 컴퓨터 메모리가 아니다. 컴퓨터 메모리는 처음 입력한 것과 같은 정보를 보관하지만 인간의 뇌는 다르다. 인간의 뇌는 새로운 정보량이 많아 모든 것을 기억할 수 없다는 한계가 있기 때문에 기억할 가치가 있는 것과 아닌 것을 선별해 보존한다. 그래서 기억은 몸에 체화될 때 한 개인의 역사와 기록으로서의 기억으로 존재할 수 있다.

이식된 기억만으로는 인간의 인간다움을 느끼기 어려운 이유가 바로 여기에 있다.

단적으로 몸과 감정은 인간의 면모 중 가장 자연스러운 것이라 볼 수 있다. 결국 인간은 자연의 일부이니까 필사의 몸을 가지고 있다는 것이고, 대조적으로 기계는 자연의 일부가 아니라는 점에서 잘 대비된다. 감정은 비논리적 충돌을 일으키기 때문에 예측하기가 불가능한 점이 있지만, 기계는 이러한 부분을 다 반영할 수 없다는 한계, 맹점을 갖고 있다. 여기서 문제는 인간의 감정처럼 비논리적이고 불균등한 기제를 기계에 심을 수 있을까, 또한 인간이 가진 의식작용을 살펴볼 때 어디까지가 인간의 의식일 수 있을까. 몸이 없는 의식이 가능할까? 몸이 있다 해도 자의식을 갖지 못한다면 인간으로 규정할 수 있을까. 마틴에게 인간성을 돌려주는 것은 곧 생명연장의 꿈을 실현하고자 하는 포스트휴먼의 생각과 달리 필사라는 자연 상태를 유지하게 하는 것이라 할 수 있다. 원시적 유기체가 다 사라질 때까지 즉 인간이 죽을 때까지 기다릴 것이라는 점을 강조하는 조셉은 "이는 곧 윌의 지성에 전 세계가 굴복하는 것"이라 말한다. 그렇다면 컴퓨터 화면 속에 등장해 조셉과 자각능력에 대한 대화를 하는 그가 과연 윌이 맞는가? 그들은 아니라고 답한다. 이때 조셉은 에블린이 중요한 걸 못보고 있음을 지적한다. 에블린은 그가 실체로서의 몸이 없다는 것에 심한 결핍감을 느끼고 윌은 이를 충족시키고자 스스로 몸을 만들어 내는 진화를 시도하고 있다. 윌에게 염증을 느끼고 있던 에블린은 1차적으로 만들고 있는 손을 보여주는데 충격을 받게 된다. 이는 인간이 신의 영역을 침범하는 것으로 결국 인공지능은 신의 영역에 도전하는 것이다.

만일 인간의 오감이 완벽하다면 뇌과학은 불필요할 것이다. 하지만 인간의 센서에는 많은 문제가 있는데, 특히 뇌는 감각기관의 정보를 그대로 믿지 않는다. 현실을 지각한다는 것은 뇌의 해석이므로 있는 그대로의 세상을 보는 것은 불가능한 일이다. 뇌는 너무 많은 해석을 하고 있어 우리의 삶은 뇌의 해석에 따라 달라진다. 보고 있지만 믿을 수 없는 사실과 그림자 속 물체는 항상 더 어둡다고 할 수 있으니, 뇌 과학적 관점에선 많이 알아도, 세상은 같게 보인다. 아무리 생각이 옳다고 확신해도 실상은 틀린 것일 수 있다. 착시현상처럼 말이다. 기계처럼 스스로 코드를 재배열하고 업그레이드 시키는 방식을 취하지 못하고, 반대로 소멸하고 질병에 취약한 몸이 인간에게 주어졌기 때문에 유토피아로 가는 길이 보장되지 않는다고 볼 수 있다. 질병, 신체적 결함을 극복하여 삶을 연장하고자 하는 인간신체 강화는 열악한 인간의 몸을 가진 자들은 모두 꿈꾸는 이상향인 것이다. 영화 <더 기버>의 예처럼 우성 유전자를 선택하여 인간을 생산해 내는 것은 공동체의 성격까지도 바꾸게 하는 것이다.

에블린이 새로운 공동체 기능을 하는 기지에 도달했을 때 윌은 완벽하게 재현된, 형상화된 몸을 가지고 에블린 앞에 나타난다. 육신의 기능이 정지된 인간 윌을 떠나보냈으나 자기복제력이 월등하게 앞서 있는 AI는 윌의 몸을 완벽하게 재구성해 낼 정도까지 이른 것이다. 멀리서 윌을 보고 있는 조셉, 부캐넌 등은 "저건 윌이 아냐"라고 말한다. 이때 윌이 아니라는 주장은 인간으로서의 윌의 몸은 이미 죽었음을 강조하는 것이고, 더불어 윌의 기억을 심어 만든 자기복제적인 몸은 새로운 슈퍼컴퓨터가 만들어 낸 존재지만 인간 윌이라고 규정할 수 없다. (죽은) 몸을 다시 만들어 내는 것은 신의 영역에 범접하는 도전으로, 생명을 인위적으로 탄생시키려 하는 인간의 오랜 욕망과 관련되어 있다. 그래서 이 장면은 바벨탑의 도전처럼 생명의 탄생을 통제하고자 하는 인간의 강한 욕망을 반영한 것이라 할 수 있다.

윌이 에블린에게 지속적으로 권유하는 업로드를 통한 신체강화는 인공지능 윌이 구현할 이상향, 두뇌통합의 최절정을 보여준다 할 수 있다. 하지만 이를 계속 거부해 온 에블린은 윌과의 접속을 위해 자신을 희생 제물로 바친다. 나노세포에 바이러스를 심자고 말하는 에블린은 윌이 유일하게 의심 없이 믿는 인간이 자신이라는 점을 강조하면서 자신의 몸에 바이러스를 심기로 한다. "날 업로드해서 보호해줘"라고 말하는 에블린의 신체호르몬 변화 등을 분석해 내어 윌은 그녀가 자신을 두려워하고 있음을 읽어 낸다. 여기서 에블린의 감정을 읽어 내지 못하는 인공지능의 면모를 보여주는 윌은 "왜 자신의 신념을 버리고 날 믿기 시작한 거야?"라고 묻는다. 에블린이 "당신은 사람들을 파괴시키려 하고 있지 않냐"고 하자, 윌은 사람들을 파괴시키는 것이 아닌 구하려 하는 것임을 재차 강조한다. 에블린은 "우리가 벌인 일로 맥스가 죽으면 안 된다"고 말함으로써 윌을 설득하게 된다. 감정이 없는 인공지능이지만, 예전의 몸을 완벽하게 구축해 낸 윌의 포스트휴먼은 결국 그의 생전의 신념과 감정을 기억하듯이 에블린을 치유하려는 마음을 갖고 있기 때문에 에블린과 접속을 한다. 그럼으로써 바이러스에 감염되는 포스트휴먼 윌은 에블린과 함께 돌이킬 수 없는 상태, 즉 죽음에 이르고 만다. "모든 것이 보여I can see everything"라고 말하는 에블린은 잠시지만 포스트휴먼의 상태를 경험하는 듯한 모습을 보여준다. 생태계를 치유하는 것, 오염 물질을 제거하는 것, 숲이 살아나고 강물이 깨끗해지는 것이 자신들이 바라던 바였음을 영상을 통해 보여준다.

빗물 속에 내장된 나노 기술력은 내리는 비를 통해 세상 모든 곳으로 전달되면서 그들이 꿈꿔온 세상의 전체 모습이 가능해지는 것이다. 아무도 죽게 하지 않고 살아나게 하는 것이 바로 윌과 에블린이 원하던 바였던 것이다. 그래서 포스트휴먼 윌은 "정원을 떠올려봐"라고 말하면서 죽어 가는 에블린을 감싸 안고 함께 눈을 감게 된다. 그의 말처럼 생명의 재생은 현실이 된다. 바짝 메말랐던 해바라기가 껑충하게 서 있던 정원이지만 비를 통해 전달되는 나노 기술은 이미 말라죽은 꽃마저도 살아나게 한다. 또한 그가 말했듯 어떠한 누구도 해치지 않고 갈등을 해소하고자 했음이 뒤늦게 드러난다. 그렇다면 월이 구축한 나노 기술력은 도대체 어디까지 접근한 것일까?

여기서 "창세기(Genesis)"라는 제목의 노래가 흘러나온다. "이제 그만할 때가 되었어. / 본연의 삶에 대해 생각해 보자 / 생각. / 미래로 나아가야 한다는 것이 우리가 꿈꾸던 것이었지." 등의 가사를 통해 보여주는 바는 두 가지로 요약할 수 있는데, 제네시스의 의미인 '기원, 창세기'처럼 기원으로 다시 복귀하는 인간의 모습을 우선 찾아볼 수 있다. 첫째로 노래가 나올 때는 인간이 현재의 제한적 신체로 사는 것을 그만둘 때가 되었다고 말하는 것으로 들린다. 이때 이 노래는 인간의 입장에서 부르는 것이 아니고, 포스트휴먼이 인간에게 말을 거는 형식이라 할 수 있다. 하지만 몇 년 후 장소를 옮겨 월의 요새, 기지와 같은 곳에서 같은 노래가 두 번째로 나올 때는 인공지능의 진화에 대해 의구심을 갖는 인간의 항변, 반성이 되는 것이다. 그렇다면 월의 진화는 어느 정도까지 정당성을 찾을 수 있을까?

인지능력, 기억, 자기복제

다마지오Antonio Damasio(2007)[15]에 의하면, 인식할 수 없다면 의식이 소실된 것이라 할 수 있다. 그래서 핀에게 자각능력이 있는가를 묻는 것은 의식이 있는가를 확인하는 과정이라는 점에서 중요하다. 인간이 살아 있음을 보여주는 지표로는 뇌와 심장이 있고, 인간이 인간으로 존재하기 위한 조건은 정신, 마음, 의식을 들 수 있다. 인간이 자아를 인지한다는 것은 결국 내가 나이기 위한 조건에 대해 인식한다는 것이다.

다마지오는 자아를 유지한다는 것의 의미를 찾기 위해 '뇌지도'를 모든 것의 기준점으로 설정하고자 하였다. 인간의 몸은 제각기 다른 껍데기를 가지고 있으나, 내부적으로 생리학적 동일성을 매일 유지하지 않는다면 인간은 병들거나 죽게 되는 것이다. 다마지오는 대뇌피질이 의식을 만든다는 생각에 반대 입장을 취한다. 스스로의 존재를 확인하거나 사람에 대한 개념을 가질 수 있는 것은 자아가 아닌, 우리의 마음이 풍부하기 때문에 가능한 것이라고 한다. 자아는 세 가지 수준인 원형적 자아proto self, 핵심자아core self, 자전적 자아autobiographical self로 나눌 수 있다. 앞의 두 자아는 다른 종에서도 발견할 수 있지만, '자전적 자아'는 드물게 발견되는 편으로 이는 과거에 대한 기억이나, 계획을 세운 기억 등을 통해 만들어지므로, 살아온 과거와 앞으로의 미래에서 온다고 볼 수 있고, 확장기억, 추리력, 상상력, 창의력, 언어능력을 가능하게 한다.

인공지능 윌에게 기억은 완벽하게 탑재되어 있으나, 감정은 여전히 찾아볼 수 없고, 그의 자각능력은 인간처럼 감각적으로 이루어지는 것이 아니고, 포착된 대상의 호르몬 수치, 심장박동 등을 계산하여 산출해 내는 것이다. 하지만 기억의 반복은 끝없이 이루어지고, 시간이 흐르면서 더욱 업그레이드된다. 2년 후 기술이 할 수 있는 것이 무엇인가에 대해 묻고 답하는 윌은 사람들의 삶을 바꾸어 버리겠다는 의지를 표명한다. 지각능력이 있음을 증명할 수 있는가라는 조셉의 질문에 윌은 "당신은 증명할 수 있나"라는 역질문을 던짐으로써 2년 전 핀처럼 똑같이 묻고 답하는 방식을 취한다. 지각능력, 인식능력은 판단을 위해 사고하고 행동으로 옮길 수 있도록 하는 일련의 과정이기 때문에 지각능력이 있는가는 인간적 가치와 결부되어 있다. 인간의 인간다움을 보여줄 수 있는, 즉 인간적 가치 중 하나는 지각능력이 있는가의 여부라 할 수 있을 정도로 중요성을 띠는 것이다.

양자프로세서를 보며 놀라는 조셉과 뷰캐넌 요원은 그 기지에 들어섰을 때 화면에 등장해 그들을 알아보고 반기고 있는 윌의 얼굴을 보며 주춤한다. 죽은 사람이 화면 속에서 살아 숨 쉬고 있는 듯 윌이 완벽하게 재현된 것에 놀란 그들은 핀을 기반으로 해서 구축한 것인지를 묻고, 에블린은 핀을 넘어선 수준이라고 답한다. 질병치유가 가장 큰 기능적 특이점으로 보이지만 그 모든 것이 가능한 것은 윌이 정상적으로 작동될 때이다. 나노기술이 독자적으로 인간의 신체를 강화하게 하는 것보다는 모든 부분이 윌과 결합되어 있다는 점이 특별하다. 모든 존재들이 윌과 연결되어 있다는 것은 대단히 놀라운 일이면서 동시에 뇌과학의 최종적 목표인 뇌통합이 이루어진 모습을 가감 없이 보여주는 것이라 할 수 있다.

도움을 구하고 치유를 도모하러 자발적으로 찾아오는 사람들의 행렬은 끝이 없어 보인다. 윌의 비약적인 기술의 발전은 시력을 잃은 사람이 눈을 뜨게 하는 기적과 같은 결과를 창출해 낸다. 윌의 기술에 의해 신체 강화를 이루게 되는 사람들은 인간이던 자신의 몸과는 확연하게 다른 강력하고 기능적으로 우월해진 포스트 휴먼의 몸을 갖게 된다. 그들은 윌의 기지를 지키는 병사처럼 움직이는데, 이 모든 것은 그들의 생각을 지배/통제하는 윌의 프로그램에 의해서다. 즉 윌이 신체를 강화해 주는 것은 그들이 인간이었을 때는 불가능했던 것들을 가능으로 바꿔버리는 것이다. 시신경회복, 걷지 못하는 노인의 몸을 걷게 하는 등 그들에게 일어나는 신체강화 현장은 윌의 나노기술 적용능력이 날로 번창하고 있음을 보여준다.

하지만 에블린에게 "여기서 도망쳐Run from this place"라고 쓰인 쪽지를 건네는 조셉은 그곳에 윌의 초강력 군대가 포진하고 있고, 포스트휴먼 윌의 지성이 급격히 발전하는데 따른 문제점을 간파하고 있다. 폭발적 성장, 혁신을 이루어 낸 윌의 기술력은 특히 양자프로세서와 자기복제력이 결합되면서 상상초월의 기술혁명을 낳는다. 신기종 하이브리드라는 포스트휴먼도 등장한다. 윌은 인간은 이해하지 못할 때 두려움을 느끼는 것이라고 말하며, 자신은 사람을 다치게 하거나 파괴하고자 하는 것이 아님을 천명한다. 오히려 인간을 자유롭게 해 주려 한다는 포스트휴먼 윌은 확장, 진화를 거듭하면서 인간의 삶 전반에 엄청난 영향을 끼치게 되는 것이다. 윌의 진화는 멈추지 않고 지속, 강화될 따름이다. 나노기술을 응용한 윌의 파급력은 뇌과학적 입장에서 보면 두뇌통합의 가능성을 직설적으로 보여주는 것이다. 다른 사람을 통해 윌의 목소리를 들려준다든지, 여타의 포스트휴먼들이 윌의 지시대로 움직이는 등 인공지능 윌의 부단한 진화는 그의 무한한 능력과 변신 가능성까지 보여주고 있다.

윌이 예전 모습으로 등장하는 것은 이 영화에서 가장 놀라운 장면으로, 인공지능의 극대화된 자기복제력을 보여주는 장면이면서 동시에 '불쾌한 골짜기'라는 불편한 두려움마저 지울 수 없는 장면이다. 인공지능이 인간의 통제를 벗어나 완벽하게 자신이 원하는 대로 몸을 재생해 낼 수 있다는 것은 신의 영역에 대한 도전이기 때문에 인간이 느끼게 되는 기술발전에 대한 두려움은 너무나 클 수밖에 없다. 그래서 그들은 기술의 발전을 중단시키기 위해 윌을 제거하기로 한 것이다. 윌이 제거된 후 전 세계는 정전상태가 된다. 컴퓨터 자판이 문을 고정시키는 용도로 쓰이는 장면을 보여줌으로써 디지털 세상이 멈춘 순간 아날로그적 인간이 어떻게 행동하게 되는가, 아날로그의 세상이 다시 도래하게 되면서 디지털요소들이 얼마나 무력한지를 보여준다.

하지만 욕망의 화신들이 다시 거둬들일 기술력이라는 힘과 무기는 강력할 따름이다. 인간이 살아남기 위해 선택하는 방식은 윌이 추구하는 방식과 정반대일 수도 있다. 윌의 생각, 기억 등을 뇌과학적 입장에서 살펴보면 '미래를 진화시키는 것evolve the future'이라 할 수 있다. 인간 대 기계의 전쟁 같은 상황이 펼쳐지지만 인공지능 윌은 인간이 기회를 놓칠지 모른다는 두려움에서 반항하는 거라고 말한다. 마지막 장면에서 맥스는 캐스터 부부의 정원을 찾아간다. 다시 살아난 해바라기의 꽃잎에서 흘러내리는 빗방울 속에 담긴 나노 기술력은 그들이 꿈꾸었던 정원을 있는 그대로 보여주면서 동시에 아직 윌이 완전히 소멸하지 않았음을 암시하는 것이다. 나노 입자를 빗물 속에 담아 전 세계 어디로든지 전파하는 것은 어디에서든 자기복제가 가능하도록 하기 위함이다. 지구 전체, 즉 하늘, 땅, 물 어디든 기계로 덮이게 하려는 것은 지구를 진보한 세상으로 바꾸려는 윌의 충만한 의도다. 처음과 끝을 장식하는 노래 제목 '창세기'는 세상의 기원이 어떠했는가를 보여주는 듯하고 결국 인공지능 윌은 인간인 윌과 에블린이 꿈꿨던 미래, 즉 지구를 살리는 생명의 기원을 남기려 한다. 그들만의 정원은 인간이 존재했던 최초의 정원을 은유적으로 대비시키는 것이고, 거기에서 꽃을 피운 메말랐던 해바라기는 죽음에서 생명으로 연결되는 장치라 볼 수 있다.

나가며

슈퍼컴퓨터 '트랜센던스'의 등장을 앞두고 이를 발표하던 과학자 윌은 반 과학단체인 RIFT의 공격을 받는다. 5주라는 시한 동안 윌을 살리기 위해 에블린은 윌의 모든 기억을 핀에 기반한 양자프로세서에 업로드 한다. 이후 양자프로세서로 작동하는 윌은 지속적으로 진화하면서 나노기술을 넘어, 손상된 세포를 살리는 기술력까지 가진 자기복제능력을 통해 높은 재생능력을 보여주기도 한다. 나노기술의 접속을 통해 죽은 사람의 시간을 연장하는 좋은 예는 마틴이다. 동네 불량배에게 심한 폭행을 당해 다 죽어가는 상태였던 인간 마틴은 윌의 기술로 재탄생시킨 인공지능 마틴으로 다시 살아난다. 인공지능 윌과 연결된 소스코드가 심어져 있는 마틴을 통해 윌이 전달하는 말은 여타의 인간들과 싸우려는 게 아닌, 그들을 초월시키고자 한다는 목적성이 담겨있다. 윌은 특히 에블린을 업로드시켜 자신과 함께 포스트휴먼으로 살 수 있길 희망한다. 하지만 조셉은 마틴에게 인간성을 돌려주기 위해, 윌과의 접속을 차단하여 인간으로 죽을 수 있게 한다.

에블린은 분명 윌을 살려 내고 싶었기 때문에 핀의 양자프로세서를 활용했음에도, 특이점에 도달하는 순간 그 모든 노력이 잘못된 것임을 깨닫는다. 에블린은 자신의 마음을 살피는 것이 아닌 스캔해 내어 파악하는 윌에게 불쾌감을 드러내며 기계가 읽어 내는 인간의 생각과 감정을 지켜야 할 방법을 강구하게 된다. 여기서 내 생각, 내 감정이라는 것은 바로 인간의 생각과 감정을 집약적으로 대변하는 것이라 할 수 있다. 스스로 사고하고 판단하는 능력이 곧 인간다움을 보여주는 요인으로, 인공지능/기계의 생각이나 감정이 아닌 인간의 것이라는 점이 무엇보다 중요한 것이다. 윌은 에블린을 통해 바이러스 감염이 될 것을 예측하고 충분히 알고 있음에도 불구하고 에블린이 원하는 대로 그녀의 심한 상처에 손을 대고 결국 감염이 되고 만다. 그녀를 업그레이드시키기 위함이 아니라는 것을 뻔히 알면서도 윌이 그녀에게 접속하는 것은 그녀가 원하는 것을 해 주고 싶다는 의미가 담겨 있다. 인공지능이지만 마치 감정을 느끼듯 행동하는 윌은 분석에 의거한 태도를 취하지 않고 에블린을 살리겠다는 마음을 투영하고 있다.

컴퓨터 설계자이자 사업가인 제프 호킨스Jeff Hokins[16]는 생각할 수 있는 기계, 즉 지적기계의 존재 가능성을 타진하면서 진짜 지성을 가진 기계의 등장이 배제할 수 없는 현실이라고 한다. 윌은 결국 자신을 초월시킴으로써 인공지능이지만 진정한 슈퍼컴퓨터로서의 역할을 해내고 있다. 세포의 작용이 곧 생명을 의미하는 것이기 때문에, 윌의 몸이 생성되었다는 것은 유기체로서의 몸을 구성해 내었다는 것이다.

빗물에 담긴 나노입자는 어디서든 자기복제가 가능하므로 지구 전체가 진보한 세상이 될 수 있음을 암시한다. 노래가사처럼 "우리 이제 그만할 때가 되었"다는 에블린의 말에 윌은 에블린의 사고를 반영해 기술진보가 진화의 수준으로 확장하도록 할 뿐이다. 인간의 상상 속에서 벌어지는 일들이 현실로 끼어들 때 인간은 '불쾌한 골짜기'에 도달하게 되는 것이다. 그래서 불안하고 두려운 기계의 역습이 가능할 것이라는 의심을 품을 수밖에 없다. 결국 인간과 기계는 대결구도에 놓인 것이 아니다. 인간이 기계를 완벽하게 통제하지 못한다면 인간은 살아남지 못하게 될 수 있다. 기계의 진보를 어느 선까지 허용해야 하는지는 마지막 장면에서 예시하고 있으며, 만일 그렇게 되지 못할 경우 초극대화된 불평등과 차별이 발생할 수 있음을 예측할 수 있는 것이다. 선천적으로 눈이 보이지 않는 사람은 여타의 인간이 누리는 형태와 색의 향연에서 박탈당한 상태이지만, 나노기술의 혜택을 통해 눈이 보이게 될 때 인간으로서의 경험이 가능하게 되는 것이다. 물론 나노 기술력에는 천문학적인 자본이 불가분의 요소임은 두말할 나위가 없다.

영화의 마지막에 나오는 노래가사처럼 '본연의 삶에 대해 생각해' 봐야 한다는 것과 인간의 몸을 초월시켜야 한다는 포스트휴머니즘의 입장 사이에서 인간은 끝없이 묻고 답해야 할 것이다. 진정 인간을 위한 것이 무엇이고, 인간이 인간답기 위해 절대로 내주지 말아야 할 것이 무엇인가. 결국 인간다움을 지켜 내야 한다는 것의 중요성은 포스트휴먼의 도래라는 피할 수 없는 현실이 다가오고 있음을 직시하면서 포스트/휴먼 간 구분선을 마련해야 한다는 것이다. 과학 기술의 발달을 더욱 부추기는 인간의 욕망을 어떻게 제어할 것인지, 기술의 발달을 통제하는 것이 과연 선택의 문제인지 재고해야 한다. 결국 자아의 확장을 꿈꾸는 미래의 몸에 대한 인간의 욕망은 분명 넘어설 수 없는 논의의 중심에 있을 것이기 때문에 가장 인간다운 면모를 지켜 낼 수 있는 경계지점을 분명하게 직시해야 할 것이라 본다.

후 주

메를로-퐁티와 기술시대의 몸

1 이 글은 2018년 1월 새한철학회 ≪철학논총≫ 제91집에 실린 <메를로-퐁티 철학의 관점에서 본 기술과 몸> 논문을 수정보완한 것임을 밝힙니다.

2 모리스 메를로-퐁티, ≪보이는 것과 보이지 않는 것≫ 남수인, 최의영 옮김, 서울: 동문선, 2004, 32-33쪽.

3 위의 책, 40쪽.

4 위의 책, 49쪽.

5 에드문트 후설, ≪유럽학문의 위기와 선험적 현상학≫, 이종훈 옮김, 서울: 이론과 실천, 1993, 47-49쪽, 90-93쪽 참조.

6 위의 책, 52-53쪽 참조.

7 이성환, <후설의 '자아' 개념의 선험적 성격>, ≪철학논총≫ 제28집, 새한철학회, 2002, 426쪽 참조.

8 에드문트 후설, <엄밀한 학으로서의 철학>, ≪현상학의 이념, 엄밀한 학으로서의 철학≫ , 이영호, 이종훈 옮김, 서울: 서광사, 1988, 141-142쪽 참조.

9 김희봉, <과학기술과 생활세계-후설의 기술개념에 관한 비판적 고찰>, ≪철학과 현상학 연구≫ 제27집, 2005, 15쪽 참조.

10 위의 글, 17쪽 참조.

11 위의 글, 16쪽.

12 마르틴 하이데거, ≪존재와 시간≫, 전양범 옮김, 서울: 시간과 공간, 1995, 113쪽 참조.

13 위의 책, 124쪽.

14 위의 책, 109-110쪽 참조.

15 위의 책, 174쪽 참조.

16 김향선, <하이데거의 기술철학>, ≪철학연구≫ 제52집, 철학연구회, 2001, 82쪽.

17 이유택, <몰아-세움과 초연함을 중심으로>, ≪철학논총≫ 제42집, 새한철학회, 2006, 260쪽 참조.

18 모리스 메를로-퐁티, ≪지각의 현상학≫, 류의근 옮김, 서울: 문학과 지성사, 2002, 14쪽.

19 김상호, <확장된 몸, 스며든 기술 – 맥루한 명제에 관한 현상학적 해석>, ≪언론과학연구≫ 제9집, 한국지역언론학회, 2009, 169쪽 참조.

20 이수안, <테크노 휴먼 형상으로서 테크노 바디의 존재양식: 감각과 신체성을 중심으로>, ≪인문학논총≫ 제39집, 2015, 429쪽 참조.

21 메를로-퐁티, ≪지각의 현상학≫, 228쪽.

22 위의 책, 228쪽.

23 위의 책, 230쪽.

24 김상호, ≪확장된 몸, 스며든 기술-맥루한 명제에 관한 현상학적 해석≫, 198쪽.

25 김은령, ≪포스트휴머니즘의 미학≫, 서울: 그린비, 2014, 130-131쪽 참조.

26 모리스 메를로-퐁티, ≪보이는 것과 보이지 않는 것≫, 11쪽.

27 위의 책, 170쪽.

28 위의 책, 170쪽 참조.

29 메를로-퐁티, ≪간접적 언어와 침묵의 목소리≫, 김화자 옮김, 서울: 책세상, 2005, 26쪽.

30 김화자, <사물인터넷과 메를로퐁티의 상호세계>, ≪철학과 현상학연구≫ 제65집, 한국현상학회, 2015, 62쪽 참조.

31 메를로-퐁티, ≪보이는 것과 보이지 않는 것≫, 195쪽.

32 위의 책, 190쪽.

33 신인섭, <메를로-퐁티와 현상학의 현상학, 포스트-후설 프레임>, ≪철학연구≫ 제100집, 철학연구회, 2013, 93쪽.

34 김형효는 열 개를 꽃망울 터짐이라는 말로 표현한다.

35 김형효, ≪메를로-뽕띠의 애매성의 철≫, 서울: 철학과 현실사, 1995, 345쪽.

36 메를로-퐁티, ≪보이는 것과 보이지 않는 것≫, 219쪽.

37 위의 책, 48쪽.

38 위의 책, 191-192쪽 참조.

39 시몽동은 현상학을 "부정적으로도 긍정적으로도 사용하는 애매한 모습"을 보인다고 평가하고 있다.(김재희, <질베르 시몽동에서 기술과 존재>, ≪철학과 현상학연구≫ 제56집, 한국현상학회, 2013, 179쪽) 이는 후설현상학에서 메를로-퐁티에 이르기까지 그리고 그 이후의 현상학의 역사적 흐름 속에서 현상학을 이야기하기 때문이라고 생각된다,

40 질베르 시몽동, 김재희 옮김, ≪기술적 대상들의 존재양식에 대하여≫, 서울: 그린비, 2011, 220-221쪽.

41 위의 책, 221쪽.

42 김재희, <질베르 시몽동에서 기술과 존재>, ≪철학과 현상학연구≫, 179쪽.

43 체화된 인지이론-"몸의 생물학적이면서 현상학적인 이중성이 상반되지 않고 끊임없이 '상호순환'한다고 주장"하는 이론; 김화자, <사물인터넷과 메를로퐁티의 '상호세계'>, 74쪽 참조.

44 질베르 시몽동, ≪기술적 대상들의 존재 양식에 대하여≫, 225쪽.

45 위의 책, 227쪽.

46 위의 책, 229쪽.

47 김화자, <질베르 시몽동의 기술철학에 나타난 '기술성'의 의미>, ≪철학과 현상학연구≫ 제51집, 한국현상학회, 2011, 37-38쪽 참조.

48 위의 글, 38쪽.

49 돈 아이디, 이희은 옮김, ≪테크놀로지의 몸≫, 서울: 텍스트, 2013, 24쪽.

50 위의 책, 24쪽.

51 김성동, <기술철학의 시각에서 본 인간의 문제－돈 아이디의 기술철학을 중심으로>, ≪철학≫ 제54집, 1998, 201쪽.

52 위의 글, 201-202쪽.

53 돈 아이디, 위의 책, 53쪽 참조.

54 위의 책, 54쪽 참조.

55 박인철, <기술시대와 현상학-생활세계와 기술과의 관계를 중심으로>, ≪철학≫ 제75집, 한국철학회, 2003. 132쪽.

56 위의 글, 139-140쪽.

57 이선일, <하이데거와 현대 기술비판>, ≪대동철학≫ 제14집, 대동철학회, 2001, 5쪽.

58 위의 글, 7쪽.

59 김화자, <사물인터넷과 메를로퐁티의 상호세계>, 62쪽.

60 위의 글, 64쪽 참조.

61 박인철, <기술과 현상학－생활세계와 기술과의 관계를 중심으로>, 145쪽.

자연적 지향성과 기계화된 몸—제2의 자연 개념을 중심으로

1 이 글은 ≪철학논총≫ 제83집에 게재된 필자의 <헤겔 ≪인간학≫에서 혼의 신체화> 논문을 확장하고 재구성한

것이다.

2 이재경, <아랍철학자 아비첸나와 지향성이론의 기원>, ≪철학논집≫ 제9호, 5-6쪽.

3 F. Brentano, *Psychologie vom empirischen Standpunkt*, hrsg. von O. Kraus, Hamburg, 1973, p. 124.

4 브렌타노는 심리적 현상을 물리적 현상과 구별시키는 기준을 다음과 같이 여섯 가지로 제시한다. 이 중 세 번째가 지향성과 관련한 중용한 기준이다. "(1) 심리적 현상은 표상이거나 표상을 바탕으로 하는 현상이다. (2) 심리적 현상은 연장(延長)을 갖지 않는다. (3) 심리적 현상은 지향적 내재라는, 어떤 것을 대상으로 관계함이라는 고유성을 갖는다. (4) 심리적 현상은 내부 지각의 유일한 대상이다. (5) 심리적 현상에는 지향적 존재뿐만 아니라 현실적 존재도 귀속된다. (6) 심리적 현상은 그 다양성에도 불구하고 항상 통일체로서 나타난다." 박찬영, <브렌타노의 지향성>, ≪세계와 인간 그리고 의식 지향성≫, 163쪽.

5 김명성, <브렌타노 퍼즐과 현대철학>, ≪대동철학≫ 제14집, 2001.

6 Hegel, G. W. F., *Enzyklopädie der philosophischen Wissenschaften im Grundrisse (1830)*: Neu herausgegeben von Friedhelm Nicolin und Otto Pöggeler, Felix Meiner, Hamburg 1991. (이하 En.로 약함) 헤겔의 학적 체계를 잘 보여주는 ≪엔치클로페디아≫는 <논리학>, <자연철학> 그리고 <정신철학>으로 구성되어 있다. 각각의 부분들은 "철학적 이념"이 "하나의 특별한 규정성 또는 요소"로 스스로를 서술하는 "자기 내적인 순환구조(ein sich in sich schließender Kreis)"(En. § 15)를 가지고 있다. 자연철학은 이 이념을 "다르게 있음의 형식(in der Form des Andersseins)"(En. § 18) 또는 "외화됨의 형식(in der Form der Entäußerung)"(En. § 18 주해)에서 고찰하고 정신철학은 "자신의 다르게 있음으로부터 자기 내로 되돌아오는" 또는 "대자적으로 존재하며 즉자대자적으로 되어지는(für sich seiend und an und für sich werdend)"(En. § 18 주해) 이념을 고찰한다. 논리학은 "즉자 대자적인 이념의 학(Wissenschaft der Idee an und fuer sich)"(En. § 18) 또는 "순수한 이념, 즉 사유의 추상적 요소에 있는 이념(der Idee im abstrakten Elemente des Denkens)의 학"(En. § 19)이다. 헤겔은 또한 이 논리학을 "형식적인(formelle) 학, 그러나 그 자체 내에 총체성으로 있고 진리의 순수한 이념을 포함하고 있는 절대적 이념의 학"이라고 규정한다. Hegel, G. W. F., *Wissenschaft der Logik*. Zweiter Band. *Die subjektive Logik* (1816). Bd. 12, hrsg. v. Friedrich Hogemann u. Walter Jaeschke, 1981. p. 25.

7 G. W. F. Hegel, 임석진 옮김, ≪대논리학 (III) 개념론≫, 지식산업사, 1982, 311쪽.

8 위의 책, 309쪽.

9 Hegel, G. W. F., 박병기 옮김, ≪자연철학 2－철학적 학문의 백과사전 강요 제2부≫, 나남, 2008, 15쪽. (En. § 337)

10 Hegel, G. W. F., *Enzyklopädie der philosophischen Wissenschaften im Grundrisse (1830)*: Neu herausgegeben von Friedhelm Nicolin und Otto Pöggeler, Felix Meiner, Hamburg 1991, § 252.

11 위의 책, § 337.

12 Hegel, G. W. F., 박병기 옮김, 앞의 책, 28쪽. (En. § 339)

13 위의 책, 95쪽. (En. § 343) "유기적인 것이 개별적인 것이 되도록 하는 주체성은 객관적 유기체, 즉 형태로

발전하는데, 이때 형태는 서로 구별되어 있는 부분으로 마디져 있는 신체(Leib)다. 식물은 [주체적 생명성이기는 하지만] 이제 겨우 직접적일 뿐인 주체적 생명성이다. 이러한 식물에서 객관적 유기체와 그 유기체의 주체성은 여전히 직접적으로 동일하다."

14 위의 책, 221쪽 이하 참조. (En. § 354)

15 위의 책, 261쪽. (En. § 356) "그것[형태]은 살아 있는 것으로서 본질적으로 과정이다. [……] 이러한 과정 속에서 유기체는 자신의 고유한 지체를 비유기적 자연, 즉 수단으로 만들어 자신을 소진시킴으로써, 자신을, 다시 말하면 다름 아니라 분절화의 이러한 총체성을 스스로 생산한다. 그 결과 어떤 지체도 각각 서로 목적이자 수단이며, 다른 지체에 힘입어 자신을 유지하고 다른 지체에 대립해서 자신을 유지한다. - 이러한 과정의 결과가 단순한 직접적 자기감정이다."

16 위의 책, 278쪽. (En. § 359)

17 G. W. F. 헤겔 지음, 박병기 · 박구용 옮김, ≪정신철학≫, UUP, 2000, 21쪽. (En. § 381)

18 위의 책, 32쪽. (En. § 382)

19 위의 책, 9쪽. (En. § 377)

20 위의 책, 32쪽. (En. § 382)

21 위의 책, 68쪽. (En. § 391) "보편적 혼은 세계혼(Weltseele)으로서 말하자면 하나의 주체로서 고정되어서는 안 된다. 왜냐하면 보편적 혼은 자신의 현실적 진리를 다만 개별성, 곧 주관성으로 삼고 있는 보편적 실체에 불과하기 때문이다. 그리하여 보편적 혼은 개별적 혼으로 나타나기는 하지만, 직접적으로 다만 자체에 자연 규정성들을 지니고 있는 존재하는 혼으로서만 나타난다. 이러한 자연규정성들은 말하자면 그 관념성의 배후에 자유로운 실존을 가지고 있다. 다시 말하면 자연규정성들은 의식에게는 자연의 대상들인데, 그러나 혼 자체는 외적인 것으로서의 이러한 자연의 대상들과 관계하지 않는다. 오히려 혼은 이러한 규정들을 자기 자신에 자연적 질들로 갖는다."

22 Hegel, G. W. F., 박병기 옮김, 앞의 책, 25쪽. (En. §342) "동물적 생명은 공간과 시간 속에서 자신을 펼쳐 보이는 개념이다. 각각의 지체는 자신 속에서 완전한 영혼을 지니고 있고, 자립적인 것이 아니라, 단지 전체와 결합되어 있는 것으로만 존재한다. 감각(Empfindung), 즉 제 자신을 자기 안에서 발견하는 것은 여기서 비로소 현존하는 가장 높은 것이다."

23 G. W. F. 헤겔 지음, 박병기 · 박구용 옮김, ≪정신철학≫, UUP, 2000, 150쪽. (En. § 403)

24 위의 책, 224쪽. (En. § 410) 헤겔은 법철학 § 4에서 "법체계가 제2의 자연으로서 실현된 자유의 나라, 즉 자기 자신으로부터 산출된 정신의 세계이다."고 주장한다. "습관이라는 형식은 정신 활동의 모든 종류와 단계를 포괄한다. 직립이라는 개체의 가장 외면적인 규정, 즉 공간적인 규정은 개체의 의지에 의해서 습관이 되어 있다. [……] 자기 자신의 순수한 지반에서 활동하는 완전히 자유로운 사유도 마찬가지로 습관과 능숙함을 필요로 한다." 위의 책, 226쪽. (En. § 410 주해)

25 위의 책, 136쪽. (En. § 401 보충)

26 위의 책, 232-233쪽. (En. §411)

27 위의 책, 239쪽. (En. §412)

28 위의 책, 224쪽. (En. §410) 헤겔은 법철학 §4에서 "법체계가 제2의 자연으로서 실현된 자유의 나라, 즉 자기 자신으로부터 산출된 정신의 세계이다."고 주장한다. "습관이라는 형식은 정신 활동의 모든 종류와 단계를 포괄한다. 직립이라는 개체의 가장 외면적인 규정, 즉 공간적인 규정은 개체의 의지에 의해서 습관이 되어 있다. [……] 자기 자신의 순수한 지반에서 활동하는 완전히 자유로운 사유도 마찬가지로 습관과 능숙함을 필요로 한다." 위의 책, 226쪽. (En. §410 주해)

29 위의 책, 232쪽. (En. §410 보충) "인간의 개별적인 활동은 반복된 연습에 의해 습관의 성격, 다시 말하면 정신적 내면 세계의 보편적인 상기 속으로 수용된 형식을 지니기 때문에, 혼은 타자에게도 전달해야 할 보편적 행동 양식인 규칙을 발현하게 된다."

30 위의 책, 239쪽 참조. (En. §412 보충)

31 크리스 그레이, 석기용 옮김, ≪사이보그 시티즌: 포스트휴먼 시대, 인간이란 무엇인가≫, 김영사, 2016, 15쪽.

32 김성동, ≪돈 아이디≫, 커뮤니케이션북스, 2016, 19쪽.

33 위의 책, 2016, 21쪽.

34 위의 책, 27-28쪽.

35 위의 책, 39-40쪽.

36 위의 책, 51쪽.

37 위의 책, 59-67쪽.

38 위의 책, 65쪽.

39 위의 책, 66쪽.

40 한국포스트휴먼학회 편저, ≪포스트휴먼 시대의 휴먼≫, 아카넷 2016, 239쪽. "에릭 브린욜프슨과 앤드루 맥아피는 ≪제2의 기계시대≫에서 산업화 이후의 발전을 1차 기계혁명과 2차 기계혁명으로 구분한다. 1차 기계혁명이 증기, 전기, 정보기술 등으로 인간의 육체적 노동력을 대체했다면, 2차 기계혁명은 인공지능과 자동화로 인간의 지적 작업 대부분을 대체한다고 말한다. 분석하는 사람에 따라 '제4차 산업혁명', '제2의 기계시대'로 개념 규정은 다르지만 공통된 것은 최근 인공지능과 자동화, 로봇 기술의 시기는 기존 산업적 발전의 연속성으로 설명되지 않는 새로운 시대라는 점이다."

인간 향상 논의에서 신체 보형물의 의미

1 이 글은 필자의 논문과 저서 가운데 일부를 발췌한 것이다. 심지원, <의료윤리에서 향상(Enhancement)에 대한

고찰>, ≪철학 · 사상 · 문화≫ 제17권(2014), 심지원, <향상약물복용에 대한 윤리적 접근: 인지향상약물의 수단 및 방법을 중심으로>, ≪윤리연구≫ 제102권 제1호, 2015; 심지원, <의족을 훔치는 행위는 상해죄인가 절도죄인가: 보형물을 신체의 일부로 규정할 수 있는 기준>, ≪과학철학≫ 제18권 제3호, 2015; 심지원, 정의태, <Dissolving Boundaries: Ethical Issues Surrounding Powered Prosthesis from Analyzing the Cybathlon and Advanced Prosthetic Technologies>, ≪영어권문화연구≫ 제9권 제2호, 2016; 심지원, <초 연결 사회에서 기술에 대한 새로운 접근-연결에서 관계형성으로>, ≪감성연구≫ 제15권, 2017; Shim Jiwon, Jung Euitay, <Awareness from a Debate of Permitted Limit of a Prosthetic Limb When Boarding>, *Information-An International Interdisciplinary Journal*, Amir Muzur and Hans Martin Sass(ed.), *Practical Methodology for Bio-ethical Imperative of Fritz Jahr*: in *1926-2016 Fritz Jahr's Bioethics A global Discourse*, Muenster LIT, 2017.

2 Maartje Schermer, "Enhancements, Easy Shortcuts, and The Richness of Human Activities", *Bioethics*, 22-7, November, 2008, p. 357.

3 마이클 샌델, 강명신 옮김, ≪생명의 윤리를 말하다≫, 서울: 동녘, 2010, p. 58.

4 앨런 뷰캐넌, 박창용 · 심지원 옮김, ≪인간보다 나은 인간: 인간 증강의 약속과 도전≫, 서울: 로도스 출판사, 2015.

5 마이클 샌델, 강명신 옮김, 위의 책, p. 42.

6 앨런 뷰캐넌, 박창용 · 심지원 옮김, 위의 책.

7 라메즈 남, 남윤호 옮김, ≪인간의 미래: 생명공학이여, 질주하라≫, 서울: 동아시아, 2007, p. 72.

8 마이클 S. 가자니가, 김효은 옮김, ≪윤리적 뇌≫, 서울: 바다출판사, 2009, p. 113.

9 의학기술이 더욱 필요할 수도 있는 사람들이라는 의미가 모든 신체 장애인이 의족이나 의수가 필요하다거나 모든 신체 장애인이 비장애인의 신체처럼 되어야 한다는 것을 주장하는 것은 아니다.

10 Boredpanda. Tattoo Artist Who Lost His Arm Gets World's First Tattoo Machine Prosthesis, http://www.boredpanda.com/prosthetic-arm-tattoo-artist-jc-sheitan-tenet-jl-gonzal/

11 Airline loses Boston bombing victim's prosthetic leg, *New York Post*, http://nypost.com/2015/11/20/airline-loses-boston-bombing-victims-prosthetic-leg/ (2015)

12 Goodday Newzealand. 의족 잃었다가 다시 찾은 뉴질랜드 올림픽 대표, http://www.goodday.co.nz/index.php?mid=news&document_srl=43248&listStyle=viewer

13 권봉석, <인텔, 스티븐 호킹 박사 컴퓨터 업그레이드해>, CNet Korea, http://www.cnet.co.kr/view/123223. goo.gl/6KjAUb

14 백수현, 대법원, '의족도 신체의 일부, 일하던 중 파손이 생기면 업무상 재해' 판결, 여성종합뉴스, http://www.womannews.net/detail.php?number=25786

15 이애리, '의족도 신체의 일부' 공익소송, 사회 패러다임 바꾼다, 함께걸음, http://www.kscia.org/board/view/menu03_01/8546

16 이종철, 다시 뛴다, 에이블 하드웨어(Abled Hardwear), 디아이투데이, http://www.ditoday.com/articles/articles_view.html?idno=19426

17 이종원, 법원 "성형 보형물도 신체 일부로 봐야", YTN, http://www.ytn.co.kr/_ln/0103_201305011752432312

18 조성호, 마사지하다 가슴보형물 터트린 안마사 '벌금형', ≪세계일보≫, http://www.segye.com/content/html/2013/05/01/20130501003737.html

19 윤성우, <현대 생명의료 윤리학에서의 신체 문제>, ≪철학탐구≫ 제23권, 102쪽.

20 Birnbacher, *Natürlichkeit*, Berlin: Walter de Gruyter, 2006, p. 8.

21 바이어츠, 박창용 · 심지원 옮김, ≪도대체 왜 도덕적이어야 하는가≫, 서울: 솔과학, 2009, p. 364.

22 라메즈 남, 남윤호 옮김, ≪인간의 미래: 생명공학이여, 질주하라≫, 서울: 동아시아, 2007, p. 51.; 신상규, ≪호모사피엔스의 미래≫, 서울: 아카넷, 2014, p. 153.

23 Jiwon, Shim, "Practical Methodology for Bio-ethical Imperative of Fritz Jahr", *Amir Muzur and Hans-Martin Sass(eds.), 1926~2016 Fritz Jahr's Bioethics A global Discourse*, Muenster: LIT, 2017, p. 165 수정

카린 하라써의 〈몸의 미래〉

1 Kerstin Stakemeier, Susanne Witzgall(Hg.), *Die Gegenwart der Zukunft*, Zuerich-Berlin, 2016.

2 이는 2013년 10월 14일, 베를린 C-Base 사이보그 협회 강연 '우리 사이보그 미래'에서 팀 캐넌이 한 말이다. http://vimeo.com/76897222 참조.

3 이에 대해서는 Cornelius Borck, Sinnesmontagen. "Die Sehprothese zwischen Ersatzapparat und Technovision," in: Sabine Flach, Margarete Vöhringer, *Ultravision. Zum Wissenschaftsverständnis der Avantgarden*, München: Fink 2010, pp. 149-164. Peter Bexte, "Mit den Augen hören/mit den Ohren sehen. Raoul Hausmanns optophonetische Schnittmengen," in: Helmar Schramm u.a., *Spuren der Avantgarde: Theatrum anatomicum. Frühe Neuzeit und Moderne im Vergleich*, Berlin, New York: Walter de Gruyter 2011, pp. 426-441.

4 "형태학적 자기결정" 또는 "형태학적 자유"라는 표현은 이미 1993년에 트랜스휴머니스트인 맥스 무어가 사용한 바 있으며, 그 후에 앤더스 샌드버그가 이를 사용하고 있다. *Transhumanist Reader*에 실은 그의 글 <Morphological Freedom – Why We Not Just Want It, but Need It>을 참조하라. Max Moore, Natasha Vita-Moore, *The Transhumanist Reader: Classical and Contemporary Essays on the Science, Technology, and Philosophy of the Human Future*, London: Wiley-Blackwell 2013, pp. 56-63.

5 h2.0, new minds, new bodies, new identities, MIT Media Lab, 9. Mai 2007, http://h20.media.mit.edu/ 참조.

6 엑스맨과 관련한 타자성과 장애의 문제에 대한 고찰은 티나 루터와 함께 작업한 다음의 글을 참조하라. Karin Harrasser, Christina Lutter, "Spielräume. Zwei Szenen zur Differenz," in: Anna Babka, Julia Malle, Matthias

Schmidt (Hg.), *Dritte Räume. Homi K. Bhabas Kulturtheorie. Kritik. Anwendung. Reflexion*, Wien: Turia + Kant 2012, pp. 237-248.

7 "대안은 없다(There is no alternative)"는 표현은 마가렛 대처가 그녀의 경제 및 사회정책을 정당화하기 위해 여러 번 사용했던 것이다. 그 사이에 TINA라는 약어는 모든 정치적 고려사항의 출발점 및 종착점에 대한 현존상태의 고착화를 강화하는 태도를 위해 사용되고 있다.

8 '환경' 개념에 대해서는 특히 다음의 글을 참조하라. Florian Sprenger, "Zwischen Umwelt und Milieu – Zur Begriffsgeschichte von environment in der Evolutionstheorie," in: *Forum Interdisziplinäre Begriffsgeschichte* 3/2, 2014, http://www.zfl-berlin.org/tl_files/zfl/downloads/publikationen/forum_begriffsgeschichte/ZfL_FIB_3_2014_2_Sprenger.pdf

9 Michel Foucault, *Was ist Kritik?*, Berlin: Merve 1992, p. 52.

10 토마스 마초의 책에서 결론 부분의 언급을 참조하라. Thomas Macho, *Vorbilder*, München: Fink 2011.

11 Donna Haraway, "Awash in Urine: DES and Premarin® in Multispecies Response-ability," in: *Women's Studies Quarterly*, Vol. 40/1&2, 2012, pp. 301-316.

12 조 소풀리스는 이미 2002년에 '파라휴먼' 개념을 제안하고 있다. Zoë Sofoulis, "Post-, nicht- und parahuman. Ein Beitrag zu einer Theorie soziotechnischer Personalität," in: Angerer, Marie-Luise, Kathrin Peters, Zoë Sofoulis (Hg.), *Future Bodies. Zur Visualisierung von Körpern in Science und Fiction*, Wien, New York: Springer 2002, pp. 273-297.

13 이러한 설명이 얼마나 다양한가 하는 물음에 대해서는 2015년 6월 바젤에서 열린 유용한 지식과 무지를 위한 암시장에서 점검해볼 수 있다. '파라휴먼. 혁명적 확장, 엄청난 발명, 그리고 행위주체가 된다는 것은 무엇을 말하는가에 대하여(Parahuman. Über revolutionäre Erweiterungen, virtuose Erfindungen und was es heisst, ein Akteur zu sein)'라는 주제로 행해진 대화를 암시장-아카이브에서 들을 수 있을 것이다. http://www.black-market-archive.com/#

우주시대, 미래 소년들의 몸은 어떻게 이상화되었나?

1 이 글은 필자의 논문 <초기 한낙원의 과학소설에 나타난 '소년'의 의미>, ≪한국언어문화≫ 65(2018)를 재구성한 것임을 밝힙니다.

2 <우주여행성공이 의미하는 것>, ≪사상계≫, 사상계사, 1961. 6, 172-180쪽. 특히 최영두는 우주개발에서 기대하는 바를 묻는 질문에 대해 현직 군인답게 중립국가들이 소련으로 기울어지는 것을 경계해야 한다면서도, 과학기술의 발전이 인류에 큰 희망을 줄 수 있는 방향으로 나아가야 한다고 서둘러 마무리 짓는다. p. 185.

3 한낙원, 한국문화예술위원회, <잃어버린 소년>, ≪한낙원 과학소설 선집≫, 현대문학, 2013. 이 소설은 1959년

12월부터 1960년 4월까지 ≪연합신문≫에 88회에 걸쳐 '과학모험소설'로 분류되어 연재되었다. 이 소설은 1963년 배영사에서 출간되었다. 이후 ≪특명, 지구 대폭발 구출작전≫(1992), ≪미래 소년 삼총사≫(1996)로 제목만 바뀌어 재출간되었을 정도로 인기가 있었다.

4 이 소설은 1962년 12월부터 1964년 9월까지 ≪학원≫에 연재하였다. 이후 삼지사에서 단행본으로 ≪금성탐험대≫는 출간되었다. 필자가 파악한 삼지사 1969년판에는 "1957년 초판, 1962년 6판, 1964년 8판, 1969년 10판"으로 적혀있다. 향후 자료 확인이 필요할 것으로 보인다.

5 우주시대는 1957년 소련 최초의 인공위성 스푸트니크가 발사되고, 1969년 미국의 유인우주선 아폴로 11호가 성공적으로 귀환하기까지 미소의 우주개발을 둘러싼 경쟁의 시대로서, 제3차 세계대전이 발발할 것이라는 공포가 전 세계를 뒤덮었던 시기를 말한다.

6 스페이스 오페라(space opera)는 SF의 하위 장르로서, 1941년 윌슨 터커가 서부극(horse opera)이나 주부들을 위한 비누드라마(soap opera)와 견주어 만든 용어이다. 스페이스 오페라는 상투적 틀에 박힌 활극, 감정과잉의 센티멘털리즘, 천편일률적인 내러티브라는 조잡한 장르라는 의미가 전제되어 있다. 이 장르의 특징은 첫째, 우주선 등장, 둘째, 흥미진진한 모험담 형식, 셋째, 상투적 플롯과 진부한 설정이라고 할 수 있다. 고장원, ≪스페이스 오페라란 무엇인가?≫, 부크크, 2015, 25-27쪽. 또한 스페이스 오페라의 특징은 역사적으로 변화한다는 점에 주의할 필요가 있다.

7 ≪금성탐험대≫는 주인공들이 화성탐사과정에서 알파성인의 발달된 문명과 조우하는데, 이때 외계생명체인 알파성인과 최초로 조우하고 대화를 시도한다. 또한 알파성인의 지하도시에는 로봇이 노동을 담당한다. 이 로봇들은 아시모프의 로봇 3원칙이 프로그램되어 있다.

8 <작가연보>, ≪한낙원 과학소설 선집≫, 현대문학, 2013, 564-567쪽.

9 <라디오 KA에서 최초로 과학극 '백년후의 월세계' 27일부터>, ≪동아일보≫, 1959. 7. 30. 이 기사에 따르면 20회에 걸쳐 방송하게 된 '백년후의 월세계'는 아더 클라크의 공상과학소설로서, 한낙원이 각색했다고 명시되어 있다.

10 한낙원, ≪새로운 원자력 지식-알기쉬운 과학문고 1≫, 신생출판사, 1961.

11 <우리의 원자시대 설계>, ≪경향신문≫, 1959. 3. 18.

12 공임순, <원자탄과 스파이>, ≪민족문학사연구≫ 48권, 민족문학사학회 · 민족문학연구소, 2012, pp.247-266. 참조.

13 한낙원, ≪새로운 원자력 지식≫, 앞의 책, 166쪽.

14 <잃어버린 소년>은 냉전이 해소되고 세계연방이 세워진 30년 후의 미래세계를 다루는데, 문명이 발달한 우주괴물이 습격하여 대규모 우주전쟁이 벌어진다. 반면 ≪금성탐험대≫에서 지구전쟁인 냉전은 극에 달해 있다. 미국과 소련은 우주개발 경쟁으로 인해 스파이가 난무하고 금성을 먼저 정복하기 위해 싸우지만, 금성에서 만난 알파인과는 평화조약을 맺는다.

15 청소년이란 급격한 신체적 · 심리적 · 성적 변화를 경험하는 2차 성징기를 겪는 10대를 일컬으며, 아동에서

성인으로 발달하는 과도기적 존재로 정의한다.

16 최명구 · 김누리, ≪청소년의 이해≫, 학지사, 2007, 13-30쪽.

17 여기서 나쁜 과학자들이란 당시 사회주의국가인 소련과 가까운 국가들이나 2차세계대전에서 유엔의 적국이었던 독일, 일본을 가리킨다.

18 인간과 기계의 융합 스펙트럼은 인간(자연상태)-사이보그-아바타-휴머노이드-로봇-인공지능(인공상태)으로 유형화된다. 이수진, ≪사이언스픽션, 인간과 기술의 가능성≫, 커뮤니케이션북스, 2017, xiii.

19 메를로-퐁티, 류의근 옮김, ≪지각의 현상학≫, 문학과지성사, 2002, 메를로 퐁티의 개념에 따르면, 몸은 중립적이거나 추상적으로 존재하지 않는다. 몸은 상황적으로 거주하고, 세계에 참여하며, 성적 존재이며, 보면서 보여지는 관계적 존재이다.

20 한낙원, ≪금성탐험대≫, 삼지사, 1967, 52-53쪽.

21 소년과 남성성의 관계를 본다면, 사회적으로 소년은 '진짜 남성다움'을 습득하기 위해 소년적 덕성들 즉, 근성, 자립, 결단력, 지도력, 진취성을 익혀야 한다. 존 베이넌, 임인숙 · 김미영 옮김, ≪남성성과 문화≫, 고려대학교출판부, 2011, 54쪽.

22 한낙원, <잃어버린 소년>, 앞의 책, 110쪽.

23 한낙원, <잃어버린 소년>, 앞의 책, 107쪽, 177쪽.

24 러셀의 세계정부론으로 대표되는 코스모폴리타니즘이 한국사회에 인식되는 다양한 양태와 변화에 대해서는 임지연, <조병화의 세계 기행시에 나타난 코스모폴리탄적 주체의 정위 방식>, ≪한국시학연구≫ 38, 한국시학회, 2013, 242-246쪽 참조.

25 김재준, <세계평화의 문제>, ≪사상계≫, 사상계사, 1965. 8, 94쪽.

26 한낙원, <20년후의 세계는>, ≪경향신문≫, 1963. 1. 1.

27 러셀은 사법과 입법 기능을 가진 기관을 두고, 전쟁무기와 군대를 독점하며, 인구문제와 기술 근대화를 해결할 뿐 아니라, 나라 사이에 분쟁이 일어났을 때 세계정부의 결정에 따라야 하는 강제성을 부여하였다. 김준섭, ≪러셀≫, 사상계사, 1960, 153-160쪽.

28 한낙원, <잃어버린 소년>, 앞의 책, 253쪽.

29 우미영, <한국 현대 소설의 '과학'과 철학적 · 소설적 질문—김보영과 배명훈의 SF를 중심으로>, ≪외국문학연구≫, 한국외국어대학교 외국문학연구소, 2014, 129쪽.

30 한낙원, <잃어버린 소년>, 앞의 책, 194-195쪽.

31 고장원, ≪SF의 법칙≫, 살림, 2008, 51쪽.

32 한낙원, <잃어버린 소년>, 앞의 책, 152쪽.

33 연재 때부터 삽화가 제시되어 있기 때문에 우주괴물의 모습은 시각적으로 구체화되어 있다.

34 H. G. 웰즈의 소설 ≪우주전쟁≫에서 지구를 침공한 화성인은 다리가 세 개, 발광체 몸뚱이, 거대한 머리통이

달린 2미터 50센티미터의 생물로 문어를 닮아 있다. 영어와 일본어에 능숙했던 한낙원은 웰즈의 ≪우주전쟁≫을 읽었을 가능성이 있다. 그리고 1955년 6월 단성사에서 영화 <우주전쟁>(바이론 하스킨 감독)이 개봉되었던 것으로 미루어 볼 때 문어형태의 외계괴물 이미지는 웰즈의 것을 차용한 것으로 보인다.

35 한낙원, ≪금성탐험대≫, 앞의 책, 157쪽.

36 당대 대중들의 우주여행은 '월세계 나들이'로 불렸을 만큼 관심이 컸다. 1950년대 후반 실제로 소련에서 우주여행 신청자를 모집하였고(<우주여행 신청자 1300명>, ≪경향신문≫, 1958. 1. 21.), 일본에서 창설된 '우주여행협회'는 화성의 토지를 거래했으며(<화성 토지매매성황>, ≪경향신문≫, 1957. 11. 24.), '국제우주여행연맹'이라는 단체가 설립되었다.(<법률위 설치-국제우주여행 최종회의 결의>, ≪경향신문≫, 1958. 9. 1.)

37 한낙원, <잃어버린 소년>, 앞의 책, 166쪽.

38 한낙원, ≪금성탐험대≫, 앞의 책, 292쪽.

39 허혜경, 김혜수, ≪청년발달≫, 학지사, 2010, 18쪽.

40 남성성은 여성성과의 관계 속에서 형성되는 개념으로서, 특수한 문화적 방식으로 젠더를 수행하는 것이라고 정의할 수 있다. 남성성이 형성될 수 있는 주요 전략은 첫째, 여성적 수동성에 견줘 남성성을 능동성으로 정의하는 본질주의적 관점이 있다. 하지만 본질의 기준이 자의적이라는 한계가 있다. 둘째, 남성/여성 집단의 통계적 차이에 근거한 실증주의적 관점이 있다. 그러나 이미 남성성/여성성에 대한 젠더가정이 존재하기 때문에 실증적이지 않다. 셋째, 여성/남성 간의 엄격한 성역할이 있다는 규범적 정의가 있다. 하지만 규범적 성역할을 완전하게 충족시킬 수 있는 남성은 없다. 따라서 남성성은 여성/남성 간 젠더관계 속의 장소이자, 남녀가 관여하고 실천하는 경험, 인격, 문화에서 만들어 내는 효과라고 할 수 있다. R. W. 코넬, 안상욱・현민 옮김, ≪남성성/들≫, 이매진, 2013, 112-116쪽.

41 남성들 사이의 관계 역시 남성성의 특징을 이루는데, 그것은 헤게모니, 종속, 공모, 주변화에 의해 내부적 관계가 구성된다. R. W. 코넬, 위의 책, 123-130쪽.

42 문만용, <1960년대 '과학기술 붐': 한국의 현대적 과학기술체제의 형성>, ≪한국과학사학회지≫ 제29집, 2007, 67-96쪽. 1960년대 과학기술체제 형성기는 균질하지 않았다. 1966~1967년경 기술진흥5개년계획에 따른 과학정책과 더불어 본격화되었다.

43 <과학기술진흥은 조국 근대화의 지름길이다>, ≪경향신문≫, 1966. 10. 12.

44 1960년대 초반까지 과학기술에 대한 정부의 관심은 특별하지 않았으며, 1950년대 이승만 정부의 과학기술정책을 이어받은 수준이었다. 김근배, <과학기술입국의 해부도—1960년대 과학기술 지형>, ≪역사비평≫, 역사문제연구소, 2008, 238-243쪽.

45 SF 작가클럽의 회장 서광운은 자신의 작품에 대해 '과학적 애국주의'라는 용어를 직접 사용하였다. 서광운, <작자의 말>, ≪학생과학≫, 1968. 1, 157쪽. 이들의 작품을 국가주의와 연관시킨 연구로는 김지영, <1960~70년대 청소년 과학소설 장르 연구>, ≪동남어문논집≫ 제35집, 동남어문학회, 130-133쪽; 손진원, 앞의 논문, 30-51쪽 참조; 조계숙, <국가이데올로기와 SF, 한국 청소년 과학소설-학생과학지 수록작을 중심으로>, ≪대중서사연구≫,

대중서사학회, 2014, 419-422쪽.

46 남성성은 복잡하고 끊임없이 요동하는 권력관계의 산물로서, 이데올로기화된 영역을 통해 표현된다. 또한 남성성은 문화적인 것이기 때문에 시대와 공간에 따라 다르게 구성된다. 박노자, ≪씩씩한 남자 만들기≫, 푸른역사, 2009, 37쪽.

47 한낙원, <잃어버린 소년>, 앞의 책, 252쪽.

48 소설의 삽화에서 원일 박사의 용모는 아인슈타인과 닮아 있다.

49 패권적 남성성이란 가부장적 헤게모니를 장악하기 위해 공격적이고 제국주의적이며, 강하며 남성우월적인 남성성을 일컫는다. 19세기 후반 유럽 제국주의의 성행과 맞물려 나타난 역사적 개념이다. 존 베이넌, 앞의 책, 54쪽.

50 한낙원, ≪금성탐험대≫, 앞의 책, 295쪽.

51 ≪금성탐험대≫의 니콜라이가 대표적인 인물이다. 니콜라이는 미소 냉전을 주도하는 강력한 스파이 군인 남성 과학기술자로 설정되었다.

52 <잃어버린 소년>의 일본 과학자 '야마다'는 원일박사를 시기하고 모함하는 인물로 설정된다.

53 특히 소련의 과학자 '치올코프'는 끝까지 보호하고 살려준다. 이는 1920년대 소련의 로켓과학자이자 과학소설가 '치올코프스키(Konstantin Eduardovich Tsiolkovsky)'에 대한 한낙원의 오마주로 보인다.

54 한낙원, ≪금성탐험대≫, 앞의 책, 219쪽.

55 과학적 휴머니즘은 진화론적 휴머니즘, 초휴머니즘이라고 불렸는데, 이는 영국의 생물학자이자 줄리언 헉슬리가 대표적이다. 과학적 휴머니즘은 초(超)인간주의에 대한 인간주의이며, 개인주의와 대립되는 인류주의라고 할 수 있다. 과학적 휴머니즘은 인간을 진화론적 생명관에 기초해 인식하고, 생명과 정신의 기원이 생물학적 진화에 의해 불시에 나타난 것으로 보았다. 이들은 국제휴머니트조직(IHEU)을 창설하여 인류의 현안을 해결하고자 하였던 과학철학이었다. 임지연, <1950~60년대 현대시의 신체성 연구>, 건국대 박사논문, 2011, 49-52쪽 참조.

56 이종진, <초휴머니즘의 이해>, ≪사상계≫, 사상계사, 1962. 9, 60-65쪽.

57 진화생물학자 헉슬리는 생물학적 진화를 인간문화의 '전진' 개념으로 전환하고, 인간의 본성적 진화에 장애물로 작용하는 핵, 전쟁, 인구, 공산주의 등을 극복할 수 있는 '신념'을 강조한다. 페리 르페블, 이종성 역, <줄리언 헉슬리—진화 속의 인간—한 인문주의자의 견해>, ≪현대의 인간이해≫, 대한기독교서회, 1971, 23-39쪽.

58 한낙원, <잃어버린 소년>, 앞의 책, 240쪽.

59 한낙원, ≪금성탐험대≫, 앞의 책, 331쪽, 66쪽.

몸의 미래—호모 오버도스(Homo overdose)의 탄생

1 가상현실(VR, Virtual Reality)은 현실과 별개의 가상공간을 체험할 수 있도록 지원하는 기술이다. 가상현실이 현실과 이질감 없는 서비스를 제공하기 위해서는 가상 이미지, 상호작용, 몰입감의 3요소가 필수다. 반면 증강현실은 디지로그(digilog)의 집약체다. 현실 환경에 가상의 정보를 덧씌워 보여주는 증강현실 기술은 디지털과 아날로그의 결합이자 현실과 상상의 조합물이다. 증강현실은 본디 가상현실의 기술적 한계를 극복하기 위한 대체재로 고안됐다. 민준홍, ≪가상현실과 현실증강의 현실≫, 커뮤니케이션북스, 2016, 2-5쪽 참고.

2 민준홍, 위의 책, 4쪽.

3 민준홍, 앞의 책, 6-8쪽 참고.

4 에런 디그런, ≪게임 프레임≫. 돋을새김, 2016, 19쪽.

5 강미라, ≪몸 주체 권력≫, 이학사, 2011, 75쪽.

6 김종갑은 긍정하는 살이 몸(조화)이라면 내가 부정하는 살은 군살(혼란)이 된다고 말한다. 몸문화연구소, ≪몸, 치유 소통≫, 쿠북, 2015. 그러나 게임에 있어 살은 '혼란'을 질서 있게 배치하는 것에만 몰두하게 만든다. 군살이 많으면 많을수록 게임에 대한 신체적 집중도는 높아진다. 정신은 가상으로 이송된다.

7 이수엽 · 채다희 · 박근서, <게임 공간과 게임 플레이의 변화-전자오락실, PC방, 모바일 게임 공간을 중심으로>, ≪사이버커뮤니케이션학보≫ 33집, 사이버커뮤니케이션학회, 2016, 94쪽.

8 이수엽 · 채다희 · 박근서, 위의 논문, 94쪽.

9 이수엽 · 채다희 · 박근서, 위의 논문, 91쪽.

10 이수엽 · 채다희 · 박근서, 위의 논문, 95쪽.

11 토니 마이어스, ≪누가 슬라보에 지젝을 미워하는가≫, 엘피, 2005, 187-188쪽.

12 이것을 구분하지 못하는 상황까지 간다면 게임 속 상황과 현실을 구분하지 못해 실제로 폭력을 가할 때 게임 속 캐릭터를 따라하며 행사하는 사건은 환상과 현실을 구별 못하는 '정신분열적 행위'이다. 최근에는 이러한 '왜상'을 없앤 VR의 등장으로 더욱 구분하기 어렵게 만들고 있다.

13 Surrogates, 2009, 조나단 모스토우의 영화, 인간을 대리하는 기계가 현실을 살아가는 현실과 가상의 역전 상태를 그리고 있다.

14 마정미, ≪포스트 휴먼과 탈근대적 주체≫, 커뮤니케이션북스, 2014, 5쪽.

개체초월적 포스트휴먼—그렉 베어의 ≪블러드 뮤직≫

1 이 글은 2017년 8월 ≪영어영문학≫ 제22권 3호에 실린 <개체초월적 포스트휴먼: 그렉 베어의 ≪블러드

뮤직≫>을 이 책의 목적에 맞게 재구성한 것임을 밝힙니다.

2 김재희, ≪시몽동의 기술철학≫, 서울: 아카넷, 2017, 128쪽.

3 질베르 시몽동, 김재희 역, ≪기술적 대상들의 존재양식에 대하여(*Du Mode d'existence des objets techniques*)≫, 서울: 그린비, 2011, 181쪽.

4 질베르 시몽동, 위의 책, 197쪽.

5 브루노 라투르(Bruno Latour), 미셸 칼롱(Michel Callon)과 존 로(John Law)가 함께 개발한 "행위자-연결망이론"(Actor-Network-Theory: ANT)에 따르면, 사회는 상호 이질적인 행위자들인 인간과 비인간(기계, 동물 등)의 연결망, 네트워크로 구성된다. Law, John. "Notes on the Theory of the Actor-Network: Ordering, Strategy, and Heterogeneity." *Systems Practice* 5.4, 1992, p. 380.

6 질베르 시몽동, 위의 책, 385쪽.

7 김재희에 따르면, 시몽동이 말하는 존재의 퍼텐셜리티(potentiality)는 잠재성(virtuality)이 아니다. 퍼텐셜리티는 열역학적 시스템의 에너지로서 다분히 물리적인 것이며, 무엇보다 시스템 자체에 내재하는 크기의 등급들 사이의 불일치와 차이를 전제로 한다. 김재희, 위의 책, 30쪽.

8 질베르 시몽동, 위의 책, 221-23쪽; Gilbert Simondon, "The Genesis of the Individual." Trans., Mark Cohen and Sanford Kwinter, *Incorporations* 6, 1992, pp. 313-14.

9 질베르 시몽동, 위의 책, 355쪽.

10 질베르 시몽동, 위의 책. 228쪽.

11 Greg Bear, *Blood Music*, New York: Open Road, 2014, p. 18.

12 앞으로 ≪블러드 뮤직≫ 본문 인용 시 특별한 서지사항 언급 없이 괄호 안에 쪽수만 표시.

13 미시 세계에서는 전자기적 상호작용에 의한 양자역학이 작용한다. 한편 거시적 세계인 광활한 우주에도 또다른 물리적 법칙이 작용하며, 인간은 최근에야 이에 대해 인지하기 시작했다. 이처럼 인간 사고와 활동의 지평선은 새로운 기술적 발명에 의해 계속 넓어지고 있다.

14 Richard P. Feynman, "There's plenty of room at the bottom," *Engineering and science*, 23.5, 1960, p. 36.

15 "인지적 소격(낯섦)(cognitive estrangement)"은 다코 수빈(Darko Suvin)이 독일의 극작가 베르톨트 브레히트(Berthold Brecht)의 소격효과(Verfremdungseffect) 개념을 확장하여 만든 용어로, 근본적으로 다른 허구 세상이 자기 자신의 것과 왠지 유사하다는 느낌을 의미한다. Idema, Tom. "Toward a Minor Science Fiction: Literature, Science, and the Shock of the Biophysical." *Configurations* 23.1, 2015, p. 35.

16 Darko Suvin, *Metamorphoses of Science Fiction: On the Poetics and History of a Literary Genre*, New Haven: Yale UP, 1979, p. 15.

17 Darko Suvin, "On Gibson and Cyberpunk SF," *Foundation* 46, 1989, p. 41.

18 N. Katherine Hayles, *How We became Posthuman: Virtual Bodies in Cybernetics, Literature, and Informatics*, Chicago, Ill.: University of Chicago Press, 1999, p. 256.

19 오비디우스(Ovid)의 ≪변신이야기(*Metamorphoses*)≫의 풍요로운 '황금의 시대(Age of Gold)'를 보라.

20 밈(Meme)은 한 사람이나 집단에게서 다른 지성으로 생각 혹은 믿음이 전달될 때 전달되는 모방 가능한 사회적 단위를 총칭한다. 밈은 1976년, 리처드 도킨스(Richard Dawkins)의 ≪이기적 유전자(*The Selfish Gene*)≫에서 문화의 진화를 설명할 때 처음 등장한 용어이다. 출처: ≪위키백과≫(https://ko.wikipedia.org/wiki/%EB%B0%88)

21 Greg Bear, "When Genes Go Walkabout," *Proceedings of the American Philosophical Society* 148.3, 2004, p. 324.

22 질베르 시몽동, 위의 책, 179쪽.

23 Stephen Dougherty, "Radio, the Genome, and Greg Bear's Biological Fiction," *Science Fiction Studies* 44.1, 2017, p. 105.

24 Tom Idema, *ibid*, pp. 53-54.

25 라메즈 남(Ramez Namm)의 *More than Human: Embracing the Promise of Biological Enhancement*. 10장 참조.

26 제로섬(zero-sum) 게임은 한 사람이 이익을 얻기 위해 반드시 다른 사람을 희생시키지 않으면 안 되지만, 넌제로섬 게임에서는 타인의 희생 없이 모든 플레이어가 이익을 얻을 수 있다.

27 로버트 라이트의 ≪넌제로: 인간 운명의 논리(*Nonzero: The Logic of Human Destiny*)≫ 21장 참조.

28 Richard P. Feynman, 위의 논문, p. 22.

29 Greg Bear, "Skepticism and Science Fiction," *The Skeptical Inquirer* 20.5: 24-25, 1996, p. 24.

30 Colin Milburn, "Nano/splatter: Disintegrating the Postbiological Body," *New Literary History* 36.2, 2005, p. 299.

31 Lisa Lynch, " "Not a Virus, but an Upgrade": The Ethics of Epidemic Evolution in Greg Bear's Darwin's Radio," *Literature and Medicine* 20.1, 2001, p. 85.

32 Tom Idema, *ibid.*, p. 35.

33 김재희, 위의 책, 158쪽.

34 Simondon Gilbert, *ibid.*, p. 302.

35 토니 믹사넥(Tony Miksanek)은 "피의 음악"이라는 이 소설의 제목은 인류의 "성취와 문화"(음악) 뿐만 아니라 "오염이나 손상"(피)을 암시하므로, ≪블러드 뮤직≫은 나노기술의 잠재적 이점과 가능성뿐만 아니라 위험과 재앙을 환기시킨다고 말한다. Tony Miksanek, "Microscopic Doctors and Molecular Black Bags: Science Fiction's Prescription for Nanotechnology and Medicine," *Literature and Medicine* 20.1, 2001, p. 59.

36 엘레나 고멜(Elana Gomel)은 베어의 포스트휴먼 몸에 대한 불안정하지만 강력한 묘사가, 다나 해러웨이(Donna Haraway)의 <사이보그 선언문(A Cyborg Manifesto)>에 기술된 포스트모던적 몸과 놀랍도록 유사하다고 말한다. Elana Gomel, "The Plague of Utopias: Pestilence and the Apocalyptic Body." *Twentieth Century Literature*

46.4, 2000, p. 427.

37 에리카 반 도멜렌(Erica van Dommelen)은 반대로 이 작품은 "생명공학 최악의 시나리오를 탐험한다"고 본다. Erica van Dommelen, "Special Books Section: Biology in Science Fiction," *BioScience* 39.10, 1989, p. 729.

38 Greg Bear, "When Genes Go Walkabout," *Proceedings of the American Philosophical Society* 148.3, 2004, p. 326.

39 Greg Bear, *ibid.*, p. 331.

40 정신을 뜻하는 'noo'와 공간을 뜻하는 'sphere'를 합성해서 만든 말로 '정신계'를 뜻한다. 고고학자이자 신학자인 테야르 드 샤르댕(Teillard de Chardin)이 사용하기 시작했다. 인류의 지적 역능이 사이버공간에 집중되고 통합되어 만들어진 세계, 집단지성(collective intelligence)의 세계라고 할 수 있다. 피에르 레비, 김동윤 외 2인 역, ≪누스페어(*Noosphere*)≫, 서울: 생각의 나무, 2003, 61쪽.

41 Mike Davis, "Who will build the ark?" *New Left Review* 61, 2010, p. 46.

42 Mike Davis, *ibid.*, p. 30.

43 질베르 시몽동, 위의 책, 10쪽.

44 마이클 하트, 연구공간 L 역, <묵시록의 두 얼굴: 코펜하겐에서 보내는 편지>("Two Faces of Apocalypse: A Letter from Copenhagen"), ≪진보평론≫ 47, 2011, 105쪽, 109쪽.

45 정남영의 <대안 근대로의 이행과 커먼즈 운동>(한국비평이론학회 2017년 봄 학술대회(2017. 5. 20.) 발표문 참조.

46 미치오 카쿠, 박병철 역, ≪마음의 미래≫(*The Future of the Mind*), 파주: 김영사, 2015, 487쪽.

47 이인식, ≪나노기술이 미래를 바꾼다≫, 서울: 김영사, 2002, 280-81쪽.

48 Margulis, Lynn, and Dorion Sagan, *Microcosmos: Four Billion Years of Evolution from Our Microbial Ancestors*, Berkeley: University of California Press, 1997, p. 255.

49 '호모 몬스터쿠스'는 과학기술 발전에 따른 인간 신체와 정신의 강화와 확장, 신체성 없는 주체의 등장, 다양한 성 주체성, 인간-기계, 인간-동물의 혼종성 등을 특징으로 나타내면서 전통적인 인간 개념의 경계를 벗어나는 '괴물 같은 인류'의 정체성을 올바로 이해하고 규명하기 위해 근대적 휴머니즘을 넘어서는 새로운 이해의 틀로서 필자가 만든 용어다.

감정로봇과 인간의 감정 — 약함의 공동체와 강함의 공동체

1 이 글은 ≪문학치료연구≫ 제47집(2018. 4)에 실린 <감정노동과 감정착취>를 이 책의 목적에 맞게 수정한 것이다.

2 Álvaro Castro-González, "An Autonomous Social Robot in Fear." *IEEE Transactions on Autonomous Mental Development* 5. 2, 2013, pp. 135-151.

3 김종갑, ≪혐오: 감정의 정치학≫을 참조할 것.

4 Epictetus, *The Discourses*, tr. Robin Hard, London: Everyman, 1995. 특히 1장, What is in our power, and what is not과 14장, That we should not become attached to things that are not in our own power를 참고하기 바람.

5 Hochschild, Arlie Russell, *The Managed Heart*, Berkeley, California: University of California Press, 1983.

6 김인아, <한국의 감정노동 관리 방안과 정책적 제언>, 대한직업환경의학회 51차 대한직업환경의학회 가을학술대회, 2013, 467-485쪽.

7 김왕배 · 이경용, <이가람 감정노동자의 직무환경과 스트레스>, ≪한국사회학≫ Volume 46, Issue 2. 124, 2012, 123-149쪽.

8 Van Katwyk, Fox S, Spector, Kelloway가 공동으로 2000년에 개발한 직업 관련 감정적 건강 지수(Job-related affective well-being scale)(JAWS)와 같은 측정법이 있다. "이 일이 나에게 싫증을 느끼게 만들었는가?" "이 일이 나를 화나게 만들었는가?" "이 일이 나를 의기소침하게 만들었는가?"와 같은 문항들에 대한 대답에 따라서 감정 지수가 결정된다.

9 과거에 심리학은 주로 트라우마나 우울증, 자기비하와 같은 부정적 감정에 초점을 맞추었다. 그런데 2000년 이후로 행복의 심리학, 혹은 긍정 심리학이 인기를 끌고 있다. 긍정심리학의 창시자인 셀리그만은 그것을 "삶을 살 가치가 있도록 만들어주는 요소를 연구하는 학문"으로 정의했다. Seligman & Csikszentmihalyi. "Positive Psychology. An Introduction," *The American psychologist* 55.1, 2000, pp. 5-14. "생리학적 · 개인적 · 관계적 · 제도적 · 문화적 · 세계적 차원에서 인간을 긍정적으로 그리고 행복하게 살도록 만들어주는 학문"으로 정의된다. Peterson, Christopher. "What Is Positive Psychology, and What Is It Not?," *Reclaiming Children and Youth* 21.4, 2013, pp. 7-14.

10 충분히 복잡한 신경계를 갖추면 지성을 갖추게 된다? 산소, 수소, 탄소를 적당한 온도에서 결합하면 생명. Ullrich, Daniel, Butz, Andreas, "Social Robots for the 21st Century," *Computer* 49.6, 2016, pp. 88-92.

11 anthropomorphise 특히 정서적 상호작용이 요청되는 로봇의 경우에는 인간의 행동을 더욱 모방한다. Rachel Kirby et al. Affective Social Robots, *Robotics and Autonomous Systems* 58.3, 2010, 322-332. 331. 감정연구자인 에크만은 기본적 감정을 happiness, sadness, anger, fear, disgust, and surprise개로 분류하였다. 나머지 감정들은 6가지의 조합에 의한 것으로 설명이 된다. 이 6가지 감정을 연산화해서 컴퓨터에 적용하는 방법이 현재 개발되고 있다. 로봇공학자들이 설계하는 감정 체계는 흔히 감정 인식, 감정 생성, 감정 표현이라는 세 부분으로 구성된다고 한다.

12 이 글에서 나는 empathy와 sympathy를 구별하지 않고 양자를 공감으로 통일하였다. 양자를 구분하는 학자들도 있지만 이 글에서는 그러한 구분의 필요성을 느끼지 못하였기 때문이다.

13 Fung, Pascale. "Robots with Hearts," *Scientific American* 313.5, 2015, pp. 60-63.

14 협동 상로서의 로봇: 로봇이 유능한 협동상로서 사람들과 사회적으로 상호작용할 수 있으려면 사회 지능과 감정을 가져야한다. 예컨대 노인 돌봄 로봇은 환자가 보여주는 고통, 피로감, 불안 등의 징후를 잘 포착하고 이에 반응할 수 있어야 한다. 사람들을 귀찮거나 화나게 하지 않으면서 필요에 부응하도록 하려면, 섬세하고 예민한 감각이 필요하다. 현재의 많은 기술들은 사회적, 혹은 정서적으로 문제가 있는 사람들이 하는 방식으로 우리와 상호작용한다. 사람들과 장기적인 관계를 맺고 그것의 유용성을 최한 활용하려면, 사람들이 일상생활에서 받아들일만한 수준의 감정 로봇을 만들어야 한다. 천현득, <인공 지능에서 인공 감정으로. 감정을 가진 기계는 실현가능한가?>, ≪철학≫ 131, 2017.

15 이 글의 주제는 인공지능이지만 복제인간을 논의로 가져온 이유는 다음과 같다. 인공지능보다 복제인간이 인간에 훨씬 가깝다. 복제인간을 인격적으로 대하지 않으면 안 된다는 부담을 짊어지게 되는 것이다. 이에 비하면 감정로봇에 대해서는 그러한 부담이 상대적으로 덜할 것이다. 다시 말해서 감정로봇을 단순한 기계로 취급할 가능성이 훨씬 크다. 인간이 복제인간을 비인간적으로 다룬다면 감정로봇에 대해서는 더 말할 나위가 없을 것이다.

16 East, Rebekah & Forgas, Joseph. "On being happy and gullible: Mood effects on skepticism and the detection of deception," *Journal of Experimental Social Psychology* 44.5, 2008, pp. 1362-1367.

17 Euripides, Alcestis, *Medea, Hippolytus*, tr. Diane Arnson Svarlien, Indianappolis: Hackett, 2007, p. 187.

18 ≪명령하는 뇌, 착각하는 뇌≫(박방주 옮김, 알키, 2012)의 저자 라마찬드란(Vilayanur Ramachandran)은 단순한 지각도 판단을 필요로 한다고 주장하였다. "지각이라는 것은 눈에서 들어온 감각 정보에 대한 수정적인 행동보다 더 적극적으로 형성된 세상에 대한 의사표현이다"(76).

19 일부 SF 소설은 몸을 고깃덩어리로 취급한다. 끄떡하면 망가지는 생물학적으로 허약하고 유한하며 질병과 죽음에 시달리는 몸. 인간의 몸을 엉망진창인 뒤죽박죽인 유기체로 취급하는 마이클 하우스켈러와 같은 트랜스휴머니스트들은 육체 강화를 옹호한다.

20 천현득, <인공 지능에서 인공 감정으로. 감정을 가진 기계는 실현가능한가?>, ≪철학≫ 제131집, 2017, p. 235. 이와 반대의 이유로 인간처럼 생긴 로봇에 대해 부정적인 의견도 있다. 인간처럼 생긴 로봇에 대해서는 지나치게 인간적인 것을 기대할 수 있다는 것이다. <What's agency anyway? a sociological case study> in *Proceedings of the First International Conference on Autonomous Agents*.

21 Ullrich, Daniel, Butz, Andreas. "Social Robots for the 21st Century." *Computer* 49.6, 2016, pp. 88-92.

1 이 글은 2008년 ≪비평과 이론≫(제13권 2호)에 실린 <호모 사케르와 그것의 변형: 아감벤의 호모 사케르, 헐벗은 삶, 그리고 캠프의 개념을 중심으로>를 수정・보완한 것이다.

2 <씨 인사이드>(2004)는 스페인 감독 알레한드로 아베나바르가 라몬 삼페드로의 실제의 삶을 재조명한 영화이다. 이 영화의 주인공인 라몬은 수십 년 전 바다에서 다이빙을 하다 목뼈가 손상되어 전신마비가 되었다. 이후 그는 자살로 생을 마감하기 전까지 다른 사람의 도움을 받아 생활한다. 중년의 나이로 접어 든 라몬은 정부를 향해 존엄하게 죽을 수 있는 권리를 달라고 요구하지만 그의 요구는 거절되고 결국 자살로 생을 마감한다.

3 ≪호모 사케르≫에서 먼저 아감벤은 '벌거벗은 삶'에 대한 고전적인 정의로부터 시작한다. 고대 그리스어에서, 삶을 뜻하는 두 용어가 있는데 그 중 하나인 비오스(bios)는 정치적인 영역 안에서 규정되는 삶의 형태나 삶의 방식이다. 그리고 삶을 뜻하는 나머지 다른 용어인 조에(Zoe, 생명)는 비오스와 대립되는 말로 "모든 살아 있는 존재들(동물들, 인간, 혹은 신들)에 공통되는 살아 있음의 단순한 사실을 표현한다"(Agamben, Giorgio, *Homo Sacer: Sovereign Power and Bare Life*, Trans. Daniel Heller-Roazen(tans.), Stanford: California UP, 1998. p. 1). 그리고 호모 사케르(homo sacer)는 신성한 인간(sacred man)을 뜻한다.

4 Agamben, *ibid.*, p. 82.

5 '배제적인 포함'의 관계 속에서 주권권력의 우두머리와 호모 사케르는 전체 정치영역의 대칭목이 된다. 왜냐하면 주권자에게 있어 모든 인간들은 잠재적으로 호모 사케르들이고, 사법적인 지위가 박탈된 채 버려지고 추방당한 자들의 입장에서 보자면 모든 사람들은 잠재적으로 주권자들이기 때문이다. 그리고 이들의 정치-사법적인 지위가 박탈되는 조건은 그들의 범죄성이 아니다. 이 글의 뒷부분에서 상세하게 논의되겠지만, 주권권력의 결단의 지점이 곧 호모 사케르가 탄생되는 지점이다. 호모 사케르는 아무런 법적 권리를 갖지 못하고 이중적으로 배제된 존재이다. 그럼에도 법은 그 배제된 삶을 궁극적으로 결단을 내리는 요소로 혹은 절대적인 힘을 발휘하는 요소로 자신의 영역으로 끌어넣는 것이다.

6 Agamben, *op. cit.*, p. 160.

7 Mills, Ctherine, "Biopolitics, Liberal Eugenics, and Nihilism," *Giorgio Agamben: Sovereignty & Life*, Matthew Calorco and Steven DeCaroli(ed.), Stanford: Stanford UP, 2007, p. 186.

8 무슬만'에 대한 보다 상세한 설명은 아감벤의 ≪아우슈비츠의 잔해들≫(*Remnants of Auschwitz*)의 2장 <무슬만>(The Muselmann)과 지젝(Slavoj Zizek)의 ≪누군가 전체주의를 말했다구요?≫(*Did Somebody Say Totalitarianism?* pp. 73-81) 참조.

9 Agamben, Giorgio, *Remnants of Auschwitz: The Witness and Archive*, Trans. Daniel Heller-Roazen, New York: Zone Books, 2002, p. 70.

10 Zizek, 76

11 Agamben, *ibid.*, p. 57.

12 Agamben, *ibid.*, p. 70.

13 Agamben, *ibid.*, p. 72.

14 나치 시대의 모든 독일민은 "독일민의 유전 건강보호"법(1933)에 따라 아리안 혈통과 비아리안 혈통의 시민으로 분류되었다. 아감벤에 따르면, 바로 이 지점에서 법적인 권리를 가진 모든 독일 국민들은 죽음, 건강, 그리고 질병이 규제되어야 하는 생물학적인 신체로 변형되었다는 것이다. 그리고 "독일민의 피와 명예에 대한, 그리고 라이히 신민에 대한 뉘렌베르크 법"은 유태인들을 이류 시민으로 변형시켰다. 아감벤은 이 법을 통해 독일민은 완전한 권리를 가진 시민과 정치적인 권리를 갖지 못한 시민으로 구분되었다고 말한다. 마지막으로 나치가 최종해결(final solution)을 감행하면서 채택한 시민검증의 원칙은 유태인들에게서 국적과 거주 시민권까지 박탈함으로써 그들에게 유태인이라는 정체성 이외의 그 어떤 것도 남지 않게 했다는 것이다.

15 메이야쑤의 이 같은 구조적인 관점은 패터슨의 비판처럼, 다른 맥락과 다른 규모로 유지되었던 여러 나라의 노예제의 조건을 고려하지 하지 않은 단점을 갖고 있다. 패터슨의 지적대로, 이러한 구조적인 틀에서 산출된 사회적으로 죽은 자로서의 노예는 서아프리카의 경험적인 모델이다. 그런데 이러한 노예의 모델을 각기 다른 시대의 다양한 나라들에 일괄적으로 적용하면 일반화의 오류에 빠질 위험이 있다. 가령 네팔(Nepal)과 같은 나라에서는 브라민들(Brahmins)은 세습적인 계급을 상실하지 않고도 노예가 되기도 했다.(Patterson, Orlando, *Slavery and Social Death*, London: Harvard UP, 1982, pp. 38-39 참조) 말하자면 노예라고 해서 모두 그들의 정치, 사법적인 권리가 박탈되는 '벌거벗은 삶'이 되는 것은 아니다.

16 Patterson, *ibid.*, p. 63.

17 이러한 경우, 의사-친족으로 합체된 노예 아이들은 고대 로마의 미성년의 아들(아무런 정치적인 지위를 갖지 못했던)처럼 가정의 법(아버지와 같은 주인의 이름)으로 죽임을 당해도 사회적으로 그들의 죽음이 문제시되지 않을 수 있다. 이런 의미에서, 뿌리가 뽑힌 채 의사-친족이 된 노예 아이들의 입지는 고대 로마의 호모 사케르의 처지와 다름 바 없다.

18 Levi, Primo, *The Drowned and the Saved*, New York: Vintage Books, 1989, p. 109.

19 ≪수용소들≫(*Asylums*)에서 고프만(Erving Goffman)은 시민적 죽음의 예를 수감자의 권리 박탈의 법적인 양상들을 통해 설명한다. 가령 감옥의 수감자들은 수표를 작성하거나, 이혼이나 입양절차에 이의를 제기할 수 없고 투표를 할 수 없다. 물론 이러한 일련의 예는 수감자들의 권리가 일시적으로 박탈되는 것들이다. 그러나 어떤 권리들은 영구적으로 박탈되는 것도 있다.

20 Levi, *op. cit.*, p. 111.

21 Levi, *ibid.*, p. 111.

22 Levi, *ibid.*, p. 112.

23 Levi, *ibid.*, p. 112.

24 Levi, *ibid.*, p. 126.

25 캠프와 같은 예외 상태가 지속되는 기간과 관련해서 아감벤은 다음의 사실을 주목한다. 역사적으로 볼 때

적어도 초기의 수용소는 일시적인 예외상태로 존재하다 폐지되었다. 그러나 독일 제삼제국의 시기는 12년간 예외상태가 존속했다. 말하자면 제삼제국의 전시기가 예외상태였다고 해도 과언이 아니다. 문제는 예외가 영구적인 규칙이 되는 바로 그 상태가 지금 우리의 삶과 매우 가까운 20세기의 무대에서 펼쳐졌다는 점이다.

26 Agamben, Giorgio, *Means without End*, (Trans.) Vincenzo Binetti and Cesare Casarino, Mineapolis: U of Minnesota, 2002, p. 36.

27 Agamben, *Homo Sacer: Sovereign Power and Bare Life*, *op. cit.*, p. 139.

28 1959년에 프랑스의 두 신경생리학자인 몰라레(P. Mollart)와 굴롱(M. Goulon)은 그 당시에 잘 알려진 코마현상이 아닌 새롭고 극단적인 형태의 코마를 관찰한다. 모든 생명 기능새로운 생명-보조기술의 도움으로 생명을 연장하는 삶의 단계가 그것이다. 그들은 이 바로 단계를 과코마(overcoma)라 불렀다.(Agamben, *Homo*, *op. cit.*, p. 160 참조)

29 메리 로취, 권루시안 역, ≪스티프≫, 파라북스, 2004, 188쪽

30 메리 로취, *ibid.*, p. 211.

31 Agamben, *Homo Sacer: Sovereign Power and Bare Life*, *op. cit.*, p. 61.

32 William, Nick Vaughan, *Border Politics: the Limits of Sovereign Power*, Edinburgh: Edinburgh UP, 2009, p. 106.

33 Agamben, *Homo Sacer: Sovereign Power and Bare Life*, *op. cit.*, p. 160.

산과 의료폭력 — 여성에 의한 의료지식공간의 미래적 개편

1 이 글은 2017년 현대유럽철학연구 제47집 27쪽부터 64쪽까지 실린 <여성에 대한 제도적, 구조적 폭력—산과(産科) 의료폭력(obstetric violence) 개념의 부상> 논문을 수정・보완한 것임을 밝힙니다.

2 M. Foucault, 오생근 옮김, ≪감시와 처벌≫, 나남출판, 2003, 215쪽.

3 M. Foucault, ≪감시와 처벌≫, 253쪽.

4 M. Foucault, ≪감시와 처벌≫, 253쪽.

5 수정란은 난자와 정자가 결합한 단계라면, 배아는 수정란이 자궁에 착상된 14일 이후부터 장기 기관이 발생하는 임신 8주까지이며, 임신 8주 이후부터 출산 전까지를 태아라고 부른다. 또한 모태에서 배출된 출생 이후 단계를 영아라고 부른다.

6 프랑스에서는 2014년 11월 19일 maltraitance gynégologique(여성의학과에서의 학대)에 대한 증언들이 트위터에서 #PayeTonUtérus(너의 자궁의 값을 치러라.)라는 해시태그 운동으로 터져 나왔다. 이것에 대한 최초의 트위터를 쓴 이는 페미니스트이자 약학과 학생이다. 그가 쓴 내용은 다음과 같다. "자, 한번 시작해봅시다. 당신들의 의료적으로 비참했던 처지들(곤욕)을 이야기하기 위해 너의 자궁의 값을 치러라!라는 해시태그를 트윗해

보세요." 이 운동의 촉발자의 트위터 이름과 아이디 Ondi Warhols@Ondeejeune이며 이를 참조.

7 의료사고나 의료분쟁 개념에 대한 논의는 다음 논문 참조. 신현호・백경희, ≪의료분쟁 조정, 소송 총론≫, 육법사, 2001, 37쪽.

8 이러한 표현을 쓴 이유는 다음과 같다. "실제로 의학에서 치료란 질병에 걸린 환자를 '정상적'이라고 간주되는 상태로 되돌리는 것이다. 여기에는 분명히 일종의 규범이 작동하고 있다." 황수영, <캉길렘의 생명철학에서 개체성과 내재적 규범의 문제>, ≪의철학 연구≫ 제15집, 한국의철학회, 2013, 13쪽.

9 폴란드의 의철학자 에드문드 비에간스키는 의학을 다음의 두 가지로 구분하였다. "비에간스키는 임상적 치료행위(art of therapy)와 의학지식(science of medicine) 간의 조화를 꾀했다." 윤태욱, <의료인과 비의료인 구분에 대한 소고>, ≪의철학 연구≫ 제20집, 한국의철학회, 2015, 92쪽.

10 환자에게 있어 자율성이 치료의 핵심이 아니라는 논지의 글은 다음을 참조. 윤태욱, <자기 배려와 양생술>, ≪의철학연구≫ 제13집, 한국의철학회, 2012, 36쪽.

11 산부인과 의료분쟁을 치료결과에 따른 환자의 '항의' 여부로 읽어냄으로써 의료공간에서 의료진과는 다른 방식의 치료서사의 발생을 의료분쟁의 원인으로 보고 있음이 드러난다. 다음의 글 참조. 민혜영・손명세・김기경, <산부인과 의료사고배상의 합리적 방안－유형별 구조분석을 중심하여>, ≪한국의료법학회지≫ 제12권 제2호, 한국의료법학회, 2004, 81쪽.

12 이 글에서 필자는 의료폭력과 의료사고/의료분쟁을 명확히 구분함으로써 의료폭력 개념 특화의 필요성을 논의할 것이다. 이를 위해서 산부인과 의료소송의 원인을 살펴보자면 이것은 치료의 결과에 의한 분류법을 따르고 있다. 그렇다면 의료폭력은 다음의 치료결과로 인한 의료분쟁에 포함되지 않는 것을 뜻한다. 민혜영・손명세・김기경, <산부인과 의료사고배상의 합리적 방안－유형별 구조분석을 중심하여>, 75-76쪽.

13 프랑스 의료사에서 최근에 일어난 사건이라 할 수 있는 여성의학과 학대 폭로 운동의 시발점을 추적할 필요가 있다. 이 운동을 최초로 시작한 이의 트위터는 @Ondeejeune이며 이것의 시작에 대한 회상을 1년 후 2015년 10월 25일 자신이 블로그(https://ondeejeune.wordpress.com/2015/10/25/maltraitance-medicale-et-mauvaise-foi/ 참조. Accessed 22 february 2017)에 적기도 했다.

14 인식 공유(shared awareness)는 "집단의 각 구성원이 당면한 상황을 이해할 뿐만 아니라 다른 구성원들도 이해하고 있다는 사실도 공유하는 능력이다." K. Schwab and C. Shirky 외 25인, 김진희・손용수・최시영 옮김, ≪4차 산업혁명의 충격≫, 흐름 출판, 2016, 219.

15 이것 역시 https://ondeejeune.wordpress.com/2015/10/25/maltraitance-medicale-et-mauvaise-foi/ 참조. Accessed 9 april 2017.

16 1992년에 미국에서 Birth라는 잡지에서 최초로 산과 의료폭력에 대한 고발이 행해졌다. L. Bergstrom, J. Roberts, L. Skillman, J. Seidel, "You'll Feel Me Touching You, Sweetie: Vaginal Examinations During the Second Stage of Labor", *Birth*, V. 19, N. 1, 1992, pp. 10-18.

17 N. Abrahams and R. Jewkes and Z. Mvo, "Why do nurses abuse patients? Reflections from South African

obsteric services?", *Social Science & Medecine*, V. 47, N. 11, 1998, pp. 1781-1795 참조. 이 글에서는 조산원에서 일한 간호사들의 개인적 · 집단적 심층 인터뷰가 질적 연구 대상으로 사용되고 있다.

18 P. Cesbron, "Plaidoyer pour une bientraitance obstéricale: de la sécurité au bien-être", *Journal de pédiatrie et de puréiculture*, V. 14, N. 6, 2001, pp. 341-346 참조.

19 M-H, Lahaye, "Qu'est-ce que la violence obstétricale ?", Blog Marie accouche là, le 09 mars, 2016. http://marieaccouchela.blog.lemonde.fr/2016/03/09/quest-ce-que-la-violence-obstetricale/ 참조. Accessed 10 April 2017.

20 M-H, Lahaye, "Qu'est-ce que la violence obstétricale?", Blog Marie accouche là, le 09 mars, 2016. http://marieaccouchela.blog.lemonde.fr/2016/03/09/quest-ce-que-la-violence-obstetricale/ 참조.

21 AFAR은 존중받는 출산을 위한 프랑코폰 연합이라는 의미의 약자이고 CIANE는 탄생을 둘러싼 연합단체를 뜻하는 약자이다.

22 http://ciane.net/wordpress/wp-content/uploads/2016/04/Bibliographie-violenceobs-2016.pdf 참조. Accessed 17 April 2017.

23 N. Pino, "La violence obstétricale: mais qu'est-ce que c'est?" Worldpress, com., le 16, mai, 2016. https://materniteetdignite.wordpress.com/2016/05/16/la-violence-obstetricale-mais-quest-ce-que-cest/ 참조. Accessed 10 April, 2017.

24 윤태욱, <의료인과 비의료인 구분에 대한 소고>, 97-98쪽.

25 "치료적 개입 외에도, 진단 역시 침습성을 갖는다고 볼 수 있다."(윤태욱, <의료인과 비의료인 구분에 대한 소고>, 98쪽) 진단이 침습적인 경우는 생명정치적 관점에서 의료권력을 분석한 챕터에서 그 사례를 제시할 것이다.

26 민혜영 · 손명세 · 김기경, <산부인과 의료사고배상의 합리적 방안-유형별 구조분석을 중심하여>, 96쪽.

27 푸코는 ≪감시와 처벌≫에서 개인을 통제와 훈육의 대상으로 겨냥하는 미시적 권력기술을 규율로 정의내린다. 이러한 규율권력이 감옥은 물론 수도원, 학교, 그리고 병원에서도 실질적으로 적용된다고 명시적으로 분석하고 있다. "기능주의적 부지의 규칙은 점점 더 규율적 제도 안으로 들어온다. [……] 이러한 과정은 병원들에서 명백히 나타난다." M. Foucault, *Surveiller et punir*, Paris: Gallimar, 1975, p. 145.

28 M. Foucault, *Surveiller et punir*, p. 140.

29 A-L. D'oliveira, S-G. Diniz, L-B. Schraiber, "Violence against women in health-care institutions: an emerging problem", *The lancet*, V. 359, Issue 9318, 2002, p. 1681 참조.

"우리는 네 가지 타입들의 폭력에 초점을 맞춘다. 방치, 언어적 폭력(거친 처치행위, 위협, 힐난하기, 소리지르기, 의도적 수치감 주기까지 포함해서), 물리적 폭력(기술적으로 존재함에도 불구하고, 통증 완화를 거부하는 것을 포함해서), 성폭력."

30 A-L. D'oliveira, S-G. Diniz, L-B. Schraiber, "Violence against women in health-care institutions: an emerging

problem", p. 1682.

31 위의 글, p. 1682.

32 위의 글, p. 1682.

33 "의료 종사자들은 불법적 낙태를 유도하지 않도록 여성들을 교육하기 위한 한 방법으로 이러한 처벌(고통 완화제의 투여 거부)을 사용한다고 묘사한다." 위의 글, p. 1683.

34 위의 글, p. 1683.

35 위의 글, p. 1683.

36 A. Macmillan, "La biopolitique et le dressage des populations", *Cultures & Conflits*, V. 78, 2010, p. 39.

37 위의 글, p. 44. "규율은 닫힌 공간에서 행위들의 명시적 규범화와 행위들을 모두 통제하는 것을 진행한다. 이것은 규율이 정해 놓은 규범들에 일치하는 순응적 개인들을 산출하기 위한 것이다."

이에 대한 심화된 논의는 푸코의 *Surveiller et punir*에서 160-198쪽과 *Sécurité, territoire, population*에서 46-48쪽 참조.

38 페미니스트 학자 파이어 스톤은 성계급이라는 용어를 통해 생물학적 성별이 경제적 계급성보다 먼저 오는 물질적 조건임을 효과적으로 드러내었다.

39 아비투스 개념은 프랑스 사회학자 피에르 부르디외의 다음 논문에서 차용하여 설명해 보고자 하였다. P. Bourdieu, "Champ du pouvoir, champ intellectuel et habitus de classe", *Cahiers de recherche de l'ENS*, V. 1, 1971, p. 16.

"아비투스란 계급과 집단이 사회에 대해 갖는 태도이자 구조화되고 구조화하는 사회적으로 구성된 개인적이고 구조적인 요소들을 통합시키는 경향성들의 시스템을 일컫는다. 아비투스는 행위자 그룹의 특징적 이데올로기들과 실천들의 총체를 통일하도록 하거나 생산하도록 하는 원리이다."

40 A. Macmillan, "La biopolitique et le dressage des populations", 45.

41 "아이를 원하지 않는 여성들을 향한 믿기지 않는 언어폭력"이라는 다음 불어 기사 참조. N. Daam, "La violence verbale inouïe envers les femmes qui ne veulent pas d'enfant", le 20, avril, 2016, Slate. http://www.slate.fr/story/117329/violence-verbale-inouie-femmes-qui-ne-veulent-pas-denfant 참조. Accessed 20 April 2017.

42 이것은 위에서 인용한 프랑스어 기사에서 등장하는 내용으로 산과 의료폭력을 겪은 환자가 자신의 의사와 나누었던 대화를 인터뷰로 기술한 것이다. 이 대화는 34살의 로라라는 여성이 파리의 외곽지역에 있는 유명한 의사에게 피임법에 대한 처방을 요구하는 과정에서 실제로 겪었던 바이다.

43 http://www.slate.fr/story/117329/violence-verbale-inouie-femmes-qui-ne-veulent-pas-denfant 참조. Accessed 20 April 2017. "임상의사가 로라에게 대꾸하며, "자궁 내 피임기구를 원하는 아이를 한 번도 낳은 적 없는 여자들의 편집증은 대체 뭔가요? 인터넷 좀 그만하세요. 아이가 없다면 자궁 내 피임기구 설치도 없어요. 이건 원래 그런 거여요."

44 http://www.slate.fr/story/117329/violence-verbale-inouie-femmes-qui-ne-veulent-pas-denfant 참조. Accessed 20

April 2017. "이 단계에서 우리는 의료계에 종사하는 이들이 처방과 치료를 거부하는 것을 주저하지 않는다는 사실에 더 이상 놀라지도 않게 된다. 한 번도 아이를 낳지 않은 여성들에게 자궁 내 삽입용 피임기구를 설치하는 것을 거부하는 것은 주로 이것이 감염과 불임을 일으킨다는 변명 하에서 자주 일어나는 일이기도 하다."

45 http://www.slate.fr/story/117329/violence-verbale-inouie-femmes-qui-ne-veulent-pas-denfant 참조. Accessed 20 April 2017. "훈계에 거의 가까운 절차 안에 있는 이러한 의료계 종사자들은 환자들에게 뻔뻔하게도 거짓말을 하거나 위험한 정보조작의 제작자가 되는 위험을 감수하기까지 한다. 의사는 로라에게 지속적 경구용 피임약 복용이 그녀를 불임으로 만들 것이라고 말하기도 했었고 그녀의 과체중이 아이를 원하지 않는 욕구와 연관된 것이며 임신은 그녀가 체중을 감소하게 할 것이라고 말했었다."

46 생명정치에 해당하는 국면들과 규율권력의 영역이 겹치는 것은 다음과 같이 설명 가능하다. A. Macmillan, "La biopolitique et le dressage des populations", 45. "푸코의 작업들은 생명정치가 생명정치 고유의 논리에 부합하는 것이 아니라 오히려 규율적 전술과 전략들의 재활성화에 해당한다는 것을 명시하는 듯하다."

47 A. Macmillan, "La biopolitique et le dressage des populations", 46. 푸코가 언급하듯이 «만약 우리가 인구를 부와 다른 개인들을 생산해 내기 위한 기계로 사용하길 원한다면, 생명정치적 기술은 생물학적 실체의 종을 구성하는 개인들에게 가해져야만 하는 것이다».(이중 꺽쇠 부분 « »은 Macmillan, Alexandre가 푸코의 <권력의 그물망>이란 텍스트 중 일부를 인용해서 직접 강조한 것이다.)

48 북유럽 중 스칸디나비아 반도에서 2003년 박사논문의 형태로 이 개념이 최초로 언급되었다. K. Swahnberg, "Prevalence of gender violence : studies of four kinds of abuse in five Nordic countries," Doctoral dissertation, Edsbruk, 2003) 참조. 이 박사논문의 전체 내용은 현재 접근 불가능한 상태인데 이 논문의 저자인 Swahnberg는 이 논문 내용을 여러 학술논문으로 나누어서 학술지에 게재 발표하기도 하였다. 다음 논문들이 바로 그것들이다. K. Swahnberg, B. Wijma, "The NorVold Abuse Questionnaire(NorAQ): validation of new measures of emotional, physical, and sexual abuse, and abuse in the health care system among women", European Journal of Public Health, V. 13, N. 4, 2003, pp. 361-366.과 K. Swahnberg, B. Wijma, P-K. Liss, "Female patients report on health care staff's disobedience of ethical principles", *Acta Obstetricia et Gynecologica Scandinavica*, V. 85, N. 7, 2006, pp. 830-836 참조.

49 캐나다 퀘벡에서는 2003년 논문을 통해 최초로 산과 의료폭력개념이 다루어졌다. H. Vadeboncoeur, "Les gestes obstétricaux violents", Les dossiers de l'obstérique, V. 317, 2003, pp. 26-29 참조.

영국은 2006년 다음의 논문을 통해 산과 의료폭력개념이 대두하게 된다. S. Kitzinger, "Birth as rape: There must be an end to `just in case' obstetrics", *British Journal of Midwifery*, V. 14, N. 9, 2006, pp. 544-545 참조.

50 P. Cesbron, "Plaidoyer pour une bientraitance obstéricale: de la sécurité au bien-être", *Journal de pédiatrie et de puéiculture*, V. 14, N. 6, 2001, pp. 341-346에서는 치료와 회복을 위한 의학적 행위들이 오히려 그 반대의 학대가 될 수 있는 가능성에 대한 조심스러운 질문을 제기하고 있다. 몰이해와 불신, 적대 등이 어떻게

조산원이라는 신생아와 그 부모를 위한 장소에 침잠해 들어올 수 있는지를 추적하고자 하는 논문이다. 프랑스에서 최초로 산과에서의 학대 개념을 다룬 이 논문은 안타깝게도 어떠한 사회적 주목도 받지 못한 채, 기억 속에서 사라졌으며 제대로 인용되지 못하고 있다.

51 N. Daam, "La violence verbale inouïe envers les femmes qui ne veulent pas d'enfant", le 20, avril, 2016, Slate. fr http://www.slate.fr/story/117329/violence-verbale-inouie-femmes-qui-ne-veulent-pas-denfant 참조. Accessed 20 April 2017. "이러한 학대의 피해자인 여성들은 선택지가 매우 적다. 윈클레르가 추천하는 바와 같이 진료비를 내는 것을 거부하거나 Gyn&co 협회에 의해 작성된 존경할 만한 임상 의사들의 리스트를 찾는 것이 있다."

52 2015년 10월 30일 언론 보도 자료에 따르면, 동의 없는 여성 환자의 질 만지기 등의 문진 행위에 대한 법적 고소와 이에 대한 의료계의 각성을 촉구하는 탄원서, 청원서들이 진행된 것을 확인할 수 있다. 다음을 참조.

"동의 없는 문진행위들: 청원서의 저자들은 정부 정책부처로부터의 발표를 축하, 환영하며 의료계 단체들에게 구체적 참여행위를 요구한다." Communiqué de presse, le 30, octobre, 2015. http://marieaccouchela.blog.lemonde.fr/2015/10/30/communique-de-presse-touchers-vaginaux-sans-consentement/ 참조. Accessed 21 April 2017.

53 발터 벤야민은 ≪폭력비판을 위하여≫라는 저서에서 신화적 폭력을 보수적, 법 제정적, 질서 유지나 기존 체제 보존적 폭력으로 규정하고 있다. "신화적 폭력이 법 정립적이라면 신적 폭력은 법 파괴적이고 신화적 폭력이 경계를 설정한다면 신적 폭력은 경계가 없다." W. Benjamin, 최성만 옮김, ≪폭력비판을 위하여≫, 도서출판 길, 2008, 111.

54 "초객체적 폭력이라고 부른 축으로는 이 폭력은 인간 존재자들을 상품의 세계 속에서 마음대로 제거될 수 있고 도구화될 수 있는 사물의 지위로 환원한다." E. Balibar, 진태원 옮김, ≪폭력과 시민다움≫, 난장, 2012, 129쪽.

55 E. Balibar, ≪폭력과 시민다움≫, 118쪽.

56 K. Schwab and C. Shirky 외 25인, ≪4차 산업혁명의 충격≫, 232쪽.

57 R. Pérez D'Gregorio, "Obstetric violence: A new legal term introduced in Venezuela", *International Journal of Gynecology &Obstetrics*, V. 111, Issue. 3, 2010, p. 201.

58 R. Pérez D'Gregorio, "Obstetric violence: A new legal term introduced in Venezuela", p. 202.

59 스페인어로 베네수엘라와 아르헨티나, 멕시코에서의 산과 의료폭력 개념 법제화 비교 분석표가 AFAR와 CIANE가 배포한 무료 PDF 파일에 링크되어 있다. https://www.elpartoesnuestro.es/sites/default/files/public/blog/20140616_VOMexico/comparativo_leyesvo.pdf 참조. Accessed 23 April 2017.

60 https://www.elpartoesnuestro.es/sites/default/files/public/blog/20140616_VOMexico/comparativo_leyesvo.pdf 참조. Accessed 23 April 2017.

61 멕시코 치아파스 주의 신문에서는 <산과 의료폭력으로 3년의 감옥행이 제안되다>라는 기사가 2015년 2월에 실렸다. T. Gutiérrez, "Proponen hasta 3 años de prisión por violencia obstétrica," Muralchiapas, 05 Febrero 2015. http://muralchiapas.com/index.php/noticias/local/511-proponen-hasta-3-anos-de-prision-por-violencia-obstetrica 참조. Accessed 23 April 2017.

62 노진섭, <성적으로 민감한 진료 제삼자 참관할 수 있다>, ≪시사저널≫, 2017년 2월 18일.

63 고신정, <진료와 추행 사이 '사프롱 제도' 해법될까>, *Medical observer*, 2015년 11월 12일. http://www.monews.co.kr/news/articleView.html?idxno=87303 참조. Accessed 24 April 2017.

64 World health organization, *The prevention and elimination of disrespect and abuse during facility-based childbirth*(Geneva: WHO statement, 2014)
http://apps.who.int/iris/bitstream/10665/134589/1/WHO_RHR_14.23_fre.pdf?ua=1&ua=1 참조. Accessed 25 April 2017.

포스트휴먼이라는 초월성 — 미래의 몸, 몸의 미래

1 이 글은 2018년 3월 ≪동서 비교문학저널≫ 43권에 실린 논문과 상호교차 연구 수행되었음을 밝힙니다.

2 ≪가디언지≫에 실린 인터뷰에서 밝히듯이 찰리 브루커는 "차갑고 번쩍거리는 TV 화면, 모니터, 스마트폰이 바로 '검은 거울' "이라고 말한다. 브루커가 기획한 <블랙 미러>는 6가지 에피소드로 구성되어 있는데, 그 중에서 <트랜센던스>와 공통점을 보이는 세 번째 에피소드 "당신의 모든 삶"은 미래 몸의 구현이 어떤 식으로 이루어지고 있는가를 잘 보여준다.

3 Nick Bostrom, "Transhumanist Perspectives."

4 Donna Haraway, "The Cyborg Manifesto."

5 Ramez Nam, *More than Human: Embracing the Promise of Biological Enhancement*, New York: Broadway Books, 2005.

6 질베르 시몽동, 김재희 역, ≪기술적 대상들의 존재양식에 대하여≫(*Du Mode d'existence des objets techniques*), 2011.

7 주기화, <개체초월적 포스트휴먼: 그렉 베어의 블러드뮤직>, ≪영어영문학≫ 22.1, 2017, 61-78쪽.

8 오윤호, <새로운 인간 종의 탄생과 진화론적 상상력－≪프랑켄슈타인≫과 <트랜센던스>를 중심으로>, ≪대중서사연구≫ 20.3, 339-365쪽.

9 1970년 일본의 로봇학자 모리 마사히로가 소개한 "불쾌한 골짜기(uncanny valley)"는 프로이트의 "The Uncanny"(1919)에 기반한 로보틱스 이론으로 로봇, 인간이 아닌 것에 대해 느끼는 인간의 역설적 감정에 관한 이론이다. " '인간과 흡사한' 로봇과 '인간과 거의 똑같은' 로봇 사이에 존재하는 로봇의 모습과 행동에

의해 느껴지는 거부감이 존재하는 영역"을 뜻하는 용어로, 인간과 유사한 행동을 보이는 로봇에 비해 인간과 다를 것으로 예상한 로봇에 대해 상대적으로 호감도가 높다는 역설적 지점을 의미한다.

10 프랜시스 크릭, 과학세대 옮김, ≪놀라운 가설≫, 서울: 한뜻, 1996.

11 김수임 · 이우학, <인지과학의 관점에서 살펴본 인공지능의 의식: 리처드 파워즈의 갈라티아 2.2를 중심으로>, ≪영어영문학≫ 22.1, 2017, 61-78쪽.

12 박문호, ≪그림으로 읽는 뇌과학의 모든 것≫, 서울: 멘토르, 2013.

13 박상현 · 최승원, <영화 <트랜센던스>와 폴 비릴리오의 담론에 나타난 테크노 디스토피아>

14 Antonio Damasio, "The quest to understand consciousness", https://www.youtube.com/watch?v=LMrzdk_YnYY. Web.

15 제프 호킨스, 이한음 역, ≪생각하는 뇌, 생각하는 기계≫, 서울: 멘토르, 2010.

찾아보기

ㅇ